近代アフガニスタンの国家形成

歴史叙述と第二次アフガン戦争前後の政治動向

世界歴史叢書

登利谷正人

明石書店

近代アフガニスタンの国家形成
——歴史叙述と第二次アフガン戦争前後の政治動向

目次

第二章　第二次アフガン戦争とイギリスによる統治政策の変遷

第三章　モフマンド族ラールプーラにおける英領インドの統治政策

第四章　デュアランド・ライン合意の締結

結　論

アフガニスタン関係地図

東部地域と英領インド国境地帯

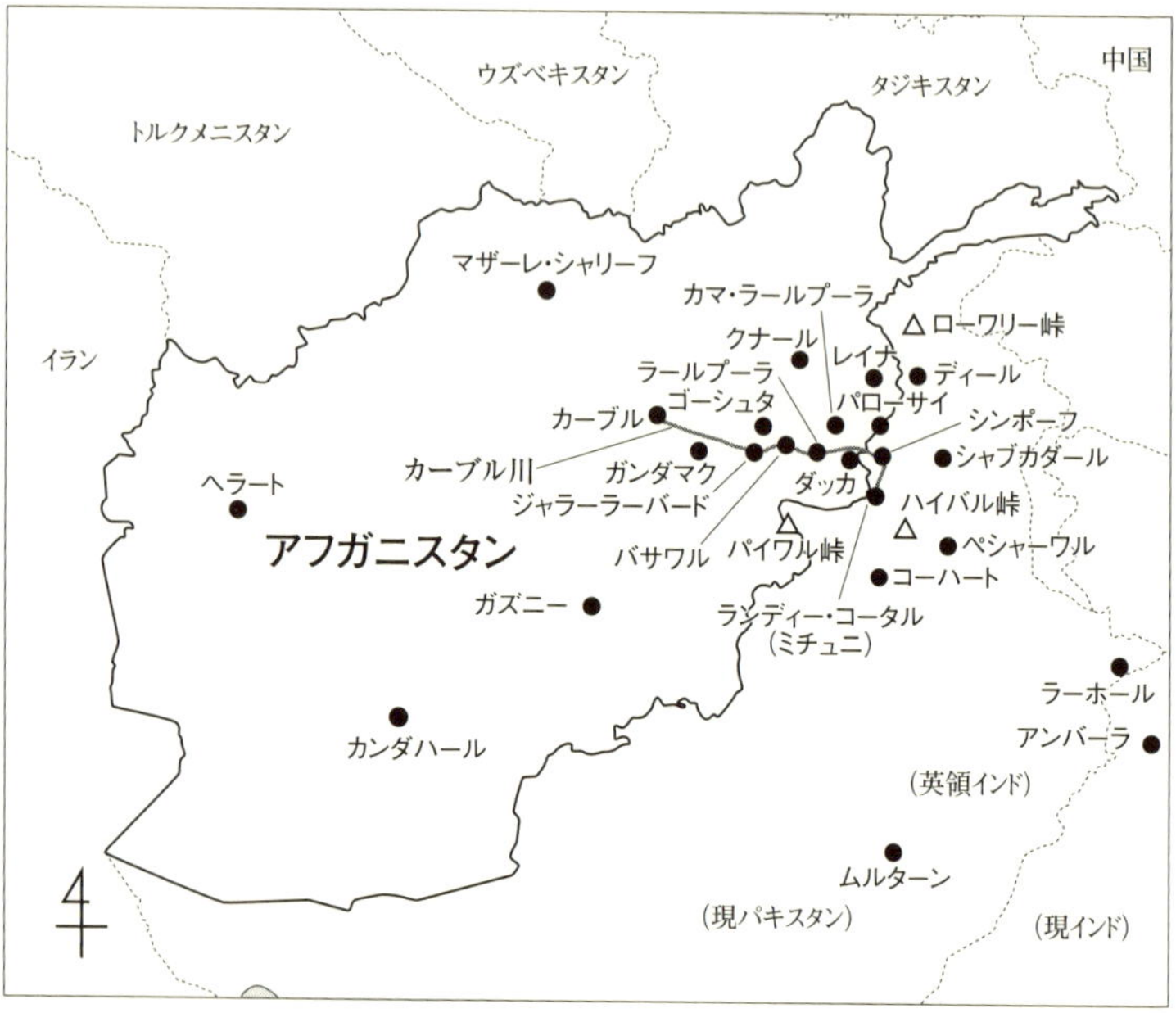

南部地域と英領インド国境地帯

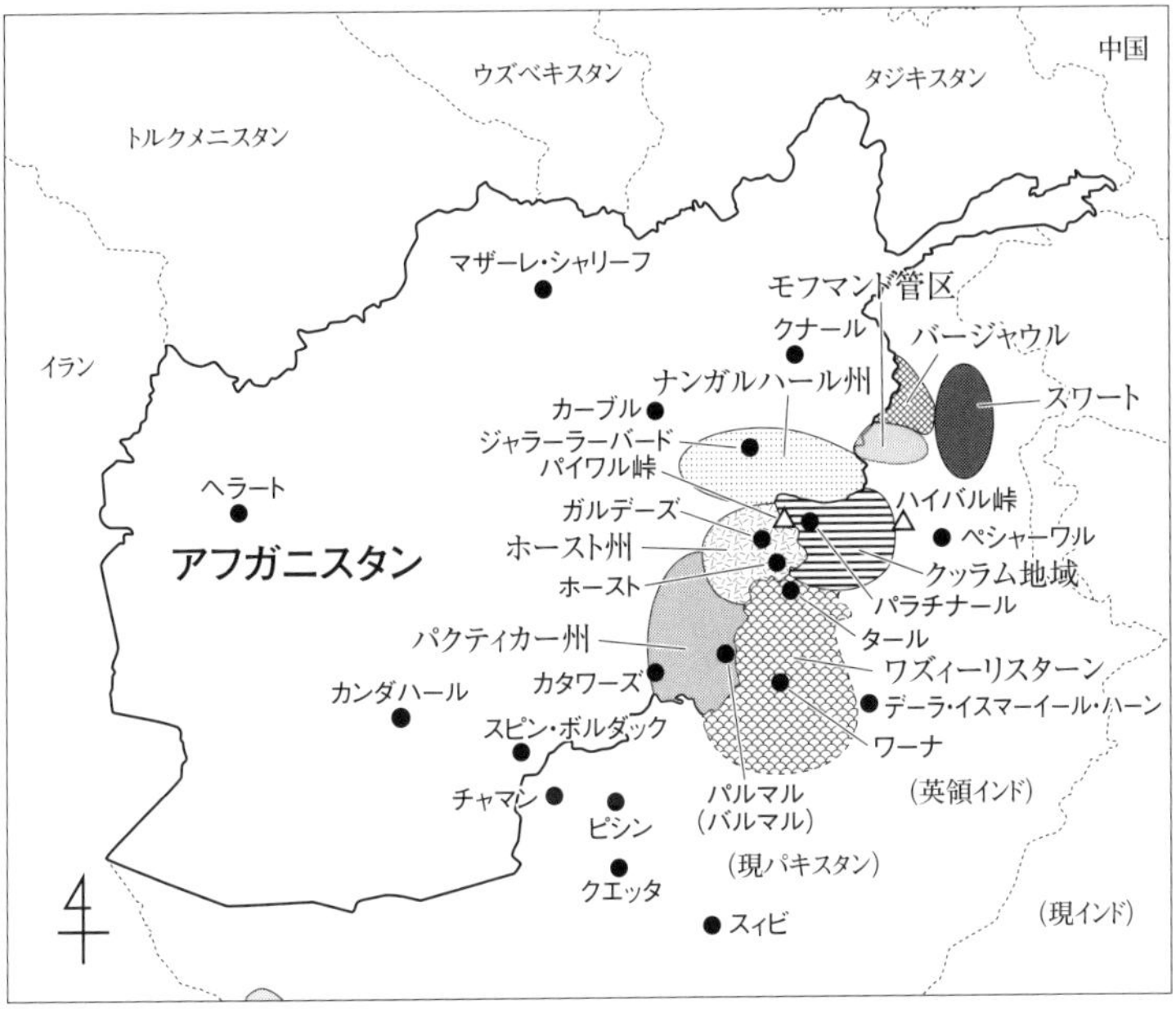

凡例

1　本書で用いたペルシア語史資料についてはInternational Journal of Middle Eastern Studiesの表記規則に基づいて表記することとする。またウルドゥー語、パシュトー語については基本的にアメリカのLibrary of Congressによる表記方法に従うこととする。史料の略号については「史料と参考文献」の「2公刊史料　①主要史料と略号」を参照。

2　本書では現在のアフガニスタンとパキスタンにまたがる地域に居住するパシュトゥーン（彼らの母語ではPaştūn〈パシュトゥーン、あるいはパフトゥーン〉と呼称される）と呼ばれるエスニシティ集団を中心に議論を行うが、エスニシティとしては単に【パシュトゥーン】と呼称することとし、パシュトゥーンの部族集団について言及する際には、例えば「パシュトゥーン系モフマンド族ハリームザイ支族」というように民族集団・エスニシティを「パシュトゥーン系」、最も大きい単位の部族集団を「……族」、さらにその部族集団の下位集団に属することを示すために「……支族」と表記することとする。

3　本書では「アフガン」という用語が多出するが、基本的にこれは前述の「パシュトゥーン」と同義でエスニシティを指す。しかし、現在では「アフガニスタン国民」を意味する場合もある。本書では一次資料中に「アフガン」と記述されている場合は、「パシュトゥーン」と同義であるが、そのまま「アフガン」と記述する。

4　史料等の引用文中で筆者が内容を補う、あるいは、注釈を付したり、引用者本人による註記について述べるなどした際には（　）で括ることとする。

5　本書に掲載した写真・図は、特に記したものを除き、筆者が撮影・作成した。

序章

ペシャーワルのパシュトゥーンたち（2008年）

1 はじめに

現在のアフガニスタンは、ヒンドゥークシュ山脈の隆起する峻険な地形の内陸に位置し、周囲をパキスタン、イラン、旧ソビエト連邦を形成していた中央アジア諸国のうち、ウズベキスタン、タジキスタン、トルクメニスタンに囲まれ、中国とも国境を接している。近年は1970年代から絶え間なく続く戦乱の影響による深刻な政情不安に陥っているが、しかし国自体が分裂することはなく一つの主権国家としての体裁を依然として維持している。

このように脆弱でありながらも、首都カーブルを中心とした一応の中央集権的近代国家として体をなしたアフガニスタン形成の嚆矢は、19世紀におけるイギリスとの第一次アフガン戦争（1839―1842年）や、西隣のイラン・カージャール朝（1796―1925年）とのヘラートをめぐる領有権争いにイギリスとロシアが関与する形で締結されたパリ条約（1857年）による国境設定と国際環境の変化により確認できる。[1] しかし、アフガニスタンにとって最も重要な画期となった事件は第二次アフガン戦争（1878―1881年）とその結果として東隣のインドを植民地化していたイギリスの保護国となったことであろう。保護国となったアフガニスタンでは、アブドゥル・ラフマーン・ハーン ʻAbd al-Raḥmān Khān（在位1881―1901年）（以後、アブドゥル・ラフマーンと記す）がそれまで国内各地で独立的統治を行っていた地方諸勢力を武力により平定するとともに、カーブルにおける中央政府統治機構整備においても一定の成果を上げた。[2] さらに、外交権を獲得したイギリスにより周辺国との間で国境画定のための外交交渉が19世紀末に立て続けて実施されたことにより、様々な問題を抱えながらも現在に至るまでの領域がほぼ画定された。とりわけ、英領インドとの間で最も長い国境線が引かれることとなったが、相互の境界を定めた1893年のデュアランド・ライン合意Durand Line Agreementと呼称される国境画定合意は、英領インド政庁とアフガニスタンのアミールであったアブドゥル・ラフマーン間の協議によって合意に至り、1947年に英領インドから独立する形でパキスタンが成立した以降もその際に合意したとされる国境線が現在に至るまで維持され続けている。[3]しかし、この国境線設定により両国にまたがって居住するパシュトゥーンが分断される状況を生み出すこととなり、現在でも深刻な紛争の火種が燻る状況を創出することにもつながった。加えて、アフガニスタンにおいてはパシュトゥーンが18世紀以降の歴史においてほぼ一貫して権力構造の頂点に位置し、かつ人口の面でも多数を占めていることなどからさらに状況が複雑化した。パキスタンとアフガニスタン民族的紐帯に基づいたパシュトゥーンによる国家「パシュトゥニスターン」建国を目指す政治運動が20世紀中盤に高揚するという状況も見られた。[4]

このように、19世紀後半、特に第二次アフガン戦争前後の政治情勢はその後のアフガニスタンに多大な影響を及ぼし、英領インドとの境域におけるパシュトゥーン諸部族の統治にも変化をもたらした。それまでは半ばパシュトゥーンの各部族勢力が各々管轄する地域をあたかも地方豪族のように自ら統治しており、ドゥッラーニー朝（1747–1973年[5]）の統治者は彼らが有していた既存の地位や権限を承認するとともに、金銭や贈り物の授与などによる人的交流を通じて自らに対する彼らの支持を維持することに努めていた。また、外部からもドゥッラーニー朝の統治者は「カーブルの支配者」として、その領域は「カーブルの王国」として認識されており、（その記録から推察する限りは）内部においてもアフガニスタンという一つの統合体としての認識はほとんど存在しなかったと考えられる。[6]

しかし、イギリスによる保護国化と国境設定、さらにはアブドゥル・ラフマーンによる国家統一の進行により徐々にではあるがアフガニスタンが近代的主権国家としての体を整え始めると、これにより中央政府の権限が飛躍的に増大することとなった。その後も基本的にはパシュトゥーン諸部族による各地の統治構造は維持され続けたものの、中央政府により設定された行政単位ごとに官吏が統治や徴税を行うとともに、司法体系の一元化も中央政府によって試みられている。[7] 兵権についても、それまで各地で編成された部族部隊 Lashkar が治安維持と敵対勢力に対応するための軍事力としてこの地域で機能してきた形から、中央政府による本格的な国軍の充実と各地への配備により大きな変化を被ることとなった。[8] つまり、第二次アフガン戦争を経たイギリス保護国下において、カーブル中央政府による国土統一と統治のための制度と組織整備、さらには軍事力の中央集権化などがそれ以前と比較すると飛躍的に前進したため、不完全ながらも中央集権国家形成に向けた礎が築かれたとも言える。また19世紀全体を通じた国際関係、とりわけイギリスとの関係の中で、外部からも次第にアフガニスタンという一つのまとまりとしての「国家の輪郭」が立ち現れてきたと推測される。

19世紀後半のアフガニスタンにおける近代国家形成についての研究においては、後述するようにアブドゥル・ラフマーンによる国土統一事業に関する議論が中心となってきた。しかし本書では前述の通り、その先駆けとなった第二次アフガン戦争前後にアフガニスタンで生じた内的・外的両面における様々な変化が近代アフガニスタンにおける国家形成に多大な影響を及ぼしたとの考えに基づき、この時期におけるアフガニスタンとイギリス、そして国境地帯パシュトゥーン諸勢力との相互関係について分析を行う。また、実際の政治動向に並行する形で19世紀を通して展開した、アフガニスタンにおける歴史認識についてペルシア語現地史料やイギリス側英語史料における歴史叙述の変遷の分析を通じて検討する。これらの分析を通じて、アフガニスタンがどのような形で一定のまとまりを持つ統合体として形成されていったのか、そして近代アフガニスタンの国家としての有り様はどのようなものであったのかということについて明らかにしたい。

具体的な分析手法としては、この時代のアフガニスタン研究の分野において極めてその利用が乏しいと言わざるをえないアフガニスタン側ペルシア語史料を活用しつつ、イギリス側史料との比較検討により双方向からの分析を行う。アフガニスタンを保護国化したイギリスは、アフガニスタン、および国境地帯のパシュトゥーン諸部族と直接的な接触を持ち、様々な政策的干渉や対応を行った。一連のイギリス側統治政策についての記録は、現在のパキスタン・ハイバル・パフトゥーンフワー州の州都ペシャーワルに集積されたが、これらの関連史料の分析も重視する。

2 本書全体に関する先行研究

本書では18世紀中期から20世紀初頭までのアフガニスタン、および英領インドを対象にその政治動向や歴史叙述、およびパシュトゥーン諸部族との関係など多方面に及ぶ分析を行うため、関連する研究は多様である。各章で論じる課題に直接関連する先行研究については章毎に言及するため、ここでは本書全体に関係する先行研究について取り上げる。

最初に、近代アフガニスタン政治について分析した先行研究について確認していく。もはや古典的研究となりつつあるものの、19世紀から20世紀前半に至るまでのアフガニスタンの近代化に関する問題を包括的に扱ったグレゴリアン Gregorian による研究は、全体像を理解する上で現在も重要な意味を持つ[9]。また、本書で議論する時期からは遡るがバーラクザイ朝を創設したドースト・モハンマド・ハーン Dost Muḥammad Khān（在位１８３９年、１８４３―１８６３年）統治期を中心としたアフガニスタン政治について論じたノエル Noelle の研究[10]は多くの一次資料に基づいて論じられている上、その第三章においてはかなり多くの頁を割いてドースト・モハンマド期を含めた19世紀全体のバーラクザイ朝期におけるパシュトゥーン諸部族の地位に関して論じているため、本書の議論との関連においても参考になる[11]。しかし、パシュトゥーンに関する議論で用いられている一次資料は専らイギリス大英図書館所蔵史料に限定されているため、より現場目線での議論の深化が必要である点が指摘できる。本書で扱う時代と内容にとって最も参照すべき研究がカーカル Kakar による一連のアブドゥル・ラフマーン統治期に関する研究である。まず、アブドゥル・ラフマーンによるアフガニスタン国内統一過程と周辺諸国との外交関係について網羅する形で論じている［Kakar 2006］は、この時期の歴史的流れを把握するのみならず、様々な事件や状況について細部に至るまで把握することが可能であるため、本書全体を通して随時参照する。また、［Kakar 1979］はアブドゥル・ラフマーン統治期の統治機構全体に関するほとんど唯一の研究であるが、カーブル中央政府において行政、軍事、司法など近代主権国家に必須の諸機関がどのような組織で運営されていたのかが理解できる。しかし、彼の研究はいずれもアフガニスタンという近代的主権国家の存在を前提とした枠組みで議論を展開している点が大きな問題点として指摘できる。これは、アフガニスタンで最も影響力のある歴史家でもあったゴバール Ghubār による一連の研究[12]における歴史観に見られるように、アフガニスタンの歴史家や研究者に典型的に見られる特徴である。つまり、少なくともドゥッラーニー朝の成立した18世紀中期以降はアフガニスタンに中央集権的国家が存在しており、アブドゥル・ラフマーンはその国家を再統合したという論法で議論が行われ、カーブルにおける中央政府の国家機構についてもその存在は自明のこととして語られる。従って、史料的裏付けなどが乏しい場合でさえ、中央集権的国家統治機構の存在を基底とした根拠が曖昧なままの記述も全体に散見される。また、第二次アフガン戦争におけるイギリスの諸政策についてはイギリス側文書史料を豊富に活用したモハンマド・アンワル・ハーンの研究［Mohammad Anwar Khan 1962］により、第二次アフガン戦争について周辺地域を含めた広域的な国際関係という視点からの理解を深めることが可能である。一方、比較的新しい研究として19世紀アフガニスタンの経済的側面に着目したシャー・マフムード・ハニーフィーの研究［Shah Mahmoud Hanifi 2011］はこれまでのアフガニスタン史研究では軽視されてきたとも言える、経済や社会インフラなどの側面から近代アフガニスタンを再構築しようとする新たな試みである。経済的議論を行うにあたって、アブドゥル・ラフマーン期における財政制度改革についても論じるなど、これまでの研究ではほとんど検討されてこなかった分野にまで踏み込んで分析を行っている。多くの現地語やイギリス側文書史料を用いるなどしているが、分析対象時期がアブドゥル・ラフマーン期ということもあり、彼の自伝を重要な議論の論拠として挙げている箇所が多々あるが、この自伝の史料的問題を考慮せずに用いていることにより論拠が不十分な点も見られる。[13]

次に、アフガニスタン、英領インド国境地帯におけるパシュトゥーン諸部族に関する研究やこの地域におけるイギリスによる統治に関する研究について確認する。19世紀におけるイギリスとパシュトゥーン諸部族との関係については、〔Caroe 1958〕、〔Davies 1932〕、〔Swinson 1967〕という古典的研究でありながら現在も基本的事実関係などを理解する上で欠かせない研究がある。このうちカロー Caroe とデイヴィス Davies は実際に現地で英領インド政府の官吏として統治に関与した経験に基づいて記述を行っている。これに関連して、広大な英領インドにおける統治の担い手であった文官部門のエリートであるインド高等文官 Indian Civil Servant についてその制度と職務、さらには役割などに関する全体的概要と基本を理解する上では本田の研究〔本田２００１〕やコーエンの研究〔Coen 1971〕がよくまとめられており、後者においてはアフガニスタンやその国境地域を含めた英領インド政務官の職務について言及されている。アフガニスタンとその周辺地域に限定した研究では、フサインの研究〔Hussain 2005〕が特に現在のパキスタン側に居住するパシュトゥーン諸部族の全体的概要を詳細に理解・把握する上で有用である。アズマト・ハヤート・ハーンの研究〔Azmat Hayat Khan 2005〕は前述のデュアランド・ラインについての分析が中心でありながら、関連する形で国境地帯のパシュトゥーン諸部族に対するイギリスの諸政策の基本的概要についてもイギリス側史料に基づいてまとめている。また、ユーナスの研究〔Yunas 2005〕はデュアランド・ライン合意そのものについて関連する諸史料を実際に提示しつつ論じているが、パキスタン側の姿勢とその正当性が強調されているためパキスタン側の主張を理解する上で有益であり、なおかつ史料集として極めて優れている。国境地帯のパシュトゥーン諸部族そのものについての先行研究としては人類学の分野で優れた業績がいくつも存在するが、その中でもバルトBarthによる現在のパキスタン・スワート地方におけるパシュトゥーン系ユースフザイ族の部族社会を中心に論じた一連の研究［Barth 1959］、［Barth 1981］、［バルト1998］とアフマドAhmedによる［Ahmed 1976］は特定の地域部族を事例にしているとはいえ、パシュトゥーンの部族社会構造を理解する上で様々な示唆に富んでいる。また、本書第三章において論じるパシュトゥーン系モフマンド族についてフィールドワークを含めた人類学的考察を行った［Ahmed 1980］は、当該部族社会における伝統や経済などの側面から分析しており、モフマンド族をとりまく地域社会について理解する上で重要な研究である。また、上述のスワートの政治史について20世紀前半を中心に豊富な史料分析に基づいてその歴史的流れを詳細に記したロームの研究［Rome 2008］は本書で扱う内容とも関わりが深い。さらに第四章で論じるパシュトゥーン系ワズィール族の動向についてイギリスとの関係を軸に詳細に分析したビアッティの研究［Beattie 2002］は特定の部族を中心とした部族史のような体をなした研究であり、英領期におけるワズィール族の動向を詳細に把握することが可能である。

ところで、19世紀から20世紀前半を対象とした国境地帯パシュトゥーン諸部族の状況と英領インド政府の統治政策および、両者の相互関係などについて体系的かつ史料に基づいた実証的な研究としてトリポディの研究［Tripodi 2011］が挙げられる。この研究は実際にパシュトゥーン諸部族との折衝や統治を担当した英領インド政府政務官に焦点を当てて、彼らとパシュトゥーン諸部族との関係について具体的な検討を行っている。これまでの先行研究では外交や国際関係の文脈でのみ言及されることが多かった当該地域について、イギリスによる統治政策を現場の実相を踏まえて考察されていることが特徴的である。また、国境地帯のパシュトゥーン部族社会に根強く浸透しているイスラームに関して一定の学問を修めるとともに、各地に師弟関係 Pīr Murīdī のネットワークを形成し、宗教儀礼に加えて各村落社会内外の諸問題や相互間での係争において調停役や仲介役を務めていた、在地イスラーム知識人モッラー Mullā の役割に着目したハールーンの研究［Haroon 2007］は極めて重要な研究である。既往の研究において実証的検証がほとんど行われてこなかった19世紀から20世紀前半の国境地帯におけるモッラーのネットワークの成立と変容、あるいは隣接するアフガニスタンや英領インド政府との関係を含めた分析を行っている。この研究に関連して、アフガニスタンや国境地域のイスラーム信仰に大きな影響を及ぼしたデーオバンディー派についての研究であるメトカーフの研究［Metcalf 1982］や、19世紀初めにイスラーム復興運動として展開しこの地域に多大な影響を及ぼしたムジャーヒディーン運動、あるいはムハンマディー運動と総称される活動についての研究であるピアソンの研究［Pearson 2008］は、それぞれの思想的背景と英領インドにおける展開と影響の包括的理解に役立つ。

3 主要史料解題

本書で用いる史料は主に以下の三種類に大別される。以下ではそれぞれについて解説するが、公刊史料については本書全体を通して参照した『諸史の灯 Sirāj al-Tavārīkh』についてのみ言及し、第一章にて参照するその他のペルシア語史料については同章の議論において詳述することとする。

A　パキスタン・ペシャーワル州立公文書館所蔵史料

パキスタン、ハイバル・パフトゥーンフワー州の州都ペシャーワルに位置する、ペシャーワル州立公文書館 Provincial Archive of Peshawar には英領期のこの地域に関連する多数の公文書が所蔵されている。1901年に州の旧名でもある北西辺境州 North-West Frontier Province が成立しペシャーワルに州都が置かれると、同州成立以前に所属していたラーホールを州都とするパンジャーブ州から関連する文書などの大量の史料群が移管された。また、この地はアフガニスタンと国境地帯のパシュトゥーン諸部族による事実上の「自治区」である連邦直轄部族地域 Federally Administered Tribal Areas（FATA）の統治機構なども置かれたため、アフガニスタンや部族地域に関連する文書を中心に様々な史料が蓄積された。所蔵されている史料はイギリスによりパンジャーブ地方が占領された1849年以降から20世紀前半までのものが大半を占めている。所蔵史料は幾つかの分野に分類されているが、本書で用いる史料は「外務 Foreign」の分野が大半である。「外務」はさらに「政務 Political」、「辺境 Frontier」そして「全般 General」の三つに細分化されている。この他、「軍事 Military」、「財務 Finance」、「収入 Revenue」などを含む様々な史料が存在する。ただ、史料の保存状況は良好であるものの整理はほとんど行われておらず、史料目録についてもごく一部所蔵史料に関するものが存在するのみである。内容の大半については自ら確認しなくてはならないため、史料調査には多くの困難を伴うことに加えて、各史料の所在についても特定することができない場合も多く、利用史料を発見するためには多くの時間と労力が必要となる。しかしそれでも、英領期にニュー・デリーに置かれた帝国記録部 The Imperial Record Department、現在のインド国立公文書館 The National Archives of India やイギリス・ロンドンの大英図書館や国立公文書館所蔵の史料などとは一線を画し、現場の政務官報告書や記録、パシュトゥーン諸部族に関する史料、さらにはアフガニスタンに関係する記録など他では確認することのできない貴重な史料がそのまま保管されていることの意味は大きい。文書史料中にはペルシア語やウルドゥー語の書簡や報告書などといった英語以外の貴重な史料も確認することができる。しかしながら、上述のような史料保存状況により、現地の研究者も含めてこれまでの研究においてはこれらの史料が用いられた分析は一部の例外を除いてほとんど行われてこなかった。前述の先行研究において提示した研究の中で、[Haroon 2007]、[Rome 2008]、[Tripodi 2011] の三者は量的には過少ながらもペシャーワル州立公文書館の史料を用いた分析を実施しているが、なぜか専ら英語史料のみを用いており、同公文書館に所蔵されている関連ペルシア語・ウルドゥー語史料は全く参照されていない[14]。

本書ではアフガニスタンや国境地域の現場にて実情に触れた政務官による現地報告書を中心に、関係者による書簡などのペルシア語史料と、一部ウルドゥー語で記された史料も用いて分析を実施する。なお、ペシャーワル州立公文書館の成り立ちや所蔵史料についてのより詳細な情報についてはサリーム Salim が実際の所蔵文書史料内容紹介を含めて詳述している[15]。

B　イギリス・大英図書館 Indian Office 所蔵アフガニスタン関連史料

本書で考察の対象とする第二次アフガン戦争前後のアフガニスタンの状況についてはアフガニスタン側の情報は極めて少ない。前述のペシャーワル州立公文書館所蔵の各種史料は具体的な現地報告や当事者同士のやり取りを伝えているために極めて貴重な史料である。ただ、アフガニスタンの全体的な動向については、英領インド統治を管轄していたインド省に情報を伝達するべく作成された報告書などの方がより体系的に全体像を把握する上で有用である。そこで、元々 Indian Office and Library に所蔵されており、現在大英図書館に移管・所蔵されているアフガニスタン関連史料の内、シェール・アリー統治期における対露交渉に関連した史料［L/PS/18/A38］、第二次アフガン戦争に至る経緯やその間におけるアフガニスタン情勢報告について様々な史料を大量に集積した［L/PS 20/Memo5］、さらにはこの間の英領インド側の対アフガニスタン政策とアブドゥル・ラフマーンとの関係についての膨大な史料がまとめられた［L/PS 20/Memo8］及びデュアランド・ライン合意締結に至る実際の交渉経過についての報告史料である［IOR/R/2/1075/21-4, Item2］を用いて分析を行う。

C 『諸史の灯 Sirāj al-Tavārīkh』

『諸史の灯』はアブドゥル・ラフマーンの長男で後継者としてアミールとなったハビーブッラー・ハーン Ḥabīb Allāh Khān（在位1901―1919年）の命により祐筆のファイズ・モハンマド Fayż Muḥammad Kātib Hazārah によって編纂された歴史書で、第一巻と第二巻の合本がヒジュラ暦1331年／1912―1913年に、ヒジュラ暦1333年／1914―1915年には第三巻の途中までがカーブルから出版されたが、その後ハビーブッラー暗殺後にアミールとなったアマーヌッラー・ハーン Amān

Allāh Khān（在位1919―1929年）の治世になると出版の継続が困難となってしまった。[16] そのため、第三巻の中途部分以降は出版されることなく、その内容も不明なままであったが、アフガニスタン国立公文書館に所蔵されていた第三巻の未公刊部分と第四巻の写本に基づいた刊本が近年になり出版された。[17]『諸史の灯』の第一巻から第四巻までの執筆対象時期はドゥッラーニー朝の成立した1747年から1919年2月にハビーブッラーが暗殺された直後までである。[18] 全体の構成は、第一巻がドゥッラーニー朝の成立から1843年までのサドザイ支族が実権を握っていた時期までを、第二巻はそれに続くバーラクザイ支族のドースト・モハンマドによるアミール位への戴冠から、1880年7月27日に英領インドとアフガニスタンとの間で勃発したマイワンドの戦い直後までの時期を扱っている。第三巻はアブドゥル・ラフマーンの戴冠からヒジュラ暦1314年末／1897年6月までの彼の治世下における様々な事象が記述されており、第四巻では以降の時期から前述のように1919年2月までのアブドゥル・ラフマーン、及びハビーブッラーの治世について記述されている。特に、第三巻と第四巻は一ヶ月毎の出来事が詳細に記述されている上に、著者のファイズ・モハンマドが宮廷史家であったため、多くの公文書を利用して執筆されている。[19] 加えて、執筆時期までに記された様々な史料文献を用いているのみならず、直接事件を知る関係者からの証言に基づいた情報も含んでいるため、アブドゥル・ラフマーンとハビーブッラーの治世については特に豊富な状況が記録された大著であると言える。本書で中心的な議論を行う英領インドとの関係についても、アフガニスタン側の対応を詳細に知ることが可能であり、イギリス側史料との比較・検討を行う上で極めて貴重な史料である。しかしその一方で、本書で分析を行うシェール・アリー期についての記述は少なめであり、他方、この時期に国外亡命を余儀なくされていたアブドゥル・ラフマーンに関する記述が多いという特徴が見られる。アブドゥル・ラフマーン治世に関する叙述の多さを考慮すると、敵対していたシェール・アリーの治世については意図的にその叙述量を少なくしているとも推測できる。

【序章　註】

1　イラン・アフガニスタン間の国境設定に関しては、それまでホラーサーン地方という緩やかな地域的まとまりが保持されていた地理空間が近代的国境設定により分断されるという見地から、地方権力との関係も考慮しつつ検討を行ったモジュタヘドザーデ Mojtahed-Zadeh の研究を参照［Mojtahed-Zadeh 2004: 122-149］。

2　アブドゥル・ラフマーンの統一過程については数多くの研究があるが、これについては後述する「先行研究」の項目、およびこの時期のイギリスの諸政策について論じた第二章を参照。

3　デュアランド・ライン合意については本書第四章で詳細に論じる。

4　パシュトゥニスタン運動は、英領インド期に北西辺境州（現・パキスタン領ハイバル・パフトゥーンフワー州）を中心に活動したアブドゥル・ガッファール・ハーン ʿAbd al-Ghaffār Khān が主導的役割を果たし、これにアフガニスタン政府が強力な後ろ盾となって展開された活動である。アブドゥル・ガッファール・ハーンの思想を継承する形で現在も活動するパキスタンのパシュトゥーン民族主義政党 Awami National Party が州議会で第一党を占めていた２０１０年４月に州名が北西辺境州からハイバル・パフトゥーンフワー州へと変更された。彼の生涯とその活動について自らの回想録である［ʿAbd al-Ghaffār Khān 1387Kh/2008］とその抄訳である［登利谷２０１２］を参照。

5　ドゥッラーニー朝はその統治者が所属していたパシュトゥーンの部族名からその前半をサドザイ朝（１７４７―１８２６年、１８３９―１８４２年）、後半をバーラクザイ朝（別名モハンマドザイ朝）（１８２６―１９７３年）として二つに区分される。本書では基本的にドゥッラーニー朝という王朝名を用いるが、各王朝に限定して言及する場合にはサドザイ朝、バーラクザイ朝の名称も合わせて用いる。

6　これは、1806年にアフガニスタン統治者であったシャー・シュジャー Shāh Shujā（在位1803―1809年、1839―1842年）と直接面会したイギリス東インド会社の使節エルフィンストンが、その記録全体においてドゥッラーニー朝の支配下にある領域を「カーブルの王国 The Kingdom of Caubul」と記していることから窺い知れる。このイギリスにとって最初の直接的接触において、「アフガニスタン Afghaunistaun」という地域名をエルフィンストン自身は自らその地理的範囲を限定した上で用いているが、現地の人々の間でこの名称は用いられていないと明示している［Elphinstone 1815: 92-93］。

7　アブドゥル・ラフマーン期における司法制度については、国内での統一的な法官（カーディー）qāżī のマニュアルとも言える『カーディーたちの基礎 Asās al-Qużżāt』の分析を通じた研究が発表されている［Tarzi 2003］［近藤2014］。

8　中央政府による常備軍の整備はシェール・アリー治世から段階的に開始されていた［Kakar 2006: 18-19］。

9　［Gregorian 1969］

10　［Noelle 1997］

11　［Ibid. 123-227］

12　［Ghubār 1967; Ghubār 1322Sh/1943-44］

13　アブドゥル・ラフマーンの自伝［LA］は二巻本として公刊されたが、その第二巻については編者であるソルターン・モハンマドによる「創作」であり、アブドゥル・ラフマーン自身の自伝ではないとされる。後述の第四章の註5を参照。

14　トリポディはその著書の冒頭で自ら述べている通り、ペシャーワル州立公文書館での調査を自ら行わず、現地のアフガニスタン人に委託する形で間接的調査を実施し、この調査により収集された史料を用いて研究を実施した。筆者が実際に2009年末に同公文書館にて調査中にペシャーワル在住のアフガニスタン人による委託調査が実施されていた。

15　［Salim 2008: 167-192］

16　『諸史の灯』の第三巻が中途までの出版になってしまったことと、第四巻の出版されなかった事情については、不明な点も多いが、ファイズ・モハンマドがハビーブッラーの暗殺後に、アマーヌッラーとの後継者争いに敗れたナスルッラー Naṣr Allāh Khān と密接な関係があったためと考えられる［McChesney 2013: xlv-lxii］。その他の『諸史の灯』の著者や出版の状況については、［McChesney 2013: lxxxviii-cxiv］［小牧２００５］を参照。

17　［ST 4］

18　正確には、ヒジュラ暦１３３７年ジュマーダー月26日／１９１９年2月27日までを執筆時期としている。

19　ファイズ・モハンマドは公文書を閲覧する資格のある身分であったため、第一巻と第二巻で扱われている時期に関する公文書も参照することができたと考えられるが、第二巻までの記述においては公文書を用いた記述は、第三巻のアブドゥル・ラフマーン治世、および第四巻のハビーブッラーの治世と比較すると極めて少ない。

第一章

アフガニスタンにおける「近代」歴史叙述の成立過程

カーブル中心部を流れるカーブル川とテイムール・シャー廟（2009 年）

1 はじめに

アフガニスタンにおける国民国家形成と国民統合という観点から重要となる歴史認識の構築は、1920年代中期以降に進展した考古学的発見と発掘の進展により一つの転機を迎え、歴史的起源をアーリア人到来期に求める認識が提示されるに至った［McChesney 2012: 562-564］。このように「アーリア人到来」をアフガニスタン史の起源と捉える歴史認識は、様々なエスニシティや宗派が混在することにより共通の国民統合原理を見出すことが困難な中での国民国家形成上極めて有用と判断され、1930年代以降は政府関連機関の主導によりその普及徹底が図られた。これによって、現在では学術的歴史認識としてアフガニスタン史の起源を「アーリア人到来期」に求める認識が定着しており、マクチェスニーはそれ以前の歴史叙述がすでに「時代遅れ out-of-date」と見なされている点を指摘している［McChesney 2012: 562-564］。

しかし、アフガニスタンの歴史的起源をアーリア人到来に求める一方で、現在のアフガニスタンという「近代」国家の原型が1747年のアフシャール朝のナーデル・シャー Nādir Shāh 暗殺直後のドゥッラーニー朝（1747－1973年）成立によって形成されたとの認識は現在も広く浸透している。例えば、現在の歴史教科書ではドゥッラーニー朝成立をアフガニスタン近代の始まりと捉える認識が強く反映されている。歴史教科書内におけるアフガニスタン史の時代区分としては古代からイスラーム到来まで、イスラーム到来からドゥッラーニー朝成立以前まで、ドゥッラーニー朝成立から現代までという三つの時代区分を採用している。[1] そして、ドゥッラーニー朝の成立については「アフマド・シャー・バーバーはどのようにしてアフガニスタンを再興したのか」、「アフガニスタン再興 Ihyā-yi Mujaddad-i Afghānistān」と題していることに加え、アフマド・シャーについて叙述する表題では「アフマド・シャー・バーバーと中央政府の強化 Tahkīm-i Daulat-i Markazī」した記述[2]が展開されていることから、前述の時代区分と合わせて考察すると、ドゥッラーニー朝成立が「中央集権的近代国家成立」の嚆矢であり、現代に至るまでの節目であったとの認識が広く受容されていることは明らかである。従って、アフガニスタンにおける近代認識を考慮する上で「時代遅れ」の歴史認識と見なすことはできず、むしろ現在においてもこの歴史観は多大な影響力を保持していると考えられるのである。

そこで本章では、アフガニスタンにおける「近代」国家成立に関する歴史認識について、ドゥッラーニー朝成立の経緯、特にその創始者であるアフマド・シャー（在位1747―1773年）の即位とその後の状況についての分析を行う。アフマド・シャー即位の経緯は歴史教科書に典型的に見られるように、現在のアフガニスタン統治のあり方や、エスニシティとしてのパシュトゥーンを頂点とした支配構造の固定化、さらには近代アフガニスタンにおける領土・領域に関する認識など多様な側面において多大な影響を及ぼしている。まずは、アフガニスタン国内を含めた代表的先行研究がドゥッラーニー朝成立を「近代」アフガニスタンの成立とどのように関連付けているのかについて、できる限り多く事例を抽出しつつ確認する。これを踏まえて、ドゥッラーニー朝成立後の18世紀中期から20世紀初頭に至る時期に記されたペルシア語やイギリス側英文史料の歴史叙述を可能な限り分析し、「近代」国家成立に関する歴史認識成立に関する歴史叙述の変遷について明らかにし、アフガニスタンにおける「近代」国家成立に関する歴史認識がどのように構築されていったのかについて論じる。

2 ドゥッラーニー朝成立に関する諸研究の立場

2-1 アフガニスタンの研究者による視点

本章冒頭で言及した通り、アフガニスタン国内においては20世紀を通して国民統合に向けた諸政策の一環として、カーブル文学協会 Anjumn-i Adabī-yi Kābul やアフガニスタン歴史協会 Anjuman-i Tārīkh-i Afghānistān による出版・研究活動を通じて、アフガニスタン国民の起源をアーリア人到来と重ね合わせる言説が広く流布された。[3] 同時に、パシュトゥーン系ドゥッラーニー族を頂点とする王朝支配の正当性と同王朝の成立過程を「近代」アフガニスタンの成立と同一視する見解を定着させることにも努めた。アフガニスタンにおける歴史研究の碩学と言えるゴバール Mīr Ghulām Muḥammad Ghubār（1897―1978年）は前述の文学協会や歴史協会における代表的メンバーとして活動するとともに、出版局顧問なども務めた人物であった。[4] そこで、彼の著作におけるドゥッラーニー朝成立に関する記述を最初に確認する。『アフガンの父 アフマド・シャー Aḥmad Shāh Bābā Afghān』と題した書は、すでにそのタイトル上からも叙述の姿勢を推測することは可能である。同書中の「アフマド・シャーは如何にしてアフガニスタンの王

Pādishāh となるのか」[5]と題する節において、ナーデル・シャー殺害時までの状況とナーデル期にはヌール・モハンマド・ハーン Nūr Muḥammad Khān という人物がアフガン軍団の司令官であった点が明記されている。[6]さらに、アフマド・シャーがナーデル殺害後に生じた混乱状態の中、ナーデル一族の警護に奮闘し、この働きを評価したナーデル・シャーの妃たちによりクーへ・ヌールと呼ばれるダイヤモンド[7]を含む財宝が下賜されたとする内容が記されている。[8]この後さらに続けて以下のように記述されている。

アフマド・シャーはアフガニスタンのために偉大な考えを検討し、ペルシア Fārs の内情と関わることなく、アフガンの司令官であるヌール・モハンマド・ハーンとそのアフガン軍団全軍とともにカンダハールへと出立した。（……省略……）そして、ヒジュラ暦1160年ラジャブ月（1747年7月―8月）、アフガン軍団全軍とともにカンダハールへ入った。それまで、全体の指揮権は以前のようにヌール・モハンマド・ギルザイ Nūr Muḥammad Ghiljāī[9]が握っていた。カンダハールに入ると、一致してアフガンの他の指導者たち Sāyir-i Ruʾasā-yi Afghānī に、アフガニスタンのために王 Pādshāh を選出するように提案がなされた。この要請は国家的な特別提案であったため直ちに受け入れられ、時を置かずにアフガンの指導者たち Sardārān が召集されて重要時のジルガ Jirgah[10]が設立された。アフマド・シャーは約1万6000名になっていたアフガン軍団が王が決まる時まで仲違いしないように努めた。（……省略……）（この後、しばらくしてからカンダハール近郊に位置する「シェール・ソルフ廟 Mazār-i Shīr Surkh」においてジルガが開催された旨と議論が白熱した旨が記述される）ジルガの重要かつ中心メンバーたちは、ギルザイ族のアフガン司令官でありナーデル・シャー

> に従ったアフガン軍団司令官であったヌール・モハンマド・ハーンの一族、ポーパルザイ支族 Qabīlah-yi Pūpalzāī の長であるモハッバト・ハーン Muḥabbat Khān、イスハークザイ支族の長であるムーサー・ハーン Mūsá Khān、ヌールザイ支族の長ナスルッラー Naṣr Allāh、そしてバーラクザイ支族のハーッジー・ジャマール・ハーン Ḥājī Jamāl Khān Bārakzay[11] であった[12]。

以上のように、ナーデル殺害後にアフガン軍団を率いていたヌール・モハンマドとともにアフマド・シャーがカンダハールに帰還したこと、そして帰還後には「アフガニスタンの王」を選出するための有力者会合であるジルガが開催されることとなった点について述べられている。この後、ヌール・モハンマドが実力的に最も王位に近かった点、そして彼自身もそれを望んでいたことについて述べられた上で、以下のような記述が続く。

> ジルガのあらゆる会合において一言も自らのために口を開かない者が一人いたが、それがアフマド・シャーであった。しかし、9回目の会合においてメンバーの一人が初めて（アブダーリー族ポーパルザイ支族に属する）サドザイ支族のアフマド・シャー Aḥmad Shāh Sadūzāī を善なる人格と賢明であるという評判の故に統治を行う地位に相応しいと考え、自身の考えを提起した。この人物はカーブル出身のサーベル・シャーという名で、タサッウフの道（スーフィー聖者として著名であったこと）によりカンダハールの全指導者から尊敬されていた。故に、彼の中立的な意見は騒動や敵意の原因とならず、それどころか会合のメンバーや中心的な指導者たちに、アフマド・シャーが

小部族の所属であるため、権力を有する人々と対抗して専制に向けた強硬姿勢をとるようなことにはならないという考えを理解させた。そのため、わずかな議論の後、会合参加者たち全体の意見がアフマド・シャー選出へと収斂し合意に達した。最終的に、サドザイ支族のアフマド・シャーはアフガニスタンの王を宣言し、重要かつ歴史的な役割を果たしたシェール・ソルフの国家的ジルガ Jirgah-yi Millī は延長された[13]。

ここでは、「国家的ジルガ」を通じてアフマド・シャーが「アフガニスタンの王」へと選出される経緯について記している。選出の理由としては、アフマド・シャーが属するドゥッラーニー族ポーパルザイ支族に連なるサドザイ支族が比較的小規模な勢力であったため、有力者たちの意向が反映されやすいとされた点が合意形成につながったと記されている。ゴバールは彼の代表的著作である『歴史におけるアフガニスタン Afghānistān dar Masīr-i Tārīkh』の中の記述にて、カンダハール郊外のシェール・ソルフ廟において開催されたジルガにおいて、諸部族の合意と高名な聖者の推挙によりアフマド・シャーが即位するとともに、聖者が戴冠式において王冠の代用品として現在のアフガニスタン国旗にも描かれている麦の房を授けたと述べている[14]。

『近代アフガニスタン Afghānistān-i Muʻāṣir の出現とアフマド・シャー』という表題でドゥッラーニー朝創設とアフマド・シャーについて研究したスィースターニーは、1747年を「アフガニスタン」という国号の誕生、および現在のアフガニスタンと直接連結する現象が生じた時期であると位置づけ、国号についてはアフガニスタン＝パシュトゥーンの国家であるとして名称を「アリアナ」や「ホラーサーン」

に変更すべきであるとする識者の意見を紹介しつつも、これに反論する議論などを展開している。[15] また、ファイズザードはジルガの果たした歴史上の役割に関する研究においてドゥッラーニー朝創設について以下のように述べている。

> その形態において、我々の祖国の歴史上最も大きな影響を与えたジルガとしての大ジルガ Jirgah-yi buzurg は西暦１７４７年にカンダハールで開催されたジルガであった。そのジルガはアフマド・ハーン・アブダーリーを王 Pādishāh として選出し、人々の間での敵対や反目、戦乱や内紛の日々を終結させたのであった。[16]

ファイズザードはこの後ジルガの様子を前述のゴバールによる『歴史におけるアフガニスタン』の記述に基づいて叙述している。スィースターニーによる議論と合わせて検討すると、アフマド・シャーはジルガにおいてアフガニスタンの王へと選出・推戴され、これをもって、統一的な「アフガニスタン」が誕生したとする見解が示されていることが読み取れる。

前述のような見解は、ドゥッラーニー朝成立状況について詳述された唯一の同時代史料『アフマド・シャー史』を参照せずに記述されていることが原因となっているとも考えられ、その叙述の信頼性という点で問題があることが指摘できる。そこで、『アフマド・シャー史』を分析対象にしつつ検討を行ったアフガニスタンの歴史家の手による記述はどのようなものであるのかについても以下で検討する。まず、様々な史料文献を用いて18世紀以降から現代までのアフガニスタン史について詳細に記したファルハングは、『アフマド・シャー史』の記述に基づき、アフマド・シャーがジルガによって選定されて戴冠した点、およびドゥッラーニー族の有力者たちによって推戴され即位したと記している。[17] また、アフマド・シャーの生涯について最も詳細に記し、勅令 farmān などの文書史料なども参照しつつ執筆されたフォーフファルザイによる浩瀚な研究書中の記述は大変興味深い。[18] 執筆の6年前にあたるヒジュラ太陽暦1353年ミーザーン月（1974年9月—10月）に『アフマド・シャー史』を入手し、その記述を参照することができたと記している。[19] 同時にその記述には欠陥 naqṣ があると指摘しているが、この点については以下のように述べている。

（『アフマド・シャー史』の編纂者である）ホセイニーによる記述の欠陥は統治8年目から詩人、文人としてアフガニスタン宮廷に仕えたため、いくつかの出来事については忘却され、詳細の多くについて知りえなかったという点である。そのため、彼の叙述はいくつもの部分において勅令や手紙との矛盾が見られた。[20]

つまり、フォーフファルザイは『アフマド・シャー史』の記述について、その治世前半に関する叙述には多くの誤りが存在する可能性を指摘しているのである。その上で、アフマド・シャー即位の経緯については同書の記述内容をほとんど無視する形で議論を展開し、結果、アフマド・シャーが有力者たちの協議による合意により選出され、壮麗な戴冠式により即位したとする叙述を行っており、その内容は基本的に前述のゴバールやファイズザードなどと共通している。[21] また、前述の引用部分でも確認できる通り、フォーファルザイは一貫してアフマド・シャーを「アフガニスタン」の王として記述しており、『アフマド・シャー史』を含めた18世紀の史料中では確認することのできない国号を用いている。ただ、フォーファルザイはアフマド・シャー即位の直後にその即位に反対する反乱が生じた点についても言及していることから、同時代史料の厳密な分析と既存のアフガニスタンにおける歴史認識との整合性をとろうと意図する形での叙述を行っていると言える。[22]

以上の通り、アフガニスタンの研究者はアフマド・シャーについてナーデル・シャー期にはその配下であったアフガン軍団に属していたものの、他の人物が司令官を務めていた点、およびカンダハール近郊で開催されたジルガにおける合意に基づいて王に選出され即位したという点の二点における歴史叙述は共通している。つまり、このような合意形成による指導者の選出という点が現代まで続く「近代」アフガニスタンの出発点であるとする見解を有していることが読み取れるのである。

2-2 ドゥッラーニー朝成立をめぐる外部研究者による視点

アフマド・シャーについてその生涯全体を多様な史料を用いつつ詳述したガンダ・スィングの著作はアフガニスタンにおいてはパシュトー語に翻訳されるなどして、[23]歴史認識の形成に最も大きな影響を与えたと言えよう。その著作は表題自体が『アフマド・シャー――近代アフガニスタンの父』となっており、パシュトー語翻訳版でもそのままの翻訳が施された。従って、当該書全体の叙述においてアフガニスタンという近代国家の存在を前提としつつ、アフマド・シャーをその設立者として位置付けている。即位に至る経緯に関する叙述は前述のゴバールと類似しており、ナーデル殺害以前はヌール・モハンマドがアフガン軍団司令官であった点は明記しつつも、ジルガがカンダハールにて開催され、バーラクザイ支族のハーッジー・ジャマール・ハーンによる支持と、サーベル・シャーという聖者の役割によって王に選出された旨が記されている。[24] 当該ジルガの意義については以下のように言及している。

アフガンの指導者たちによる会合での決定および、全員が反対票を投じることなく同意したということに加え、彼らがペルシアとの関係を断ち、自らの王の下でアフガンの独立を宣言したということが重要な点として挙げられる。[25]

このように、アフマド・シャーの即位はイランとの関係を断ち切るとともに、アフガニスタンが独立国として成立するためであったとする見解が述べられている。さらに、アフマド・シャーとその統治体制については以下のように記述している。

彼は、アフガン人の国民性 nationality を発見し、アフガン意識を広めるべくその権威を拡大した王であった。（……省略……）しかし、民族主義的概念 nationalistic idea の下で諸部族を動員するため、まずは指導者たちを説得しなければならなかった。そのため、彼は九人のアフガンの指導者たちからなる評議会を設立して、その協議と忠告なしには彼が重大事に対してどのような対処もとれないこととした。[26]

この記述からは、アフマド・シャーが独立国としてのアフガニスタンにおける国民認識の定着を図り、そのための統治の安定性確保に向けて九名の部族指導者から構成される評議会を設立し、この評議会と諮りながら統治を行うこととしたと記されている。また、アフマド・シャーに対する人々の認識についても以下のように言及している。

彼はその行動的な人生全てを自らの国家 country の栄光のために費やした。彼は185年前にこの世を去ったが、老若男女にとって偉大な征服者であり、真の高貴な人々の指導者、そして統一・独立したアフガニスタンの父として彼の記憶を敬う全てのアフガンの心に未だに生き続けている。故に人々は彼をアフマド・シャー・バーバー（父）、偉大な者アフマド・シャーと呼ぶことを好むのである。[27]

この記述はアフマド・シャーがアフガニスタンの人々の間で統一国家アフガニスタンの独立を達成した人物として認識されているという点を強調するものであり、ガンダ・スィングの研究からは、実際にアフマド・シャーが「近代アフガニスタン」を創り上げた人物であったことが史料上からも裏付けられたという点が説得的に語られる。しかし、彼は膨大な一次資料を用いた分析を行っているにもかかわらず、アフマド・シャー即位の経緯については同時代史料である『アフマド・シャー史』を全く参照していないことから、この点については表題の通りの叙述を行うよう意図していた可能性すら考えられる。

グルザードの研究においても前述のような歴史認識の影響が見られるが、該当する部分を確認してみる。

認識できる国家としてのアフガニスタンは、ペルシアの支配者ナーデル・シャー・アフシャールのアフガン軍団司令官であったアフマド・シャー・ドゥッラーニーによって１７４７年に設立された（……省略……）１７４７年６月にトルコマン部族 Turkmen tribes によってナーデル・シャー・アフシャールが殺害された後、彼の武装した部族分遣隊によって支持されたアフマド・シャー・バーバー（註が附され、「アフマド・シャー・ドゥッラーニーはしばしば「バーバー（父）」として呼ばれる。なぜなら、彼は国家設立者として認識されているからである」と記されている）はカンダハールに帰還し、ホラーサーン諸州 The Khorasan Provinces（註が附され「『歴史におけるアフガニスタン』の著者でアフガンの歴史家であるミール・ゴラーム・ムハンマド・ゴバールによると、ホラーサーン、すなわち「太陽の昇る地」はペルシア帝国の東方諸地域を示す一般用語であった。当初アフガニスタンの一部を含んでいたが、後にこの国全土を組み込んだ」と記されている）の支配者であることを自ら宣言した。[28]

このグルザードの記述からは現在のアフガニスタンという国家は１７４７年のアフマド・シャー即位によって誕生したため、彼が建国の父として認識されていると述べる一方で、即位時にはホラーサーンの支配者であると宣言したとも記していることから、国号としてのアフガニスタンはまだ成立していなかったとの見解が読み取れる。また、ナーデル期にはすでにアフマド・シャーがアフガン軍団の司令官であったと言及しており、その即位はナーデル期の地位に基づく当然の帰結であったという点も暗示されている。
ここまで述べてきた「近代アフガニスタン成立史観」とも言える歴史認識に基づいた典型的かつ詳細な記述が確認できる研究がミスダークによる研究である。ミスダークはアフガニスタン出身であり、イギリスBBCのパシュトー語セクションの創設者でもあった人物である。彼は自らの研究書において丹念にアフガニスタンにおけるナショナリズムやエスニシティ、部族やその慣習法などを歴史学や人類学的成果を参照しながら冒頭において分析しているが、その中ではアフガニスタンにおいて定着した歴史認識の影響が顕著に窺える。以下、その内容を確認していく。まず、ナショナリズムに関する議論では著名なナショナリズム論者であるベネディクト・アンダーソンの理論[29]とアーネスト・ゲルナーの理論[30]をアフガニスタンに当てはめて論じた上で、以下のように述べている。

（ベネディクト・アンダーソンの議論にアフガニスタンを当てはめて）

1747年以降彼らの「想像された imagined」アフガン国家のため、パシュトゥーンたちは歴史を通じて複数の機会において、必要とあらば彼らの「パシュトゥーン」民族アイデンティティーを危機から守るために血を流し死ぬ覚悟をした。[31]

（ゲルナーの理論に対して）

外国支配に対する数世紀の抵抗から誕生したアフガン国家において「読み書きのできる高度な文化」、あるいは「全政治的集団やその全住民との同一の広がり」は存在しなかった。国家は主に多数派のパシュトゥーンたちによる合意を通じて形成されたのであった。１７４７年とそれ以前、ナショナリズムと言う時は「アフガン・ナショナリズム」というよりも「パシュトゥーン・ナショナリズム」を意味する。「アフガン」は実際にはパシュトゥーンのペルシア語化された表現であるが、「アフガン」という名称はアフガニスタンに住む全ての人々を意味するようになっている。さらに、18世紀中期に創設された国家は非パシュトゥーンの少数派たちにも確実に受け入れられており、彼らはこれに対する謀反を起こさなかった。[32]

さらに別の箇所では、１７０９年のホタキー朝成立時に続いて、１７４７年のドゥッラーニー朝成立時に二度目のロヤ・ジルガ Loyah Jirgah、すなわち国民全体が参集してのジルガが開催された点について触れている。[33] 従って、同王朝成立はパシュトゥーンたちによる合意に依拠したものであることを明示し、このことを他の民族も受け入れたと捉えていることが読み取れる。ロヤ・ジルガと非パシュトゥーンとの関係については前述の１７０９年に開催されたとされるロヤ・ジルガに関する言説に基づいていると考えられ、この点についても言及している。具体的には１７０９年にサファヴィー朝に対する反抗を決定したとされるロヤ・ジルガが秘密裏に開催され、これにはカンダハール地域全てのパシュトゥーン有力者に加えて、非パシュトゥーンも参加し、この時の裁定によりホタキー朝を創設したミール・ワイス Mīr Vays Khān Hotakī（在位１７０９―１７１５年）は当時のグルジア人総督を排除することを決定した[34]と言及している。[35] また、アフマド・シャーの即位については、前述のガンダ・スィングによる議論を受けて、ジルガにより推戴されたとしており、さらにその経緯については、後述するフェリエ Ferrier

の叙述に依拠しつつ、ハーッジー・ジャマール・ハーンが最大の有力者であったため推戴される可能性が大であったが、自らアフマド・シャーを支持して辞退したと述べている。[36] 加えて、アフマド・シャーがペルシアから離脱してアフガニスタンを独立国家として宣言するという内容や、[37] タッパー Tapper の議論[38]を用いてアフマド・シャー期のドゥッラーニー朝が内政・外交ともに首都であるカンダハールを中心に中央集権的な国家であった点、および部族的基盤に基づきつつも、非パシュトゥーンの社会的文化的集団を取り込んでいた点、さらには広大な征服地において各々の自治を認めた点を明記している。[39] 以上のように、ミスダークはドゥッラーニー朝の成立過程を「近代」アフガニスタンの成立と捉え、その要としてロヤ・ジルガとそれを通しての合意形成を重視している。さらに、当時の中央集権的性格や多民族国家として安定的に機能していた点も明示している。しかし、これらの議論はいずれも一次資料の分析に基づいておらず、その根拠が極めて曖昧であるという点は指摘しなければならない。

このように、先行研究においてはジルガやロヤ・ジルガを通じた合意形成に基づく王朝成立という点が強調されている。では、ジルガやロヤ・ジルガ自体を研究対象とする議論の中でドゥッラーニー朝成立がどのように捉えられてきたのかについて次に確認してみる。サリームはロヤ・ジルガを「国王擁立機関 A King-Making Institution」と呼称し、さらに、アフガニスタンの歴史家たちは現在のロヤ・ジルガの形体が18世紀前半に由来するという考えで一致していると述べている。そして、ミール・ワイスがサファヴィー朝に対する反抗を決定する際に開催されたジルガを最初の「ロヤ・ジルガ」と位置付け、その後重要時に際しては幾度も開催されたと記している。[40] 一方、ノエル・カリーミー Noelle-Karimi はロヤ・ジルガが18世紀の段階では、それまで通例であった部族的なジルガと変わらない形で開かれていることから存在していなかったとする。さらに、シェール・アリー期やアブドゥル・ラフマーン・ハーン期にそれぞれ、皇太子の選定やデュアランド・ライン策定に関わる討論のために催された大規模な会合は存在していたものの、ロヤ・ジルガという制度自体は20世紀に入るまで存在しなかったと述べている[41]。ただ、「1747年にアフガニスタンとして成立した政体は、正式には他のパシュトゥーン諸部族との部族提携に基づく王権支配であった[42]」と述べるとともに、アフマド・シャー即位の経緯については以下のように言及している。

1747年6月にナーデル・シャーが殺害されると、アフマド・ハーンはカンダハール郊外において開催されたジルガにおいてアブダーリー族の支配権を獲得することに成功した。彼が選出された主な理由は彼がサドー（サファヴィー朝期にカンダハールにおいてアブダーリー族を統率し、サファヴィー朝より指導権を承認されていた人物）の直系の子孫であること、そして彼がアブダーリー族によって聖者として崇拝されていたサドーの息子ホージャ・ヒズルの二代後の子孫であるということであった[43]。

この記述からは彼が血統・出自に基づいて王として推戴されたとする点が読み取れる。同時に、ジルガ開催についても言及されている。ただ、前述の通りジルガをいわゆる国家レベルのロヤ・ジルガではなく、伝統的な部族内部でのジルガと捉えていると思われる。要するに、ノエル・カリーミーはあくまでパシュトゥーン間の合意形成の場であった既存の部族的ジルガを通じてアフマド・シャーが王として推戴されたため、ドゥッラーニー朝は部族的提携に基づく王朝と位置付けている。換言すると、ドゥッラーニー朝成立を、これまで取り上げてきた先行研究において述べられてきた「統一的な近代国家としてのアフガニスタン」の成立と同義であると捉えていないのである。実は、アフガニスタン研究において最も著名かつ参照される機会も多いデュプリもこの点については同様の見解を有していると考えられる。以下でその点について記述を確認する。

多くのアフガンの歴史家たちは、消極的ながら西欧の学者たちに倣って、1747年を近代アフガン国家の起源と見なしている。私はそれに同意しない（……省略……）故に、アフマド・シャー・ドゥッラーニーはドゥッラーニー帝国を創設したのであって、国民国家を創設したのではなかった。[44]

デュプリによれば、1747年のドゥッラーニー朝成立を「近代アフガニスタン」の成立と同一視する見解は「西欧の学者」にその起源があるとしているが、誰の見解に依拠しているのかについての具体的な言及はなされていない。また、彼は「近代アフガニスタン」の創設は19世紀後半のアブドゥル・ラフマーン治世に開始されたと述べるとともに、アフマド・シャーの治世も含めて20世紀まで内部対立抗争が継続した点に言及し、統一国家としてのアフガニスタン成立を18世紀にまで遡ることを否定している。それでは、アフマド・シャー即位の経緯についてはどのような見解を有しているのかという点についても以下で確認してみる。

――カンダハール近郊で、軍団はアブダーリー族の最高指導者を選出した。それは、幾人かのアフガンの歴史家たちが言及し、多くの西欧の研究者たちが繰り返してきたような、その当時存在しなかった地位・身分であるアフガニスタンの王を選出したのではなかった。[45]

このように述べて、1747年時点での国民国家としての「近代アフガニスタン」の創設を否定している。しかし、その後の即位の経緯としてジルガ開催の事実や数日間に亘る議論の末、バーラクザイ支族ムハンマドザイ部のハーッジー・ジャマール・ハーンが当時最も有力な人物であったこと、さらには聖者のムハンマド・サーベル・ハーンがアフマド・シャーを推戴して王に即位させた旨が記述される。さらに、幾人かの指導者たちが、サドザイ支族が比較的少数派であるため、彼らの統制力が及ぶことを考慮して、アフマド・シャーの即位を認めた点についても言及している。[46] デュプリは「近代アフガニスタン成立史観」を否定し、国家レベルでのロヤ・ジルガの開催に言及していないが、アフマド・シャー即位の経緯については概ね前述の研究者たちと類似した見解であると考えられる。

アフマド・シャー即位とドゥッラーニー朝成立については、その支配の正統性に着目した研究も複数存在する。ここでその中から代表的な見解と言える三つの研究を取り上げる。バーフィールドはアフガニスタンにおける支配の正統性に関する議論において、以下のように述べている。

――部族のジルガにおいてパシュトゥーンのアブダーリー族の指導者に選出された（……省略……）多くの歴史においてジルガの議論に対して重点が置かれていることは、パシュトゥーンのみがアフマド・ハーン（アフマド・シャーの即位以前の名）を権力の座に推戴したということと、彼が既存の部族的構造による産物であることを意味する。この推測が誤っていても、彼の真の権力はこの地域におけるアフシャール朝軍の指揮権を握り、多くの財をその管理下に収めていた同王朝に仕えていた者としての地位に基づいていた。また彼は優れた軍事力を有する非アフガンのキズィルバーシュによっても支持されていた。彼らは自らの部族的基盤が欠如していたため、自らの軍事司令官であるアフマド・ハーンに個人的忠誠を誓ったのであった。[47]

この後、アフマド・シャーがドゥッラーニー朝成立時点でナーデル・シャー配下時代の活躍によりパシュトゥーンを超えた幅広い支持を獲得していた点が述べられている。つまり、アフマド・シャーが設立したドゥッラーニー朝はパシュトゥーンを頂点とした国家ではなく、アフシャール朝期におけるアフガン軍団の権力構造を残した形で成立した王朝であるとバーフィールドは認識していたのである。また、時の経過とともに19世紀後半のアブドゥル・ラフマーン・ハーン期には、「少なくとも非パシュトゥーンの人々の目にはアフガン政府というのはパシュトゥーンによる政府である」[48]と捉えられるようになったとも述べているが、なぜそのような変化が生じたのかについては言及されていない。これに対して、ホマンズはドゥッラーニー朝による支配は、アフシャール朝や18世紀中期のムガル朝下における独立諸勢力が、それに先立つサファヴィー朝やムガル朝の権威を自らの支配の正統性の礎として位置付けることに終始したのに対し、過去の権威に頼らない新たな支配構造を考案したとしており、バーフィールドの見解とは異なる見解を提示している。このような新たな支配構造により、周辺国との関係においてもそれぞれの状況を考慮して柔軟に対処できた点について言及している。例えば、イランとの関係においてはサファヴィー朝の権威やシーア派についてオスマン朝への書簡中[49]で非難や批判を展開しておきながら、実際はホラーサーン遠征においてアフシャール朝のシャー・ルフ Shāh Rukh の地位を認めてその影響力を維持している。[50] インドでは、インドの歴代アフガン政権を自らの支配の正統性の根拠としつつ、ナーデル・シャーとの連続性も強調しており、さらに、異教徒であるヒンドゥーらに対抗する上でイスラームの紐帯を意識したシーア派の取り込みも行われた。1757年にはムガル朝の皇帝を捕らえることに成功し、貨幣の打刻とモスクにおけるフトバをドゥッラーニー朝君主の名で実施させたが、ムガル朝のアーラームギール二世 ʿĀlamgīr Sānī（在位1754－1759年）の地位を保障しつつ帝位に留めた。そのため、インドのアフガン勢力であるローヒッラ Rohilla とバンガシュという同盟者たちは新たな地位をドゥッラーニー朝の影響下に置かれたムガル皇帝により授けられた。加えて、1739年にナーデル・シャーに与えられた地域の割譲を要求するなど、ナーデル・シャーからの連続性をインドでは強調する場合も見られた。当初は北インドのデリー近郊に位置するローヒールカンドと呼ばれる地域に複数存在した前述のアフガン勢力ローヒッラなどもムガル朝の支配下で称号や地位を手に入れていたため、ドゥッラーニー朝によるインド遠征には否定的であり、その加勢の呼びかけにも応じてこなかったが、1750年代後半になると全面的に支援するようになったという。インドにおけるパシュトゥーンの歴史がまとめられたローヒッラのハーフェズ・ラフマト・ハーン Ḥāfiẓ Raḥmat Khān による『系譜要覧 Khulāṣat al-Anṣāb』[51]には、アフマド・シャーがインド（ヒンドゥスターン）とイラン、トゥーラーンの全ての支配権を有すると記されている点についても言及されている。[52]

一方、タッカーは基本的にはホマンズと同様に、アフマド・シャーがそれまでのサファヴィー朝やムガル朝とは異なる支配の正統性を確立しようとしたとする点においては同一の見解を示しているが、ナーデル・シャーによる支配の正統性の概念、特にイスラームの守護者としての立場を継承している点を重視する。例えば、ナーデル・シャーによる生前のアフマド・シャー即位についての預言や、ナーデルの孫であるシャー・ルフによるホラーサーン支配権を認めている点、さらに、アフガンのことを「アフガンの高貴な部族 Īl-i Jalīl-i Afghān」と称したことも、ナーデル期との類似を感じさせる事例として提示している。また、自ら「諸王の中の王 Shāhanshāh」と称し、シャー・ルフをその僕《しもべ》と見なした点、および息子を「テイムール・シャー Taymūr Shāh」と称させた上で、シャー・ルフの娘と結婚させることでアフシャール朝の権威を引き継ごうとした点なども、ナーデル期からの支配の正統性概念の継承を意図した実例として指摘している。またインドでは同様に、ムガル朝君主の娘とアフマド・シャー自身が婚姻関係を結ぶことにより、権威を継承しようとした点に言及している。[53]

以上のように、ドゥッラーニー朝の支配の正統性の議論からは、ナーデル期との連続性、新たな支配構造の構築に努めたといった点が明らかとなったが、基本的には統一的な「近代国家」としてのアフガニスタンの支配の正統性を志向していたのではなく、従来の王権論に類するものであることは明らかである。それでは、なぜこれまで述べてきた一連の「近代アフガニスタン」成立にまつわる歴史言説が形成されるに至ったのかという点については、近年の研究において徐々に議論が行われるようになっている。これらの研究について以下で確認していく。

アフガニスタンにおけるロヤ・ジルガの歴史的役割について再考したジャミール・ハニーフィーM.

Jamil Hanifi の研究は、近代歴史認識に関する言説の再検討に先鞭をつけることとなった。彼は「近代」アフガニスタンがロヤ・ジルガによる合意形成を経て多民族を統一する形で成立したとするアフガニスタン成立にまつわる歴史言説を、イギリス植民地支配のためと断定したのである。ジャミール・ハニーフィーは「ロヤ・ジルガの起源と変遷を批判的に理解するためには、まず最初に過去二世紀の間、ヨーロッパの著述家、アフガンの知的エリートや君主が、アフガン国家と1747年の歴史的事件において、その創設者をどのように位置付けてきたのかについて扱うことが必要である[54]」と述べた上で、アフマド・シャーの命によって編纂された同時代史料であり、かつ彼の一代記である『アフマド・シャー史』の記述を分析しているが、その結果について以下のように述べている。

18世紀後半、19世紀、20世紀においては、アフマド・ハーンの政治指導者への台頭に関するホセイニー（『アフマド・シャー史』の執筆者）の記述にいくつか形が存在する。ホセイニーの記述と同様に、これらの記録（つまり同時期に執筆された歴史書）は戴冠式、選出、合意、アフガニスタン、パシュトゥーン、あるいはロヤ・ジルガについて言及していない[55]。

この記述から、同時代史料である『アフマド・シャー史』を含めた18世紀後半から20世紀の間に記されたペルシア語史書中の記述からは、ロヤ・ジルガ開催や、アフガニスタンにおける全ての民族が参集した様子に関する記述が皆無であることが明らかにされる。さらに、アフガニスタンと三度に亘るアフガン戦争を戦い、一時はこれを保護国としたイギリスが自らの統治を容易にするためにロヤ・ジルガの概念を導入し、その後アメリカもこれに倣ったとする結論を導いている。つまり、ドゥッラーニー朝創設時におけるロヤ・ジルガ開催や人々の間の合意に基づくアフマド・シャーの即位、さらにはこれらの手続きを経た上での統合された独立国としての「近代アフガニスタン」成立といった一連の歴史認識は、イギリス植民地支配のために構築されたものであると断言しているのである。

同様にシャー・マフムード・ハニーフィーShah Mahmoud Hanifiもこのようなイギリス植民地支配による歴史認識への影響を受け継ぎつつ、その影響をさらに広範囲に広げる形で議論を展開している。つまり、ロヤ・ジルガやアフマド・シャーの即位などに関連する事象に留まらず、現在のアフガニスタンという国家自体がイギリス植民地支配の遺産にすぎないとの見解を提示している。具体的には、アフガニスタンにおける国家統合原理であるパシュトゥーンによる支配や、アフガニスタン建国にまつわる言説などはイギリス東インド会社の使節として派遣されアフガニスタンに関する記録を残したエルフィンストン[56]をはじめとするイギリス人による認識が多大な影響を及ぼし、さらにこのように成立した「植民地的知的構造Colonial Knowledge」がその後現在に至るまで再生産が繰り返され強化されることにより、影響力を幾重にも増大させていると述べている。[57]このイギリスによる「植民地的知的構造」の再生産は、なにも外部によるものだけに限定されず、アフガニスタン内部においても19世紀後半のアブドゥル・ラフマーン・ハーン期にこれらのイギリスによる植民地主義的言説の再利用が開始され、アメリカもデュプリに見られるようにエルフィンストンの言説をさらに再生産して冷戦期から現在に至るまでイギリス植民地時代の「遺産」を流用し続けているとシャー・マフムード・ハニーフィーは主張しているのである。このイギリス植民地主義に基づくアフガニスタンの構成について、ホプキンスはさらに踏み込んだ議論を行っている。そもそも「アフガニスタン」とは、19世紀を通じてイギリスによる「植民地的想像」に基づいた「概念的構築物」であるため、イギリス側のアフガニスタン理解を投影した形で国家の枠組みが設定され、さらに植民地政策上アフガニスタンの政治・経済の孤立を招いたとの見解を提示している。[58]すなわち、アフガニスタンの歴史認識のみならず、政治・社会・経済などあらゆる分野においてイギリス植民地政策が多大な影響を及ぼした結果として、現在のアフガニスタンが成立しているという結論をホプキンスは提示しているのである。実は、イギリスによる影響については、前述のミスダークもシャー・マフムード・ハニーフィーが言及したエルフィンストンにより1815年に刊行された『カーブル王国 The Kingdom of Caubul』中の記述に基づいて、ドゥッラーニー朝の成立が1747年のロヤ・ジルガの開催とこれに基づく合意形成によるものであるとする見解を提示していることから、[59]アフガニスタンの歴史認識構築に一定の役割を果たしたと考えられる。

以上のようにドゥッラーニー朝成立とアフマド・シャー即位の経緯に関する先行研究においては、ナーデル・シャー殺害後にロヤ・ジルガと呼称される大規模な集会が開催され、この集会における合意を経てアフマド・シャーが即位したことにより統一的な国家建設を達成したとする見方が大勢であるものの、ロヤ・ジルガ開催の有無や合意形成過程などの点で異なる見解も存在している。また、なぜアフマド・シャーが選出されたのかという点についても、ナーデル期からの連続性に基づくとする認識や元々の血統・出自に起因するとされるなど、その要因は研究による相違が見られ明確ではない。さらに近年の研究においては、歴史認識を含めたあらゆる分野において、イギリス植民地政策による「植民地的知的構造」の影響による「概念的構造物」として「近代アフガニスタン」が成立したとする認識が議論の中心となりつつある。

いずれにしても、ドゥッラーニー朝の創設者であるアフマド・シャー即位と王朝成立過程は、アフガニスタンにおける支配の正統性のあり方を考える上で極めて重要な出来事と捉えられ、現在の政治システム上においても踏襲されていることは事実である。具体的には、現行憲法第110条において「ロヤ・ジルガはアフガニスタン国民の意思を最高に体現するものである[60]」と規定されているように、ロヤ・ジルガという国民意思決定のための最高機関による最高指導者の「選出」を通じた合意形成過程は、アフマド・シャーがアフガニスタン全土から参集した有力者たちによる協議とその結果としての推戴により即位したという歴史言説に基づいている。

このように、ドゥッラーニー朝成立を「近代アフガニスタン」の成立と捉える通説的歴史観は、対外的にはイギリスの保護国となりつつも一応の国土統一と国境画定が実施されたアブドゥル・ラフマーン・ハーンの治世以降に、領域国家としての体を整えつつあった「近代アフガニスタン」の枠組み設定のための普及と定着が推進されたものと考えられる。実際に、ハビーブッラー・ハーン統治期に祐筆であるファイズ・モハンマドに編纂が命じられ執筆された『諸史の灯』は「近代アフガニスタン」の正史と位置付けられその後の歴史叙述の基礎を築いたと言えるが[61]、その叙述おいても後述するようにドゥッラーニー朝成立事情から執筆を開始していることから、20世紀初頭の段階ですでに「近代アフガニスタン成立史観」の土台が形成されていたと考えられる。しかし、このようなアフガニスタンにおける「近代史」認識がどのように構築されるに至ったのかという点は明らかになっていない。そこで、以降では本節の先行研究における議論を踏まえた上で、アフマド・シャー即位によるドゥッラーニー朝成立を「近代アフガニスタン建国」と捉える歴史言説成立過程を、ペルシア語を中心としたアフガニスタンや周辺地域における史料とイギリス側英文史料の記述の比較・分析を通じて明らかにする。

3 18世紀ペルシア語史料におけるドゥッラーニー朝成立に関する歴史叙述

前節で述べたように、近代国家としての統一的なアフガニスタンの成立起源をドゥッラーニー朝成立に求めることはもはや一般化した歴史的事実として幅広く受容されている。しかし、アフマド・シャーの即位前後の経緯については史料的裏付けに基づいた議論はほとんど行われてこなかった上、ジャミール・ハニーフィーのように関連するペルシア語諸史料を分析したと主張しつつも、実際には史料上の記述を無視するかのような分析を行っている場合も見られ、十分な一次史料の検討が行われているとは言い難い[62]。そこで本節では、ドゥッラーニー朝成立から20世紀初頭の『諸史の灯』成立までの史料を対象にドゥッラーニー朝成立過程の歴史叙述の比較・分析を行う。

3-1 『アフマド・シャー史』が描くドゥッラーニー朝の成立過程とその後

『アフマド・シャー史』はアフマド・シャー自身が自らの事績を記す上で最適と考える祐筆を探索させた上でヒジュラ暦1166年／1752―1753年にマシュハドでマフムード・ホセイニー

Maḥmūd al-Ḥusaynī al-Munshī b. Ibrāhīm al-Jāmī を見出し執筆を命じた史書である。[63] マフムード・ホセイニーはナーデル・シャーの事績を記したアスタラーバーディー Mīrzā Mahdī Khān Astar Ābādī によって執筆された『ナーデル世界征服史 Jahāngushā-yi Nādirī』[64] の文体・記述内容を強く意識していたため、『アフマド・シャー史』の叙述をナーデル殺害直前から開始すると記しており、[65] 実際の叙述もその通りにナーデル暗殺の顚末から開始されている。アフマド・シャー治世についてのドゥッラーニー朝側同時代史料としては、ほとんど唯一具体的な記述が確認できる史書と言える。

ドゥッラーニー朝を創設したアフマド・シャーは、パシュトゥーン系アブダーリー族サドザイ支族に属していた人物であり、前述の通り18世紀中盤のイランにおいて急速に勢力を拡大した、アフシャール朝のナーデル・シャーの下でアフガン軍団の一翼を担った人物であった。出身はムルターン、あるいはヘラートとされているが、[66] いずれにしてもカンダハールに拠ったホタキー朝（1709–1738年）がナーデル・シャーの侵攻によって崩壊すると、同地を治めていたパシュトゥーン系ギルザイ族は現在のイラン・テヘラン近郊などに強制移住させられ、[67] 代わってアフガン軍団の司令官となっていたアブドゥル・ガニー・ハーンがカンダハール州総督に任じられ、さらにその後ヌール・モハンマドがアフガン軍団司令官・カンダハール州総督の地位を引き継ぐことになった。[68] しかし、1747年6月にナーデル・シャーがホラーサーンにおいて叛乱鎮圧の途上にて暗殺されると、その陣中から離脱して本拠地のカンダハールを抑えることに成功した。[69] 前節で述べた通り通説的歴史認識によると、この後直ちにカンダハール近郊の聖廟おいてアフガニスタン全土から様々な有力者たちが一堂に会しロヤ・ジルガ Loya Jirgah が開催され、その場で指導者として推戴されたアフマド・シャーが、参集者たちの同意に基づいて即位したとされている。[70] また、アフガニスタン内外を問わずアフマド・シャーこそがナーデル存命時にアフガン軍団の司令官職を拝命していた人物とされており、[71] ナーデル期の地位に基づいて平和裏に指導者の地位を固めたと見なされている。

しかし、アフマド・シャーの戴冠についての同時代史料中の記述にはそのような状況は全く確認できず、むしろナーデルの後継者の座をめぐるアフガン軍団の内部対立が表面化し、激しい対立が尖鋭化した様子が記録されている。この内乱を「第一次内乱」と呼称することとし、ここではその具体的な記述を確認する。

ナーデルによってカンダハール地方の総督と高貴なドゥッラーニー族の指導者に任命され、ナーデル・シャーの命に従ってドゥッラーニー軍団を束ね、カンダハールから出撃していたヌール・モハンマド・ハーン・アリーザイ Nūr Muḥammad Khān ʻAlīzay がカンダハールから1ファルサフ（約6・24㎞）に位置するチャマン・サンジャリー Chaman Sanjarī に逗留していた時、タキー・ハーン・シーラーズィー Taqī Khān Shīrāzī とカーブル・ペシャーワル総督 Ṣūbadār のナーセル・ハーン Nāṣir Khān がナーデル・シャーの命に従って、宝物と象の軍団 Fīlkhānah、さらにカーブル・ペーシャーワル地方の命令書[72]を携え予定された日程より早く到着した。そして、（ナーデルの）陣に向かいヌール・モハンマドに合流し、ドゥッラーニー軍団に同行して出立しようとしていた。そして、その全員がサンジャリーの宿場に集まると先発隊を派遣して、翌日の朝には次の宿場近くまで到達した。この間に、至高の高みにある御前からナーデル・シャー殺害と信仰を保護する帝王

の命を携えた急使たちChāpārānがやって来て、密かに事実関係を皇帝の御前の僕《しもべ》たちがドゥッラーニー族の指導者たちに伝えた。この反乱の知らせが届けられると人心に動揺が生じ、軍隊の内部は不安に陥った。ドゥッラーニー族の戦士たちGhziyān-i Durrānī（アフマド・ハーンの兵士たち）は、同行していたドゥッラーニー族の者たちや他部族の者たちには秘密のまま、タキー・ハーンとナーセル・ハーンたち全員の身包みをはがした。（……省略……）この出来事によりタキー・ハーンとナーセル・ハーンは食料Qūtを必要としたので、砲兵隊長Tūpchībāshīのアブドゥル・ラフマーン・ハーン ʿAbd al-Raḥmān Khānのもとに身を寄せ、卑しい者たちが日々与えられていたひき割り麦Balghūrを得て時を過ごし、さらにそこから移動を重ねてカンダハールに至った。[73]

この記述から、ナーデル旗下においてアフガン軍団長を務めていたヌール・モハンマドがナーデル死後もアフシャール朝と連携することを考慮していたと考えられる行動をとっているのに対し、アフマド・シャーはナーデルの根拠地に向けて輸送途上にあった品々を略奪するとともに、その運搬の任に当たっていた人物たちを襲撃したことがわかる。さらに、襲撃されたタキー・ハーンらが難を逃れた後、彼らを匿った人物として、アブドゥル・ラフマーン・ハーンという人物の名前が挙げられている。この略奪行為によって莫大な資金を得たアフマド・シャーは自らの権力基盤を固めることに成功した。そして、周囲の者たちの同意に基づいて即位を宣言したという記述が以下の通り確認できる。

―全ての偉大なるハーンたち、有力者達Ruʾsā、高位の軍司令官たちは得策と考え、協議Maṣlaḥato-Kangāsh の後に、身分の高きも低きも皆一致して栄光高き天空の如き宮廷に伺候して、代々続く統治の玉座へ至高なる吉兆の即位を行うことを懇願した。[74]

史料中には「身分の高きも低きも皆一致して」と記載されているが、この即位宣言の直後からカンダハール近郊に位置するフーシャンジュ Fūshanj とシューラーベク Shūrābek を治めるパシュトゥーン系タリーン支族 Tarīn とバレージ支族 Barej らが公然と反旗を翻したため、アフマド・シャーはその鎮圧に苦慮することとなった。[75] タリーン・バレージ両支族はアフマド・シャーと同じパシュトゥーン系ドゥッラーニー族に属する極めて近い系統の部族と言えるため、即位段階では同部族内においても激しい権力闘争が生じていたと考えられる。さらに、カンダハール周辺の敵対勢力鎮圧を開始した矢先の状況に関して、以下のような記述が確認できる。

小麦に見せて大麦を売るもの（羊頭狗肉）は初めから武装して、ナーデル・シャーの時代にドゥッラーニーの高貴な部族の司令官であり、カンダハール地域の支配権を与えられていた、ヌール・モハンマド・ハーン・アリーザイとミヤーン・ダード・ハーン・イスハークザイ Miyān Dād Khān Isḥāqzay とその他のドゥッラーニー族の邪悪な考えを持つ妬み深い者たちは、動乱の中で自らの状況改善を考え、神から与えられた幸運が、当初より先見の明がないために、無類の皇帝による幸運の太陽光の輝きが、蝙蝠の如き者たちの行為を見逃していることに留意せず、利己心と恩知らずの行為に従って（……省略……）シューラーベクとフーシャンジュの地に赴いて、タリー

> ン支族とバレージ支族と同盟を結んだ。さらに、ドゥッラーニー部族に対しても、できる限り恩恵の種をまいて、彼らの心の鳥を捕らえようと試みるとともに反乱へと扇動し、全ての者が連帯を解消して陛下に対する敵対行為に向かうよう唆した。（……省略……）そして、陛下は突然に両方向から、災難・危機に陥ることになった。[76]

以上の記述から、カンダハール内部においてもヌール・モハンマドらを中心とするナーデル・シャー統治期におけるアフガン軍団の中核を構成していた勢力との対立が深まり、外部勢力と連携する形でアフマド・シャーに対抗しようとしていた様子が窺える。特に、カンダハール内部からアフマド・シャーを排除しようと試みていた中核人物たちについて、以下のように記述されている。

> （カンダハール）市内にいるヌール・モハンマド・ハーン・アリーザイとミヤーン・ダード・ハーン・アリーコーザイ、それに砲兵隊長 Tūpchībāshī アブドゥル・ラフマーン・ハーン・バーラクザイ ʿAbd al-Raḥmān Khān Bārakzay は、外部の指導者たちとともに共犯の協議を行い、反乱・反逆の源となった。[77]

ここでは、内部ではヌール・モハンマド、ミヤーン・ダード、アブドゥル・ラフマーンの三名が反旗を翻した代表格として名前が挙げられている。最後のアブドゥル・ラフマーンについては、砲兵隊長という身分に関する記述から、前述の引用箇所においてナーデルの宝物を運搬していたタキー・ハーンらを匿った人物と同一人物であると考えられるが、この人物が後にドゥッラーニー朝の主導権を握ることになるバーラクザイ支族に所属していたことは、後述する通り注目に値する。史料中の記述によると、その後この三名はアフマド・シャーによって捕らえられ、その面前で処刑を実行されるに至る。以下で処刑について記された該当箇所の記述を確認してみる。

直ちに勅令に従って申し述べられた、以下の如く実行すると。すなわち、アーリマンの如き力の象たちを輝く御前に召喚された。そして、その不運にも疲れ果てて呆然としている敗北者たちを縛り上げて、その悪魔の如き象たちの足の下に投げ入れた。（……省略……）山の如く叫ぶ象たち、アーリマンのような強靱な肉体の竜の如き衝撃はヌール・モハンマドとミヤーン・ダードを骨まで粉々になさしめ、そして大変な苦悶のうちに殺害し、土と血まみれになさしめた。（……省略……）アブドゥル・ラフマーン・ハーンは（……省略……）その心に諸々の忘恩を抱く意図はなく、たいした罪は犯していなかった（……省略……）偉大なる神の裁定に従って、象の足元で殺されることなく、象は彼を鼻で包んで、生きたまま王の玉座の前に投げた。[78]

この記述から、ヌール・モハンマドとミヤーン・ダードの二名が処刑され、アブドゥル・ラフマーンが処刑を免れたことがわかる。カンダハール内部の敵対勢力の排除に成功したアフマド・シャーは周辺地域も鎮圧して、ナーデル暗殺に伴う混乱は収拾され、アフマド・シャーが主導権を確保することとなった。この直後、アフマド・シャーはムガル朝の勢力圏であったインド方面への遠征を実施して、ラーホールにまで進出した。結果的にはムガル朝との軍事衝突によって敗北したが、ムガル朝側も多大な損害を被ったこととムガル皇帝ムハンマド・シャーの危篤という問題を抱えていたため、提示された和解条件においてパンジャーブ地方の肥沃な穀倉地帯であったラーホール近郊に位置するチャハール・マハッル地域の徴税権Māliyāt-i Chahār Maḥall-i Dār al-Sulṭanah-yi Lāhorを得ることに成功した。[79]この遠征の過程で、カーブル、ペシャーワル、デーラジャートDerajāt[80]といった要地も確保するに至り、ドゥッラーニー朝は領域を拡大するとともに大きな財政源を得ることとなった。さらに、和議成立直後にもムガル朝内部で深刻な対立が生じたためアフマド・シャーはデリーへの侵攻を企図したが、ムガル朝よりあらゆる手段を講じてその侵攻を食い止めるように指示されていたラーホール州総督であったムイーン・ヌルムルクMuʿīn al-Mulkにより、ムルターン州Ṣūbah-yi Multānの割譲と1000万ルピーの支払い、さらにはこの金額支払い完了までという期間限定でカシミール州Ṣūbah-yi Kashmīrの領有権をドゥッラーニー朝に与え、支払完了後にムガル朝に返還する旨の条件が提示された。[81]アフマド・シャーがこの条件を受諾するとムガル朝側もこの条件を受け入れたため、ドゥッラーニー朝の領域は飛躍的に拡大した。このため、以降ドゥッラーニー朝の存在はインドの各勢力にとって無視できないものとなった。とりわけ北インドに多数存在したアフガン系諸勢力にとっては自らの後ろ盾となる勢力と見なされ、その後のインド情勢に大きな影響を及ぼしていくことになる。[82]

ドゥッラーニー朝成立に伴って統一的政体を成立させたアフマド・シャーは、複数回に亘るムガル朝との争いとその領土における権益を確保し勢力範囲を拡大していった。1749年春には本拠地・カンダハールに隣接するバローチスターンにおいてナーデル期に同地の支配権を委ねられていた[83]モハッバト・ハーン Muḥabbat Khān Balūchī が直接アフマド・シャーの下を訪れて服従の意を示したため、その行動に警戒感を持つ周囲の強い反対にもかかわらずモハッバト・ハーンにバローチスターン総督 Sardār-i Kull-i Mamlakat-i Balūchistān の地位を与えて厚遇している。[84] しかし、モハッバト・ハーンはその後間もなくして、バローチスターンに居住していたアフガン系カーカリー族の指導者たち Sarkardigān-i Afghānah-yi Kākarī を殺害・追放するなどした上で、彼らの居住地などを襲撃して徹底的に破壊した。[85] この行いへの報復としてアフマド・シャーは反撃を行い、モハッバト・ハーンらを屈服させるとともに彼自身を含めたバローチの有力者たちをカンダハールに強制移住させるという政策を実行している。[86] さらに、ヒジュラ暦1163年／西暦1749─1750年には西方のホラーサーン地方にも遠征してヘラート、マシュハド、ハブーシャーン、ニーシャープールなどの主要都市を征服して、自らの支配領域に組み込むことに成功している。[87] この遠征の直後にはアム河以南のアフガン・トルキスタンと呼称される地域でも、バルフ、クンドゥズ、ホルム、マイマナなどへの遠征を行い、同地での影響力を確保することに成功している。[88]

このように、ドゥッラーニー朝がその軍事的成功によって周辺各地へと勢力圏を大幅に拡大していく最中のヒジュラ暦1165年／西暦1752年春、遠征の途上にありアフマド・シャー不在の間に本拠地カンダハールにおいて大規模な内乱が生じた。[89] ここではこの内乱を「第二次内乱」と呼称する。第二次内乱の首謀者は、アフマド・シャーの兄であるゾルファカール・ハーンの息子、すなわち甥であるルクマーン・ハーン Luqmān Khān という人物であった。ルクマーン・ハーンはナーデル死後に一時期アフシャール朝の実権を握ったエブラーヒーム・ハーン Ibrāhīm Khān に仕えてイラク ʻIrāq やアゼルバ

イジャン Āzarbāijān 方面に留まっていたが、[90] ヒジュラ暦1161年／西暦1748年に勃発した争いによってシャー・ルフ Shāh Rukh に破れたため、[91] ルクマーン・ハーンは叔父であるアフマド・シャーを頼ってカンダハールにやって来たようである。[92] アフマド・シャーはルクマーン・ハーンに大ハーン Khān-i Khānān の称号を与えるとともにカンダハールに滞在を許し、[93] さらに遠征の際には自らの代理人 Niyābat としてカンダハールの統治権限を委ねるなど全幅の信頼を置いていた。[94] ルクマーン・ハーンによる反乱の原因は不明であるが、この第二次内乱においてはカンダハール宮廷内のハレム、宝物庫などを含むドゥッラーニー朝中枢部の統治機構が占拠されるとともに、宰相 Navvāb Ashraf al-Vuzarāʾ を含むアフマド・シャー股肱の臣下たちが殺害され、皇太子であったテイムール皇子も捕らわれてしまった。[95] また、アフマド・シャーに従軍していた財務長官 Mustūfī al-Mamālik がルクマーン・ハーンと密かに通じ、カンダハールへの移住を強いられていた前述のモハッバト・ハーンを中心としたバローチたちやアラブ人 Ṭāyifah-yi ʿArab もこの反乱に加担し、市内の路地・市場において抵抗するなどしたため多数の被害が出た。[96] その後まもなくして第二次内乱は鎮圧され、首謀者であったルクマーン・ハーンや内通していた財務長官らは全員が処刑された。

このように、第二次内乱では本拠地カンダハールが自らの信任篤い甥のルクマーン・ハーンの裏切りにより占拠され、後継者となる皇子テイムールも捕らわれるといった多大な損害を被った事件であった。この後、ナーデル・シャーが自らの軍による侵攻と破壊によって荒廃したカンダハールに代わって建設し、ナーデラーバード Nādir Ābād と命名した場所を本拠地としていたアフマド・シャーは、ヒジュラ暦1168年ラビーウ・サーニー月1日／西暦1755年1月15日より新都市の建設事業を開始して、現在のカンダハール市を建設して同地を本拠地に定めたが、第二次内乱という事態に鑑みて、その防衛力強化のためであったという可能性もあったと推測される。[97] いずれにしても、外に対しては軍事的成功により短期間で急速に影響力を拡大しつつあったが、内部では本拠地をも占拠されるという大きな危険を抱えていた草創期のドゥッラーニー朝の様子が『アフマド・シャー史』には記されている。

3－2　サドザイ朝期ペルシア語史料における歴史叙述

『アフマド・シャー史』がアフマド・シャー自身の意向に添って記された一代記であるため内容的な隔たりがあることは否めないが、管見の限りドゥッラーニー朝成立過程について叙述されたアフガニスタン側史料はアフマド・シャーからオスマン朝のスルタン・ムスタファ三世（在位1757―1774年）宛に送付した書簡である『アフマド・シャーの書簡 Nāmah-yi Aḥmad Shāh』を除き19世紀末まで存在しない。そこで、この『アフマド・シャーの書簡』の内容中における即位の状況について確認してみる。

> 吉兆の玉座に坐して、至高なる神の偉大なる恩恵に感謝した。そしてイランの諸国を巡り、その広大な国土の暴徒たち ashrār の懲罰を行うことを心に決めて、アフガンの高貴な部族 Īl-i Jalīl-i Afghān の指導者たちはこのことを知らされて御前に参上した。（……省略……）その無類で広大な諸国（インド）の統治権は、アミール・テイムール Amīr Taymūr Ṣāḥib-i Qirān 一族（ムガル皇帝の一族）の反抗までアフガンの高貴な部族の指導者たちに属するものであり、例えばバフロール、イスカンダル、フィールーズ・シャー、シェール・シャー、エブラーヒーム・シャーのようなこの高貴な

部族に属する29人が、完全なる権力によりその国の統治を行い、令名と名声の痕跡を時代のページの上に残したのであった。そこで、まず（先人たちより）受け継がれた国の改革 Iṣlāḥ に着手しなければならない。そしてその後には、善行を要求する旗をあらゆる場所に掲げなければならない。[98]

この部分においては、アフマド・シャーの即位は「アフガンの高貴な部族の指導者たち」の支持に基づくもの、つまりアフガン＝パシュトゥーン諸部族の有力者たちの支持を得たことに基づくものであると記されているが、ロヤ・ジルガ開催の有無などそれ以上の詳細な状況については記されていない。むしろ、以降の記述内容からは、インドにおけるアフガン系王朝であるローディー朝（1451―1526年）やスール朝（1539―1555年）の君主名が列挙されるとともに、その支配の正統性とこれを自らが継承する意思を示していることから、ドゥッラーニー朝によるインド支配の正統性を訴える意図が読み取れるのである。

ところで、前述の通りドゥッラーニー朝成立の経緯について記されたアフガニスタン側の同時代史料は『アフマド・シャー史』と『アフマド・シャーの書簡』以外には管見の限り存在しないが、その一方でイランやインドで記された史料中には関連する一定の記述が確認できるものも存在する。そこで、アフマド・シャーが戴冠に至る過程とその状況に関する記述が確認できるサドザイ朝期に記されたイラン・インド側史料記述を確認する。ここで取り上げるのはイラン側史料である『歴史概略 Mujmal al-Tavārīkh』、インドで記された『事実の語り Bayān-i Vāqiʻ』『驚異の事実 Badāyiʻ Vaqāyiʻ』『ホセイン・シャー史 Ḥusayn Shāhī』の四点である。以下ではこの四点の史料におけるドゥッラーニー朝成立過程に関する歴史叙述を順に確認・分析していく。

最初に『歴史概略』の該当部分を確認する。

アフマド・ハーンはアブダーリー族のサドザイ支族 Abdālī-i Sadozah'ī のザマーン・ハーンの息子で、ナーデル・シャーの支配期以前はヘラートに住み、ザマーン・ハーンはその長であった。マフムード（在位1717―1725年）とアシュラフ（在位1725―1729年）がイスファハーンを支配していた時代、[99] ヘラートでも革命が発生しアブダーリー族のゾルファカール・ハーン Zū al-Faqār Khān-i Abdālī がザマーン・ハーンを殺害して統治の旗を掲げた。彼の息子であるアフマド・ハーンはゾルファカール・ハーンの脅威から逃亡しカンダハールへと向かい、ギルザイ族の下で時を過ごした。ナーデル・シャーがギルザイ族の殲滅とカンダハール城攻略に着手し、勝利の徴たる軍団はカンダハール近郊に至った。アブダーリー族のアフガン Afghān-i Abdālī であるアブドゥル・ガニー・ハーンとラヒーム・ハーン、それに他のアフガンの司令官たちが勇敢な軍団を率いて勝利の鐙の下（ナーデル旗下）で仕えていたため、ギルザイ族はアフマド・ハーンに対しアブダーリー族司令官たちの動向に依り、疑惑と敵意を向け、害を為さぬよう彼を拘束してしまった。多くの戦闘の後、ナーデルによる勝利の吉兆たる運命はカンダハール城塞における勝利となり、囚われのアフマド・ハーンをアフガンの司令官たちが牢から解放し、彼の状況を上奏した。ナーデル・シャーはアフマド・ハーンに Ṣuḥbat Yasāvul の地位を与え、御前に侍るように命を下した。ナーデルの供をして数年が経過する間、アブダーリー族と友好関係を結び、個人的関係に基づく

―相互交流があった。[100]

ここでは、アフマド・シャーがナーデルに仕えアフガン軍団の一員となるまでの経緯について記されている。この中では、元々ヘラートを統治していたアフマド・シャーの父ザマーン・シャーが権力闘争に敗れて殺害されたため、アフマド・シャーはカンダハールのホタキー朝宮廷に亡命したことについてまず触れられている。しかし、ナーデル・シャーと敵対していたホタキー朝はその配下にすでに多くのアブダーリー族（改称前のドゥッラーニー族）が含まれていたため、アフマド・シャーを幽閉して監視下に置いたが、ナーデル軍によるカンダハール攻略後に救出されるとともに、ナーデルの近侍として取り立てられたというのである。さらに『歴史概略』では、ナーデル殺害の三日前に「先見の明のあるダルヴィーシュ」によってアフマド・シャー戴冠の予言がなされたとの記述も確認できる。[101] そこで、ナーデル殺害時とその後の経緯についての記述についても以下で確認する。

> アフガンとウズベクの軍団はキズィルバーシュを恐れて、ナーデル・シャーの殺害後、カンダハールへと向かった。これにアフマド・ハーンも同行していた。（ナーデル・シャーの）殺害現場から三日の旅程が経過した時には、既述のダルヴィーシュはあらゆる場所で軍団に同行して祈りを捧げるとともに、宿場にて拙い天幕を立てることに従事していた。アフガンの指導者たちは、この長い旅程において自らその命に服すべき指導者が必要であるとしてお互いに議論を行った。指導者なしに集団でもってカンダハールに至ることは、キズィルバーシュの災厄のために不可能なこと

であり非常に困難であった。そして指導者の決定において苦悩しつつも、可能な限り早く進み目的地に到着するため、司令官たちや軍の全構成員はこのことで一致し、くじ Qur'ah によってアフマド・ハーン選出した。全員が一堂に会してアフマド・ハーンを指導者として認め、草の束を摘んで持ってきて王冠 Jīghah の代わりにその頭上に載せるとともに、アフマド・シャーという称号が与えられカンダハールへと出立した。カンダハールに入ると、モハンマド・タキー・シーラーズィーというナーデルの命によりカーブル太守タヴァッコル・ハーン Tavakkul Khān たちとともに、カーブル、ラーホール、パンジャーブ、そしてその他の場所の財宝を接収することを命ぜられていた者が、既述の諸地域の太守たちと官吏たちの献上物を持ってナーデルの下へと向かっていた。しかし、ナーデル殺害について知らされておらず、アフマド・シャーとアフガン軍団が（カンダハールに）入る前日、カンダハールの丘 chaman を逗留地としていた。アフマド・シャーはこのことを知ると、彼らを襲撃してナーデルの宝物を接収した上で彼らの家財道具をも取り上げ、モハンマド・タキー・ハーンを愛情と慰めでもって自身の側で保護し、ナーデル・シャー暗殺について明らかにした。このことを知らされると、モハンマド・タキー・ハーンはキズィルバーシュたち数人とともにアフマド・シャーに仕えることを承諾し、アフマド・シャーの言葉に従って、カーブル、ラーホール、そしてその他の諸地域に分散していたキズィルバーシュを召集してアフマド・シャーに奉公するように懐柔し、味方を集めて、アフマド・シャーとともにカンダハールへ向かった。カンダハールの人々はアフマド・シャーの状況について情報を得ると、秘密裏に彼を捕らえることを決めた。そして表向きは自らの味方たちと一緒に歓迎に出た。しかし、アフマド・シャーはカンダハールの重要事の管理を委ねられていたアフガンの指導者たちの一人を糾弾の場に引き出し、象の足元へと投じた。象は彼を絶命させ、その他の有力者二名も殺害して、相応の安らぎとともにカンダハールに入り貨幣とフトバを自らの名前で行わせた。[102]

この記述からは、ナーデル殺害後の混乱の中、本拠地であるカンダハール帰還を急ぐアフマド・シャーらナーデルに仕えていたアフガン軍団とウズベク軍団が、当面の指導者を選出してその指導者の下で一致しなければ帰還は困難であると判断し、自らの指導者の選出を行うことを試みたことが記されている。その後「くじ」によりアフマド・シャーが指導者に選出された上で進軍し、カンダハールに留まっていた敵対勢力を粛清することで支配権を確保した様子が記されている。カンダハール到着後には、ナーデル配下であったモハンマド・タキー・ハーンという人物を金品で懐柔するとともに、彼の影響下にあった各地のキズィルバーシュ軍団を自らの配下に加えることに成功している。加えて、カンダハール内部でアフマド・シャーに反抗する動きが見られると、見せしめとして指導者数人を「象の足元に投げ」るという方法で殺害するといった行動をとったことも記述されている。『歴史概略』では通説的歴史認識において重要な要素となっている、「カンダハール近郊におけるロヤ・ジルガによる指導者達の合意形成による即位」という状況とは全く異なる事態が記されている。そもそもカンダハール帰着以前に「くじ」によりナーデル配下にあった軍団の指導者に選出され、さらにカンダハールでは自らに敵対する者を処刑するといった行為も行っているのである。この象による処刑については前述の『アフマド・シャー史』と類似の記述であるため興味深い。

次に『事実の語り Bayān-i Vāqiʿ』の記述について確認していく。ナーデル殺害後の混乱状態の中でのアフマド・シャーの動向については以下の通り叙述されている。

> この事態が生じた後、アブダーリーの指導者たちは堂々と参上し、彼への臣従を誓った。そしてアフマド・シャーはキズィルバーシュ軍団の堕落した意図にもかかわらず、勇気と剣を振るうことによって、その混乱から公正と安寧をもたらし、シャー・モハンマド・サーベル・ダルヴィーシュ Shāh Muḥammad Ṣābir Darwīsh の指示に従って王冠を戴き、カンダハールへと入った。[103]

かなり簡潔な記述ではあるが、ナーデル殺害後にアブダーリー族（ドゥッラーニー族）の指導者たちがアフマド・シャーに臣従を誓うとともに、ダルヴィーシュの指示により戴冠したと記されている。さらに、戴冠後にカンダハールへ入ったという記述が確認できることから、『歴史概略』同様にカンダハール帰着前に即位していたとする内容になっている。

続けて、『驚異の事実 Badāyiʿ Vaqāyiʿ』の記述内容を確認する。

> すなわち、アフマド（・ハーン）が指揮するカンダハールのアブダーリー・アフガン軍団 Qushūn-i Afghān-i Abdālī-yi Qandahārī は他の軍団と同じく（ナーデル・）シャー陛下の僕《しもべ》であったが、野蛮な襲撃を行ったアーデル・シャー ʿĀdil Shāh に対する攻撃を行い、彼を打ち負かした。（……省略……）そして、カンダハールのキズィルバーシュ勝利の際に生じたアフガンに対する殺戮の報復

に着手し、あらゆる場所でキズィルバーシュを捕らえて虐殺した。三日間ナーデル・シャーの遺体は打ち捨てられたままであり、誰もそれに注意を払わなかった。四日目に一人のゴラームが暗闇の中で土の下に埋葬した。この華麗なる、全能の者に二ガズ（約二メートル）の経帷子の布を正しく整えることはできなかった。アフマド・ハーンは素早く機敏にできるだけ完全な形でカンダハールに到着し、シャーからその地の総督たる地位 Bayglargaygī を与えられていた自身の父方の叔父であるアブドゥル・ガニー・ハーン ʻAbd al-Ghanī Khān に背いて反乱の旗を掲げた。そして統治の玉座に就いて、自身をアフマド・シャーと称して、その地において自らの名前でフトバを行わせ貨幣を流通させた。[104]

この記述からナーデル殺害後にアフガン軍団がキズィルバーシュの軍団と対立して戦闘となったこと、さらには混乱する中で直ちにカンダハールへと帰還して即位したとする内容が読み取れる。即位に際しての状況については何も記されていないため、どのような経緯で戴冠したのかについては不明である。ただ、カンダハール総督の地位にあったアブドゥル・ガニー・ハーンという父方の叔父に背いた上で即位したとする記述が確認できる。この人物はナーデル殺害時にアフガン軍団司令官の地位にあったヌール・モハンマド・ハーン・アリーザイの前任に当たる人物であり、ヒジュラ暦１１４４年ズー・アル＝カーダ月15日／１７３２年5月10日以降の近い時期にアフガン軍団の司令官に任じられたが、[105] １７４１年にナーデルの遠征に付き従いアフガン軍団司令官として戦功を上げた以降の動向については史料上の記述は確認することができない。[106] 従って、この記述中のアブドゥル・ガニー・ハーンはアフガン軍団を

率いていた前述のヌール・モハンマドのことを指していると考えるのが妥当であると考えられる。この場合、『アフマド・シャー史』の記述にも見られた通り、アフマド・シャーとヌール・モハンマドとの間での対立関係が生じ、この争いに勝利したアフマド・シャーが即位に至ったとする経緯と類似した状況が叙述されていると捉えることも可能である。

サドザイ朝期に記された史料四点の最後に、『ホセイン・シャー史』の記述内容について確認する。この史料は他の三点と異なり厳密には同時代史料ではなく、その編纂は１７９８年であるためアフマド・シャーの死後20年ほどが経過してから記されている。しかし、アフマド・シャー治世から比較的近い時期の情報に基づいて記されている。史料中の記述から、北インドのラクナウを拠点としていたスーフィー教団チシュティー派の者が、実際にドゥッラーニー朝宮廷を訪問した上で情報収集を行って編纂されたことが読み取れる。[107] 以下で関係する記述内容を確認する。

> （ナーデル・シャーは）カンダハールの諸地域をアブドゥル・ガニー・ハーン・アリーコーザイ ʻAbd al-Ghanī Khān Alikuwāzay に与え、ホラーサーン地方とニーシャープール市 Shahr-i Nīshāpūr に追放されていたアブダーリー族をカンダハールに移住させ同地に住まわせるとともに、ギルザイ族をその代わりに追放し、ペシャーワルに住まわせた。その時代から、アブダーリー族支配地の中心はカンダハールとなったが、それ以前はヘラートとホラーサーンが中心であった。[108]

この記述においてはナーデル期にはアフガン軍団司令官が前述のアブドゥル・ガニー・ハーンであっ

た点について言及した上で、ナーデルによりアブダーリー族（ドゥッラーニー族）がその戦功によりカンダハールを本拠地にするようになった経緯について言及している。つまり、アフガン軍団司令官であったアブドゥル・ガニー・ハーンの働きにより、彼の所属するアリーコーザイ支族はドゥッラーニー族に属していたが、ドゥッラーニー族がギルザイ族に代わってカンダハールの統治権を委ねられたというのである。さらに、アフマド・シャーについては、元々ムルターン出身であったがその後ヘラートに移り、ナーデルに仕えるとその側近として重用され、ナーデルにより将来の戴冠が予言されるとともに、戴冠後は自らの子孫を丁重に保護するようナーデルから依頼されたとする内容が記されている。[109] これに続いてナーデル殺害とその後の経緯について以下のように記している。

（ナーデル・シャーは）キズィルバーシュとアフシャールの多くの者たちを、毎日何の咎もなく殺害した。そのため、彼の一族はヘラート太守アリークリー・ハーン ʻAlī Qulī Khān と共謀して、その無類の勇敢な王 Shahanshāh の殺害を決定した。輝きをいや増すナーデルの旗がハブーシャーンから二ファルサフのファトフアーバードにあったヒジュラ暦１２６０年ジュマダー・アーヒラ月11日の夜、（……省略……）幸運なる者の天幕の警護をしていた者たちの一団が、夜に寝所に入り、頭を切り落とし、高貴な軍営に投げ捨てて、（……省略……）アフマド・シャーはナーデルのハレムに仕えていた一人であったが、この事態を知らされた。彼は三千騎のアブダーリー軍団を率いて夜通しで馬に騎乗し続けた。朝にはアフシャールのならず者たちとキズィルバーシュの背信者たちと戦って、その軍団を打ち破り、ナーデルの荷と財を持ってカンダハールへ向かった。（……

省略……）ナーデル・シャー暗殺の日、アフマド・シャーはダルヴィーシュを伴いカンダハールへ向かった。（……省略……）ナーデルの軍営から一、二日の行程の場所に至った時、そのダルヴィーシュは以下のように述べた。「今こそ王 Pādshāh となるべし」。アフマド・シャーは以下のように述べた。「私は統治能力と威厳を有していない」。ダルヴィーシュは泥でできた椅子 suffah を作り、シャーの手を取ってその上に座らせた上で「これがお前の統治の玉座である」と述べた。そして草の王冠を頭上に載せ「これがお前の統治の王冠である」と言った。その後、「お前はドゥッラーニーの王 Pādshāh である」と宣言した。その日より、（アフマド・）シャーは、それ以前はアブダーリーであった自らの部族をドゥッラーニーと改称した。[110]

この中では、ナーデル生前にアフマド・シャーが即位するとの予言がなされていた点、さらにはナーデル殺害後にカンダハールへと急行する中で、その帰着前にダルヴィーシュの言によって即位した状況が記されている。しかし、この記述ではナーデル殺害時にアフガン軍団の司令官が誰であったのかについては全く触れられておらず、アフマド・シャー即位の経緯についても単にダルヴィーシュによる推戴に従ってのものであるとしか解釈することができない。加えて、カンダハール帰着前にすでに即位していたことが明示されているため、「ロヤ・ジルガ」に類する集会の挙行やその場での合意形成などについても全く記述が確認できない。

以上のように、同時代史料も含めたサドザイ朝期に記された四点の史料の分析から、アフマド・シャー即位の経緯にはすでに齟齬が生じていることが明らかである。それらをまとめると、ナーデル暗殺後の混乱の最中で①本拠地カンダハールに向かう途上で即位したとする説②カンダハール帰着後に即位したとする説の二説が存在し、さらに即位に至る状況についても①軍団統率のため指導者を「くじ」によって選出した②カンダハール総督を実力で排除して即位した③同行していたダルヴィーシュによる推挙により即位したとする三つの言説が併存している点が明らかとなった。

4 アフガニスタン「近代史」の成立

アフマド・シャーが設立したドゥッラーニー朝は19世紀に入るとその支配部族がドゥッラーニー族サドザイ支族からバーラクザイ支族へと支配権が移行した。19世紀を通じて「アフガニスタン」という国号が次第に定着し始めたことに加え、イギリスの強い影響下に置かれたインドにおいても「アフガン」の詳細な系譜・歴史が記され、またイランのカージャール朝も対外的な関係からアフガニスタンの詳細な歴史を記すなど、外部との接触の増加によって、ドゥッラーニー朝成立過程やその後の状況についての歴史叙述が量的に増大することになる。そこで本節では19世紀に記されたドゥッラーニー朝の成立過程についてまとまった記述が確認できる史料記述の分析を通じて、どのような言説が記されているのかについて比較検討する。

4－1　19世紀のペルシア語史料における歴史叙述の展開

19世紀にはイラン・カージャール朝との西部の都市ヘラートの帰属を中心とした国境をめぐる問題[111]、インドにおけるイギリス勢力の覇権確立などにより、イランとインドを中心に周辺地域においてアフガニスタンに関する様々な書物や論考が記された[112]。そこで、まずはドゥッラーニー朝成立についてまとまった記述の確認できるペルシア語史書三点の分析を行う。

まずアブドゥル・カリーム・ブハーリー ʻAbd al-Karīm Bukhārī によって記されたペルシア語史書[113]を取り上げる。この史書はヒジュラ暦1233年ラビーウ・サーニー月／1818年2月に執筆が開始され同年に完成したとされる[114]。ブハーリーは、ヒジュラ暦1214年／1799—1800年にはブハラに亡命中であったドゥッラーニー朝のマフムード・シャー Maḥmūd Shāh（在位1801—1803年、1809—1818年）に八ヶ月間仕えたため、アフガニスタン情勢についても一定の情報を有していたと考えられる。ブハーリーが記すアフマド・シャー即位の経緯について確認する。

> まさにその夜（ナーデル・シャーが殺害された）アフガン軍団 Jamāʻah-yi Afghān はその近くに控えていたのであったが、このことを知ると、モハンマド・ガニー・ハーン Muḥammad Ghanī Khān とアフマド・ハーンは合流して皇帝の荷の一部を略奪し、朝には軍営から離れた。カーエン Qāyin とスィースターンを通ってカンダハールに向かった。途中でアフガン軍団は一致して、アフマド・ハーンを長として認めて、ガニー・ハーンを殺害した。そして、アフマド・ハーンを王 Shāh とした。ワリー・ハーン・ポーパルザイ Fūlfūlzaʼī[115]を自らのワズィールとし、純血馬 yakrān がカンダハー

ルに入ると、全アフガン人が恭順の意を表した。この間に、ナーデル・シャーのように、ヒンドゥースターン、スィンド、そしてムルターンの多くの財宝を手に入れ、アフマド・ハーンは（それらを）接収した。多くの軍勢を集め、１１６４年にパードシャーの名称を自身に冠した。[116]

ここではナーデル殺害後の混乱の中、本拠地であるカンダハールに帰着する途上でアフマド・シャーが即位した様子が記されている。また、「モハンマド・ガニー・ハーン」と記されている人物は、これまでの分析により、おそらくアフガン軍団の司令官であったヌール・モハンマドのことを意味すると推測可能であるが、この即位に前後する時点でアフマド・シャーが彼を処刑していることも読み取れる。しかし、なぜアフマド・シャーが即位に向けた合意を取り付けることができたのか、そしてその合意形成の場はいかなるものであったのかという点についての記述は存在しない。

次に、ヒジュラ暦１３１１年ラジャブ月29日／１８９４年2月5日付にて完成したと記されている『世界太陽諸史 Tavārīkh-i Khurshīd-i Jahān』である。[117] 著者は名前にガンダープール Gandāpūr という地名が入っていることからもわかるように、現在のパキスタン南部デーラ・イスマーイール・ハーン地域出身のパシュトゥーンであり、英領インド政府の要請に従ってパシュトゥーンの系譜や歴史をまとめたものがこの『世界太陽諸史』である。[118] 本書はその後ウルドゥー語にて『パシュトゥーンの歴史』というタイトルで翻訳・出版されたことにより、現在もパシュトゥーンの系譜や系譜を考察するにあたって大きな影響を保持している。[119] この史書はパシュトゥーンの系譜に基づいた歴史や系譜叙述を基本にしているが、アフマド・シャー即位の状況についても比較的詳細に記しているため、その部分を以下で確認する。

「ザマーン・ハーンの息子にして、ホージャ・ヒズル支族のアフマド・シャー・ドゥッラーニー統治状況概略に関する話の輝き」

以下のように言われている。すなわち、アフシャール、カージャール Qāchār、そしてクルド Akrād などイランの指導者たち Sardārān がヘラート太守 Ṣūbadār アリー・クーリー・ハーン ʻAlī Qūlī Khān の扇動によってイラン、トルキスタン、アフガニスタン、それにヒンドゥースターンのシャーである、ジャムシード王のごときナーデル・シャー・アフシャールを寝所において殺害した。また、高貴な指導者がザマーン・ハーン・サドザイ Zamān Khān Sadozāʾī とアブドゥル・ガニー・ハーン・アリーコーザイ ʻAbd al-Ghanī Khān Alikūzaʾī であったアフガン軍団は、ウズベク軍団と共同でナーデル・シャーへの恩義からイランの軍と相対し、イラン人たちを押し返した。そして、アフマド・ハーンはアフガンたちとともにナーデルの宝物庫 Ṣabībah Khānah の貴重品や現金、それに宝石類を接収し、アフガン・ウズベク両軍団はともにファトフアーバード Fatḥ Ābād からカンダハールへと進路をとった。途中で、ウズベク軍団はトルキスタンの方向へと向かい、アフガン軍団はアフマド・ハーンとともにカンダハールへと向かった。そしてその途上で、ヒンドゥースターンの皇帝たるムハンマド・シャーがナーデル・シャーのためにカラーテ・ナーデリー Qalāt-i Nādirī に運んでいた90万ルピー Nuh Lakh Rūpayah を手に入れて、安定と財力を携えてカンダハールへ到着した。カンダハール総督を捕らえるとともに、アブダーリーとギルザイのアフガン部族全ての同意によって皇帝としてのターバンの飾り Jīghah を頭に結び、統治の玉座にご着座された。そして新たなカンダハールをアフマド・シャーヒー・アーバードと命名し、

――そこをアフガニスタンの首都とし、貨幣とフトバを自身の名前で行わせた。[120]

以上の記述から、ナーデル・シャー殺害時点でのアフガン軍団司令官として、これまで繰り返し名前が挙げられたアブドゥル・ガニー・ハーン・アリーコーザイに加えて、ザマーン・ハーン・サドザイという名前が挙げられている。このザマーン・ハーンがアフマド・シャーの父である点について触れられた上で、ナーデル殺害後の混乱の中アフマド・シャーはカンダハールに帰還し、同地の総督を排除した後に、ドゥッラーニーとギルザイというパシュトゥーンの二大部族勢力の合意により「アフガニスタン」の王位に就いたとの歴史叙述が行われている。また、即位前にはムガル朝皇帝からナーデルへの献上品を略奪していることや、王朝成立と同時にカンダハールに新都を建設した点について言及されている。しかし、なぜアフマド・シャーが部族の支持を得たのかという点、あるいはどのような合意形成手段が取られたのかという点については全く言及されておらず不明である。

最後に取り上げる史書は、アフガニスタン西部のヘラートを中心に叙述を行っている『諸事の目撃 'Ayn al-Vaqāyi'』である。この中におけるドゥッラーニー朝の成立状況に関する記述を確認する。

大混乱が王の軍営にて生じたホラーサーンにおけるナーデル・シャーの殺害後、各々の指導者たちは自らの臣下や同行者たちを伴い自分の故郷・土地に急いだ。その中でアフマド・ハーン・アブダーリーはアフガン軍団を率い一族を守って、カンダハールへ向かった。そして、彼らの近くにあった皇帝の荷物・家財・武器など、全てを一緒に持ち去った。さらに、アフマド・ハーン・

> アブダーリーはナーデル・シャー存命の時期に、自分がアフガニスタンとヒンドゥースターンにおいて統治をするための特権 Imriyāzī の署名と勅令を得ていたので、この事を利用して、カンダハールに入るや否やアフガニスタンとヒンドゥースターンにおけるキズィルバーシュの長と司令官たちを自身に合流させ、全員に希望を抱かせ運命に従って王位に推戴させた。彼の統治の玉座への戴冠はヒジュラ暦1161年、すなわち西暦1748年[121]のことであった。そして、この一門から二名が権威あるパードシャーの位に就き、五名がアミールの位を有した。まず、故アフマド・シャーは、権威をもって統治を行いカンダハールにおける現在の新都を建設した。[122]

以上の記述から読み取れる最も重要な点は、アフマド・シャーがナーデルの後継者としての地位と権威によってドゥッラーニー朝を創設したこと、および、ナーデルの権限や軍事力を動員することによって王位に就くように推戴されたとの叙述が行われている点である。また、アフマド・シャーがナーデル殺害の時点でアフガン軍団の司令官であったかのような記述も確認できる。

4-2 『アフガニスタン諸事史』と『ソルターン史』における歴史叙述

19世紀中に記されたペルシア語史料群の内、カージャール朝で記された『アフガニスタン諸事史 Tārīkh-i Vaqāyiʿ va Savāniḥ-i Afghānistān』とバーラクザイ支族有力者によって亡命中のインドで出版された『ソルターン史 Tārīkh-i Sulṭānī』の二点は特に重要である。前者は、カージャール朝のファトフ・アリー・シャー（在位1797―1834年）の王子の一人であったアリー・コーリー・ミールザー王子 ʿAlī

Qūlī Mīrzā I'ttiżād al-Salṭanah によって記されたアフガニスタンの調査史料と言える史料文献であり、当時西部の都市ヘラートをめぐって領有権争いを繰り広げていたイラン側からの視点が反映されている史料となっている。[123] 他方、『ソルターン史』の執筆者はアミール・アブドゥル・ラフマーン・ハーンと支配権をめぐって争ったモハンマド・アイユーブ・ハーンの側近であったソルターン・モハンマド・ハーン Sulṭān Muḥammad Khān によって記されたが、彼はモハンマド・アイユーブがイランへと逃れるのに同行し、英領インドのボンベイで亡命生活を送り、同地において『ソルターン史』を記して石版本として出版した。

『アフガニスタン諸事史』は１８５７年に発表されているが、その記述の特徴としてその題目にも記されているように、アフガニスタンという国の存在を前提とした叙述がなされている点が挙げられる。ドゥッラーニー朝の成立については以下のように述べている。

> アフガニスタン全土のみならず、ヒンドゥースターンとトルキスタン全土はイランに属するところであった。ナーデル・シャーの後イランは諸勢力が割拠する土地となったので、ドゥッラーニー族バーミーザイ支族 Bāmīzāʾī az Durrānī に属するアフマド・ハーン・サドザイ Aḥmad Khān Ṣaduzāʾī[124] はナーデル・シャーの式部長官 Īshīk Āqāsī Bāshī――幾人かの者は彼についてヤサーヴォル Yasāvul と伝えているが――であったが、彼はシャーの位を要求して、自らを「アフマド・シャー」と呼び、アフガニスタンにおいて統治の基礎を築いた。[125]

この記述とタイトルからも明らかなように、この段階でアフガニスタンという国の存在を前提とした叙述が行われており、加えてアフガニスタン全土が元来イランに属する土地と位置付けるなどのカージャール朝側の視点が窺える。また、アフマド・シャーの即位に至る状況については、ナーデル殺害以降の状況に関して以下のように詳細に記述されている。

ナーデル・シャー・アフシャール殺害後に生じた諸事とドゥッラーニー族バーミーザイ支族に属するアフマド・シャー・サドザイの統治と彼の他の子孫の統治の詳細

ナーデル・シャーが殺害された後（……省略……）キズィルバーシュと敵対していたアフガン族とウズベク、トルコマーンはナーデルを支援して、キズィルバーシュとの戦いに合流して彼らを打ち破り、軍営で略奪行為を行った。そして各々の集団は自らの居住地への進路をとった。ガニー・ハーン Ghanī Khān の罷免後にアフガン族の指導者となっていたヌール・モハンマド・アリーザイ Nūr Muḥammad ʻAlīzāʼī は、アフガン騎兵とともにカンダハールへ向かった。そしてアフマド・ハーン・サドザイは自身が彼らに比べて身分の低い者として過ごし、カンダハールまで同行する中でヌール・モハンマドの命令に服していたのだった。そして、自身の居住地へと帰着すると、ヌール・モハンマドを高貴な地位に相応しくないと考えて罷免した。ドゥッラーニー族バーラクザイ支族 Bārakzāʼī に属するハーッジー・ジャマール・ハーン・アフマドザイ Ḥājī Jamāl Khān Aḥmadzāʼī や、ヌール・モハンマド・ハーン・アリーザイ、そしてディーキー Dīkī（雄鶏）という名で知られるムーサー・ハーン・イスハークザイ Mūsá Khān Isḥāqzāʼī、モハッバト・ハーン・ポーパルザイ Muḥabbat Khān

Fūfalzā'ī、そしてナスルッラー・ハーン・ヌールザイ Naṣr Allāh Khān Nūrzā'ī とミールハザール・ハーン・アリコーザイ Mīrhazār Khān Alikūzā'ī とその他の者たちのようにアフガンの全ての諸部族 har farqah-o-ṭāyifah-yi afghān の指導者たちが、ナーデラーバード Nādirābād に位置していたシェール・ソルフ廟 Mazār-i Shīr Surkh に参集し、協議の会合 Majlis-i Mushāvirat を行い、以下のように語った。「この後、我々一族がイランにおいてキズィルバーシュのアミールたちとともに生きていく道は見出せないであろう。望ましいことは、我々の中から長に相応しく高い身分の者一人を選び、その者に従ってお互いに一致結束し、我々は各々他の指導者に決して平伏することがないようにすることである」。その後数日間、熱い議論が続いた。ただ、卓越した高い地位と、父と兄がヘラートやその他の地域において常に太守の地位を有していたアフマド・ハーンは、この間、議論に耳を傾けるだけで、自らの大望と高貴さを表明することはなかった。すると、その恩寵の徴たる廟の庵に閑居して、アフガンの指導者たちの言い争いを嘆いていた一人の貧しいダルヴィーシュが、アフマド・ハーンに奇跡の顕現とシャーの位 Pādshāhī に相応しいこと、そして統治を行う適性を有していること見出して、以下のように述べた。「本件は神からこの者に対して委ねられているというのに、お前たちはなぜ愚かな考えに陥っているのか」。すると、小麦の房を地面からとり、王冠の代わりに彼の頭上に載せた。アフガンの指導者たち、特に力の偉大さにおいて誰よりも勝っていたハーッジー・ジャマール・ハーンはアフマド・シャー戴冠に同意したので、アフガンの指導者たち全ては、公正に彼の偉大さを承認した。しかし、人々はそのダルヴィーシュの発言をアフマド・シャーの策略であったと考えている。[126]

この記述にはこれまで検討してきた史料中の記述からは確認することができなかった様々な新しい情報が含まれているため、極めて重要である。まず、ナーデル殺害時にアフガン軍団の司令官職にあった人物をヌール・モハンマドであった点に言及するとともに、本拠地カンダハール帰着後に身分の低さを理由として彼はその地位を追われた点について明記されている。さらに、その後ドゥッラーニー族の有力者たちによる協議によって指導者を選出しようとしたことが記されており、この協議はシェール・ソルフ廟という場で挙行され、数多くの有力者が参集したことも言及されている。また、最終的にアフマド・シャーが選出・即位する過程については、参集した指導者たちの間で議論が白熱し結論がでないなかで、自らは黙して語らないアフマド・シャーの中に王としての適格性を見出したダルビーシュによる推戴と、最も有力な人物であったバーラクザイ支族のハーッジー・ジャマール・ハーンという人物の同意によって、アフマド・シャーが即位に至るための合意形成がなされたということが記述されている。要するに、この中の記述で確認できる即位に至る歴史叙述は現在のアフガニスタンにおける通説的理解と非常に似通っており、『アフガニスタン諸事史』が与えた影響の大きさを強く印象付けている。

次に、『ソルターン史』の記述を確認する。『ソルターン史』は巻末の記述からヒジュラ暦1298年シャッワール月14日／1881年9月9日に出版されたことがわかる。この書が記される以前に書かれたペルシア語史書も参考にしつつ、アフガニスタンの地理領域に関する記述も確認できる。[127] また、簡潔にパシュトゥーンの起源などについて言及した後、北インドに存在したアフガン系王朝であったローディー朝のエブラーヒーム・ローディー期（1517―1526年）から叙述を開始し、ドゥッラーニー朝（サドザイ朝期）に至るまでの状況が記述されている。様々な史料や情報に基づいて記しているが、その中で特に重要な情報源とも言えるものが、前述の『アフガニスタン諸事史』である。実際に、冒頭の執筆目的について述べている部分において、著者は以下のように記している。

アリー・クリー・ミールザー王子 Shāhzādah 'Alīqulī Mīrzā al-Mulaqqab bih I'tiżād al-Salṭanah によって編纂されたアフガンの歴史書 Risālah-yi Tārīkh-i Afghanah も異国性・外国性 Ajnabīyat-o-Ghayr Mulkīyat により、私が精通している豊富な研究に欠けている。また王子はアフガンの諸事の（記述を）ナーデル政権終焉とアフマド・シャー・サドザイの統治の開始から始めているが、そのことにより幅広い歴史が記されていない。それ故に、その書物は全く包括性に欠け、正しくないものとなってしまっている。[128]

以上の記述から、『ソルターン史』が『アフガニスタン諸事史』の強い影響を受けつつ、その歴史叙述の在り方に疑問を呈した形で執筆・成立したことが読み取れる。次に、ドゥッラーニー朝の成立状況に関する記述を以下で確認する。基本的に『アフガニスタン諸事史』と同様、ナーデル・シャー殺害後にカンダハールに帰着したアフガン軍団は郊外の廟に参集して指導者を選出することになった点が語られる。[129] 続けてアフマド・シャー戴冠の様子については以下のように記されている。

ダルヴィーシュのサーベル・シャーの発言の際にハーッジー・ジャマール・ハーン・バーラクザイ（……省略……）などのドゥッラーニー族の多くの有力者たちはアフマド・ハーンの即位に同意

した。その理由はサドザイ支族がドゥッラーニー族の中でも少集団であったためである。従って、有力者たちは彼が統治に際してドゥッラーニー族の有力者たちの意見を考慮するであろうと考えた。そのようにせず、もし反抗の意思を示した場合、彼の統治を崩壊させることは疑いなく容易なのである。[130]

以上の記述から、ダルヴィーシュによる推戴をバーラクザイ支族のハーッジー・ジャマール・ハーンをはじめとする多くのドゥッラーニー族の有力者たちが受け入れ、合意に達したことで即位が可能になった様子が記されている。さらになぜドゥッラーニー族有力者たちがアフマド・シャー即位に賛同したのかという点については、彼の属するサドザイ支族が小規模支族であったために、指導者たちの意向が反映されやすいという理由によりアフマド・シャーが即位したと記述されているのである。また、『ソルターン史』では、インドのアフガン諸王朝やパシュトゥーンの起源・系譜の叙述を行いつつも、アフガニスタンという国名を使用し事実上ドゥッラーニー朝史の記述に重点を置いている。従って、それまで北インドなどで編纂されていたパシュトゥーンの歴史や系譜の流れの中に、ドゥッラーニー朝史を位置付けた史書であると言える。

4-3 『諸史の灯』の歴史叙述

1901年にアミール位に即位したハビーブッラー・ハーンは祐筆のファイズ・モハンマドにアフガニスタン正史の編纂を命じた。この命に基づいて執筆された史書が、『諸史の灯』である。アフガニスタンにおける正史の成立は、当然ながら近代アフガニスタンに関する歴史認識にこれまでにない多大な影響を及ぼすこととなった。その冒頭部分で、ファイズ・モハンマドは以下のように述べている。

> 過去の出来事の学び手たちの目には以下のことは明らかであろう。すなわち、私は長い間秘密裏に記憶に留めていたアフガンの諸王たちの諸状況を、アフマド・シャー・ドゥッラーニー陛下治世の開始から、我々のこの時代に到るまで記述することを必要だと考えていた。[131]

このことから、「アフガニスタン史」の記述がドゥッラーニー朝成立時から開始されたことになった点が確認できるが、その理由については以下のように記している。

> 西暦１７４７年、ヒジュラ暦１１６０年にナーデル・シャー陛下の統治が崩壊した後、アフマド・シャー陛下が統治の玉座に座られた。さらに、「アフガニスタン」と命名された。これはこの国における「アフガン」の人々が多いこと、および、その後ろの「スタン」という言葉は「住んでいる」という意味のため、「アフガニスタン」と名付けられた。それはアラブ諸部族や花の多さによりアラベスタン ʻArabistān やゴレスタン Gulistān と命名されているのと同様である。[132]

このようにアフマド・シャーが即位した１７４７年時点から国号が「アフガニスタン」と命名されたと明言されており、まさに現代における「近代」アフガニスタン成立に関する通説的歴史認識とも合致する。さらに、『諸史の灯』においては、アフマド・シャー即位に関する記述においても新たな状況が加筆されている。まずは、ナーデル・シャー殺害後の状況について記された部分の確認をする。

> （ナーデル・シャーの殺害後）この状況の中、ナーデル・シャー陛下のハレムの従僕の一人であったアフマド・ハーンに状況が伝えられた。彼はアブダーリー族とウズベクから成る３００騎を率いて部隊を整え、シャーのハレムの警護を明け方まで行い、朝には財の略奪を開始したキズィルバーシュとアフシャールの悪党たちの一団と戦い彼らを打ち破り、すべての荷財を接収した。ナーデル・シャー陛下のハレムの婦人は忠勤への褒美として、ムガル朝のムハンマド・シャー Muḥammad Shāh-i Gūrkānī からナーデル・シャー陛下にわたったことで知られるクーへ・ヌールとクーへ・ダルヤーという二つのダイヤモンドが婦人のブレスレットに付けられていたのであったが、一粒の比類なき（ルビーである）ファフラージュ fakhrāj と一緒に、クーへ・ヌールをアフマド・ハーンに下賜した。アフマド・ハーンはアブダーリー族のアフガン騎兵たちを率いてカンダハールへと向かい、ヘラート太守と市街を攻撃することなくカンダハールのナーデラーバードへと入った。そして、アブダーリー族の有力者たち、特に権力と財力において誰よりも優れていたバーラクザイ支族のハーッジー・ジャマール・ハーン Ḥājī Jamāl Khān Bārakzā'ī の承認によって王冠を戴いた。この時、サーベル・シャーという名の托鉢僧 faqīr が緑の草を彼のターバンに据え付けて、以下のように言った。「これはお前のターバンの飾り jīghah で、お前はドゥッラーニーのシャー Pādshāh-i Durrānī である」このことにより、アフマド・シャー陛下はアブダーリーとし

て知られていた自らの部族を「ドゥッラーニー」と命名し、統治の玉座に坐した。[133]

前述の記述からは、アフマド・シャーがナーデル政権下でアフガン軍団司令官を担っていたと推測される上に、ナーデル殺害後にカンダハールに帰還した後には、ドゥッラーニー族の有力者たちの支持と承認によって戴冠したことが記されている。また、特にバーラクザイ支族のハーッジー・ジャマール・ハーンが権力・財産ともに他を凌駕する状況であったため、彼の承認が得られたことがアフマド・シャー戴冠にとって決定的要因であったことが強調されている。実は、この点についてはバーラクザイ朝成立からアミール・シェール・アリー・ハーンの治世までを扱った『諸史の灯』第二巻の冒頭部分、バーラクザイ支族の歴史についての記述においても再度言及されている。

ハーッジー・ジャマール・ハーンは、ナーデル・シャーのそば近くに仕えたアブダーリー族の14人の指導者たちSardārānの一人で、高い地位と長としての位を有していた。さらに、アフマド・シャーを王位Pādshāhīに推戴し、臣従を誓った最初の人物であった。他の者たちは部族の数と財力という点で誰よりも勝っていた彼に倣って、アフマド・シャーの統治を受け入れたのであった。アフマド・シャーはこの恩義への返礼として、彼にサルダールの位を授けた。ただ、彼はカアバ神殿の周囲を巡回する巡礼に赴き、ハーッジー・ジャマール・ハーンとして知られたため、名前にサルダールと付されて言及されなかった。[134]

この中では、バーラクザイ支族のハーッジー・ジャマール・ハーンがナーデル期からアフガン軍団の中核を占める人物であり、アフマド・シャーの戴冠においては極めて重要な役割を果たした点が記されている。しかし、実はこのハーッジー・ジャマール・ハーンという人物については、これまでに確認した同時代史料を含むサドザイ朝期に記された史料では全くその記述が確認できない。それどころか、前述の通り、『アフマド・シャー史』においてはバーラクザイ支族のアブドゥル・ラフマーンという砲兵隊長を務めていた人物が、ナーデル期にアフガン軍団司令官であったヌール・モハンマドらと結託してアフマド・シャーに敵対していたと思われる様子が記されているのである。この点を考慮すると、後にバーラクザイ朝を設立した同支族が、サドザイ朝期との王朝の連続性を持たせるために歴史叙述を「加筆・修正」した可能性も否定できない。

以上のように、『諸史の灯』はそれまでの歴史叙述を継承しつつ、現在の通説的歴史認識により接近する記述を行っていることが明らかとなった。その一方で、アフマド・シャーを王位に推戴するにあたって重要な役割を果たした「ロヤ・ジルガ」についての言及は全く見当たらない。さらにバーラクザイ朝下にアミールの命によって編纂された歴史書であったためか、バーラクザイ支族の歴史的役割を強調する傾向が顕著であるという問題点も存在する。加えて、王朝成立過程については『ソルターン史』の記述を参照していたことが明記されている。また、包括的歴史叙述の必要性の観点から『ソルターン史』が意識的に記すことにしたパシュトゥーンの系譜的歴史との連結、すなわち北インドのアフガン諸勢力の系譜や歴史を中心とした現在のアフガニスタン領域外の歴史は全く記述されていない。従って、北インドを中心としたパシュトゥーン諸勢力の歴史とアフガニスタンの歴史は『諸史の灯』において完全に分離され、本来明確な区分の存在しなかったアフガニスタンの「国史」とパシュトゥーンの「民族史」は異なるものとして扱われるようになったのである。

4-4 イギリス側英文史料における歴史叙述

近代アフガニスタンのあらゆる側面に多大な影響を及ぼしたイギリス側による英文史料記述も、アフガニスタンの歴史叙述を語る上で非常に重要である。本章でも言及したように、近年の研究動向においては、イギリスによる「植民地的知的構造」による歴史叙述などへの影響を強く意識する傾向が高まり、近代アフガニスタンにおけるあらゆる部分が同国による「概念的構造物」であるという見解すら提唱されている。そこで、イギリス側英文史料のうち、極めて重要な三点に絞って、それらの史料中におけるドゥッラーニー朝の成立過程について検討していく。

まず、エルフィンストンにより1815年に発表された『カーブル王国記』中の記述を確認する。エルフィンストンは東インド会社の使節として、1809年にペシャーワルでシャー・シュジャー Shāh Shujā'（在位1803―1809年、1839―1842年）に面会し、イギリスとアフガニスタンの関係の端緒をひらいた人物である。そのため、直接ドゥッラーニー朝の歴史についての情報を得られる立場にあったものと推測される。タイトルからも明らかな通り、アフガニスタンという国号を用いておらず、近代的な国家の存在を前提とはしていない。また、地域社会の統治システムとして機能しているジルガなどの制度についての言及はあるが、国家的レベルでの「ロヤ・ジルガ」についての言及は確認できない。[135]以下で同書におけるナーデル・シャー殺害後のアフマド・シャーの動向に関する記述を確認する。

（ナーデル・シャーの軍営から脱出した後）
1747年10月彼はカンダハールにおいて戴冠した。ドゥッラーニー、キズィルバーシュ、バローチ、そしたハザーラ Dooraunee, Kuzzlebaush, Beloch, and Huzaura の指導者たちがその戴冠を支持していたと言われている。[136]

このように、アフマド・シャー戴冠の経緯についてはほとんど情報が存在しない。しかし、パシュトゥーンとは異なるエスニシティ集団であるバローチやハザーラなどが彼の戴冠を支持していたとの記述が存在することで、アフマド・シャーの即位がアフガニスタンの「全民族」によって支持されたと曲解される遠因となったと考えられる。

次に、1858年に出版されたフェリエの『アフガン人の歴史』中に見られる記述を確認する。同書はフランスの軍人・旅行家であった著者が、元々フランス語にて記したとされる原文を英訳したものであるが、フランス語のものが出版された形跡はない。本書はその詳細な歴史的記述から多様な情報を取り込んで執筆されたと考えられる。ナーデル期のアフガン軍団司令官がヌール・モハンマド・ハーン・アリーザイであった点について言及された上で、[137] ナーデル暗殺後にもその指揮下でアフガン軍団がカンダハールに帰着した後、彼の血統が高貴な出ではなかったことにより、司令官の地位を剝奪されるという記述が確認できる。[138] さらにその後の状況について言及されているのが以下の部分である。

――ヌール・モハンマド失脚の後、アブダーリー族とギルザイ族の主要な司令官たちが、アフガニスタンにおける組織的政府を設立する最もふさわしい方策を決定するために、カンダハールから35マイルに位置する現在のキシュクナホド Kichk-nookhood であるナーデラーバードの村落にあるシェイフ・ソルフ Sheik Seurk 霊廟（tomb）に参集した。この会合において、今後の彼らの国家 nation がペルシアと連合することが不可能であること、及び、彼ら自身の中から、あらゆる事柄において服従され、全ての軍事行動と民事行政のための意思統一を行うことを促進する指導者を選ぶことで合意した。（……省略……）常にその意見が尊重され、シェイフ・ソルフの霊廟の管理を行っていたダルヴィーシュが、控えめな態度のアフマド・ハーンに気付いた。その聖者は7日間行われた果てしなく続く議論と反復に疲れきって、直ちに会合を打ち切ることを勧告した。そして、「アフマド・ハーンは全てのアフガン一族の中で最も高貴な者である」として、彼が指導者の地位に相応しいと発言し、大麦の冠をアフマド・ハーンにかぶせた。すると、会合に参加していた司令官たちの中で最も有力であり、最も多くの支持を集めることが明白であったハーッジー・ジャマール・ハーンは、アフマド・ハーンを支持して直ちに自らの主張を撤回し、彼の選出を支持した。[139]

このように、ドゥッラーニー族とギルザイ族のパシュトゥーンに限定されているが、カンダハール近郊において自らの指導者を選定する会合が開催され、アフマド・シャーがダルヴィーシュの推戴を受け、さらに有力者であったハーッジー・ジャマール・ハーンがこれを支持するという、現在の通説的歴史叙述に極めて類似した内容の叙述がなされている。ただアフマド・シャー即位後に関しては、同書中の別の箇所における記述において、これと相反する興味深い記述が確認できる。

アフマド・シャーがようやくサドザイ支族による王朝を設立すると、軍司令官 sardar のヌール・モハンマド・ハーンによって扇動された陰謀によって王朝が打倒されるところであった。彼は悪しき考えを有する者たちを鎮圧するために厳しい手段をとらなければならなかったため、最も罪の重い者たちの中から選抜された各部族の10名に死を与えた。[140]

この記述からアフマド・シャー即位後に、元々アフガン軍団司令官の地位にあったヌール・モハンマドが反旗を翻し、これに関与した者たちが処刑された様子が記されている。従って、指導者たちによる幅広い合意に基づいたアフマド・シャーの即位によって、ドゥッラーニー朝が統一的政体として始動したという現在の歴史認識とは矛盾する記述が同一史料の中に見出すことができるのである。

最後に1911年に出版されたテイト Tate による『アフガニスタン王国——歴史概略』の記述を確認する。テイトは複数のペルシア語史料なども参照しながら詳細な歴史叙述を行っており、20世紀初頭の英文史料におけるアフガニスタンに関する歴史叙述を反映していると見做すことができる。まず、ナーデル殺害以前はヌール・モハンマドがアフガン・ウズベク両軍団の司令官であった点が明記されている。[141] さらに、ナーデル・シャー死後はナーデルの軍営護衛に当たったが、結局はカンダハールに帰還し、アフマド・シャーは不人気であったヌール・モハンマドを退けた上で、「バーラクザイ支族のハーッジー・ジャマール・ハーン、ポーパルザイ支族のモハッバト・ハーン、高名なイスハークザイの長であったムーサー・ドゥンギー、アリーザイ支族のヌール・モハンマド、ヌールザイ支族のサルダールであったナスルッラー・ハーン、そしてその他の部族の指導者たちが、ソルフ・シェール・バーバー廟の厳粛な会合において一堂に会した」と記されている。さらにその後、自らの問題を処理するために王が必要である点で一致したが、誰を王にするべきかが問題になると、サーベル・シャーという名のダルヴィーシュが小麦の房をアフマド・ハーンのターバンに据え付けて、彼こそが王に相応しいことを告げるとともに、彼の地位と血統の優秀さについても言及したことが記述されている。[142] テイトの叙述は半世紀以上前に記されたフェリエの記述と基本的な部分では似通っているが、しかしカンダハール帰還後に失脚したはずのヌール・モハンマドが次の指導者を選定する会合に参加していることが記されているとともに、アフマド・シャー即位後に全く混乱が生じなかったかのような記述がなされていることは大きな変化であると考えられる。このように、指導者選出のための合意形成過程や有力者たちの会合、平和裏な王朝成立といった複数の点で、現在の通説的歴史認識におけるドゥッラーニー朝建国史と重なる部分が多く確認できる。

5 小括

本章ではアフガニスタンにおける「近代」国家成立に関する歴史認識について、その原型の誕生と捉える歴史認識が広く一般化したドゥッラーニー朝の成立過程、すなわち1747年のアフマド・シャー即位前後の歴史叙述に焦点を当て、18世紀から20世紀初頭に記されたペルシア語、英文による主要な一次資料の分析を通じて、その歴史認識がどのように構築されていったのかについて検討した。この分析の結果、ドゥッラーニー朝成立過程に関する同時代史料中の記述においては、様々な対立関係や敵対勢力の実力による排除などの記述が多く確認されたが、時代を経るごとに少しずつ内容に変化が生じ、最終的にはアフマド・シャーの即位そのものが、パシュトゥーンの有力者らが集う会合における幅広い支持と合意に基づいた平和的な戴冠であるかのように捉えられるようになった経緯が明らかとなった。また、近年の研究動向として、これらの通説的歴史認識をイギリス植民地時代の「負の遺産」とする考え方が主流となりつつあるが、実際には時代を経るごとに様々な地域で記された文献がそれぞれ相互に影響しあう形で、現在の通説的歴史認識の原型を構成するに至ったと考えるのが自然であると考えられる。つまり、イギリスによる「植民地的知的構造」による歴史認識の構築のみならず、『諸史の灯』などに典型的に見られるように、アフガニスタン政府側の意向により歴史叙述が変化することもありえるのである。アフガニスタンにおける「近代」国家成立についての歴史認識は、その時々の情報や時代状況などにより少しずつ変化を被り、内外の様々な情報を取り込みながら徐々に構築されたと考えられるのである。

【第一章　註】

1　現在のアフガニスタンでは第4学年から第6学年まで社会科 Tolanīz Luwast が教授され、第7学年から第12学年までに歴史が教科として取り入れられている。第7学年では古代史からイスラームの到来まで、第8学年ではイスラームの到来からドゥッラーニー朝成立以前までのアフガニスタンと世界史が、そして第9学年ではドゥッラーニー朝の成立以降の歴史が周辺国の状況を含めて扱われている。第10学年から第12学年では、第7学年から第9学年までと同様の時代区分、つまり第一期から第三期までを各学年で各期毎に詳しく学習するカリキュラムとなっている［VMA 7; VMA 8; VMA 9; VMA 10; VMA 11; VMA12］。

2　それぞれ、ドゥッラーニー朝成立から始まるアフガニスタン史の第三期に関する叙述から始まる第9学年と第12学年の叙述で確認できる［VMA 9: 11; VMA 12: 1, 7］。

3　カーブル文学協会は１９３３年に設立され、文芸雑誌『カーブル Kābul』を発行した。『カーブル』は文学のみならず歴史や文化など多彩な題材を取り上げた上で、その後のアフガニスタンを代表する文人・詩人などが寄稿したことにより、アフガニスタンにおける知的文化形成に多大な影響を及ぼした。また、アフガニスタン歴史文化協会は１９４１年に設立され、翌年の１９４２年からは雑誌『アリアナ Ariyana』、１９４５年からは『アフガニスタン Afghanistan』を刊行して、活発な研究、出版、翻訳などの活動を展開した。20世紀アフガニスタンにおける文芸活動の展開に関する概要は［Green 2013: 1-30］を参照。

4　［Adamec 2003: 137-138］

5　［Ghubār 1322Kh/1943-1944: 52］

6　ナーデル・シャーはパシュトゥーン系ギルザイ族により創設されたカンダハールのホタキー朝（１７０９―１７３８年）の征服に前後して、ギルザイ族と敵対するパシュトゥーン系アブダーリー族（ドゥッラーニー族の旧名）を直属の部隊であるアフガン軍団として編成した。アフガン軍団とその動向については［阿部２００４］を参照。

7　クーヘ・ヌールの伝来とこれに関わった人物たちについては、これをドゥッラーニー朝のシャー・シュジャーから接収したスィク王国のランジート・スィング Ranjīt Singh（在位１８０１―１８３９年）に仕えていた医師のサイイド・ヌールッディーン・モハンマド・ボハーリー Sayyd Nūr al-Dīn Muḥammad Bukhārī に対して、イギリスのパンジャーブ地方副弁務官 Deputy Commissioner であったマクグレガー George H. MacGregor が命じてペルシア語にて執筆・編纂され１８５０年2月20日に完成した『クーヘヌールの歴史 Tārīkh-i Kūh-i Nūr』を参照［Kūh-i Nūr］。

8　［Ghubār 1322Kh/1943-1944: 52-53］

9 ゴバールはナーデル旗下におけるアフガン軍団司令官であった人物について、「ヌール・モハンマド・ギルザイ」とパシュトゥーン系ギルザイ族の人物であることを明記している。ギルザイ族はアフガニスタンにおいてドゥッラーニー族と勢力を二分する部族であるが、後述する同時代史料である『アフマド・シャー史』においてはドゥッラーニー族の支族であるアリーザイ 'Alīzay の所属であることを示す記述が各所にて散見される。註6で記した通り、ナーデルはカンダハールを本拠としていたギルザイ族と敵対するアブダーリー族（ドゥッラーニー族の旧名）からアフガン軍団を組織したことから、ヌール・モハンマドがギルザイ族の所属という記述はこの点と矛盾するため誤りであると考えられる。

10 ジルガはパシュトゥーン部族社会における寄合を意味する。ジルガにおいては基本的に成人男性全員に参加資格がありその意見は対等に扱われた。集落などにおける重要事項の決定や、パシュトゥーンの部族慣習法であるパシュトゥーンワーレイ Paṣtūnwālay に基づいた裁定や裁判なども行われ、部族内の軍事力である部族部隊 Lashkar の動員などが決議される場合もある。パシュトゥーン社会におけるジルガの概要については、〔Gohar (2009?): 41-55〕を参照。

11 ハーッジー・ジャマール・ハーンは、後にバーラクザイ朝を創設したバーラクザイ族の長であった。現在では、彼がアフマド・シャーの即位を強く後押ししたことがドゥッラーニー朝成立の契機となったとする認識が広く一般化しているが、これについては本章第4節において後述する。

12 〔Ghubār 1322Kh/1943-1944: 54-55〕

13 〔Ibid. 55-56〕

14 〔Ghubār 1968: 355-360〕。なお、現在のアフガニスタン大統領執務室内には、この戴冠式の様子が描かれた絵画が飾られており、国民向けのテレビ演説の際には必ず目にするように配置されている。

15 〔Sīstānī 2007: 1-6〕。「アフガニスタン」という国号をめぐる議論については〔八尾師２０１０〕において詳細に議論されている。

16 〔Fayżzād 1368Kh/1989: 35〕

17 〔Farhang 1371Kh/1992-1993: 113-114〕

18 [Fofalzā'ī 1359Kh/1967]
19 [Ibid. ix]
20 [Ibid.]。なお、『アフマド・シャー史』の編纂者については本章第3節にて後述する。
21 [Ibid. 34-53]
22 [Ibid. 53-63]
23 [Ganda Singh 1958: 24-27]
24 英語版は[Ganda Singh 1958]、パシュトー語版は[Ganda Singh 1366Kh/1987-1988]。
25 [Ibid. 28]
26 [Ibid. 34]
27 [Ibid. 346]
28 [Gulzad 1994: 16]
29 [アンダーソン1997]
30 [ゲルナー2000]
31 [Misdaq 2006: 27]
32 [Ibid. 27]
33 [Ibid. 11]
34 ミール・ワイスによるサファヴィー朝のグルジア人カンダハール総督に対する蜂起については、[前田2006]が詳細にその顛末について論じている。
35 [Misdaq 2006: 39-41]
36 [Ibid. 42-43]
37 [Ibid. 46]
38 [Tapper 1983]
39 [Misdaq 2006: 49]

40 ［Salim 2006: 19］
41 ［Noelle-Karimi 2002］
42 ［Noelle 1997: ix］
43 ［Ibid. 230-231］
44 ［Dupree 1973: xix］
45 ［Ibid. 332］
46 ［Ibid. 332-334］
47 ［Barfield 2004: 270］
48 ［Ibid. 280］
49 ［Nāmah］はアフマド・シャーからオスマン朝のスルタン、ムスタファ3世（在位1757―1774年）に宛てた書簡を収録している。
50 アフマド・シャーによるホラーサーン遠征については［小牧1998］にて詳細に検討されている。
51 ［Khulāṣat］は北インドのローヒッラについて、その系譜と歴史を記したものであり、一部にパシュトー語による記述も確認できる。パキスタンにおいては、同史料をウルドゥー語に翻訳した刊本も公刊されている［Ḥāfiẓ Raḥmat Khān 2002］。
52 ［Gommans 1995: 44-66］
53 ［Tucker 2006: 108-115］
54 ［Hanifi, M. Jamil 2004: 297］
55 ［Ibid. 302］
56 エルフィンストンの記録とその叙述については本章第4節4項にて後述する。
57 ［Shah Mahmoud Hanifi 2012］
58 ［Hopkins 2008］
59 ［Misdaq 2006: 11-12］

60 ［鈴木編 ２００５：254］

61 『諸史の灯』の歴史叙述の特徴とアフガニスタンにおける正史としての役割については以下を参照［小牧２００５］、［Ромодин 1990］。

62 ［M. Jamil Hanifi 2004］

63 ［Aḥmad Shāhī: 51］

64 マフムード・ホセイニーは『ナーデル・シャー史 Tārīkh-i Nādir Shāhī』と記している［Ibid. 51］。

65 ［Ibid. 54］

66 アフマド・シャーの出生地については、アフガニスタンの碩学ゴバールらによってヘラート出生説が唱えられているが［Ghubār 1322Kh/1943-1944: 1］、現在のパキスタンに位置するムルターンとする説なども存在し明確ではない。なお、アフマド・シャーの属するパシュトゥーン系ドゥッラーニー族（旧名アブダーリー族）の18世紀から19世紀におけるムルターンにおける活動については、パキスタンの歴史学者ドゥッラーニーによる一連の研究などを参照［Durrani 1981; 1991］。

67 ［Aḥmad Shāhī: 58］。

68 ［阿部２００４：31-33］

69 ［Ibid. 44］

70 前節でも言及したが、アフガニスタンの歴史家ゴバールによれば、ギルザイ族、アブダーリー族、ウズベク、ハザーラ、バローチ、タジクによる提案に基づいて指導者選定のためのジルガが招集され、カンダハール近郊のシェール・ソフル廟 Mazār-i Sher Surkh を会場として開催されたとされている［Ghubār 1968: 354-355］。

71 ［Ibid. 354］

72 この時タキー・ハーンとナーセル・ハーンが運搬していた荷に関しては、「スィンド・パンジャーブ地方の税収入」を運んでいたとする Vaqāyiʻ や、総額で2億６０００万ルピーにも相当する財宝を運んでいたとする［ＳＴ２］の記述などとの間で多少の違いが見られる［Vaqāyiʻ, 35-36; ST2, 12-13］。

73 ［Aḥmad Shāhī: 66-67］

74 [Ibid. 68]
75 [Ibid. 72-73]
76 [Ibid. 73-74]
77 [Ibid. 76]
78 [Ibid. 76-77]
79 この時期のパンジャーブ地方の税収については、現地での史料調査を実施したグローバーが分析を実施し、アフマド・シャー期の統治の一側面が把握できる[Grover 1990]。
80 現在のパキスタン領に位置する都市であるデーラ・イスマーイール・ハーン、およびデーラ・ガーズィー・ハーンを含む周辺地域のこと。
81 [Aḥmad Shāhī: 224-225]
82 この時期の北インドにおけるアフガン系諸勢力とその動向については[Husain 1994; Gommans 1995: 104-159]を参照。
83 [Elphinston: 550]
84 [Aḥmad Shāhī: 118]
85 [Ibid. 160]
86 [Ibid. 162]
87 [小牧１９９８：376-379]
88 [Aḥmad Shāhī: 230]
89 [Ibid. 232]
90 ナーデル・シャー暗殺後にアゼルバイジャン地方などを中心にアフガン系勢力が各地で多大な影響力を有したが、これについては[小牧１９８７]を参照。
91 この時期のアフシャール朝における内部抗争については、[小牧１９９８]を参照。
92 [Aḥmad Shāhī: 156]

93 [Ibid. 156-157]
94 [Ibid. 170; Gulistānah: 91-92]
95 [Aḥmad Shāhī: 232]
96 [Ibid. 232-234]
97 新都建設の動機として、「ナーデラーバード」では大雨による洪水の影響で城塞の建物が脆くなってしまっていることを挙げており、ナーデルに破壊された旧カンダハールの城塞付近は水不足の問題、および夏期の猛暑などの環境面の問題により新都には不適切である旨が記述されている [Ibid. 324-325]。
98 [Nāmah: 21-22]
99 カンダハールを中心にしたパシュトゥーン系ギルザイ族が王位に就いたホタキー朝(1709―1738年)の時代を意味する。
100 [Mujmal: 58-59]
101 [Ibid. 59-60]
102 [Ibid. 60-61]
103 [Bayān: 186]
104 [Badāyi': 321-322]
105 [Jahāngushā: 180]
106 ['Ālam-Ārā: 858-862]
107 [Ḥusayn, 3-10]
108 [Ibid. 16-17]
109 [Ibid. 18-20]
110 [Ibid. 21-24]
111 イラン側の視点から東部国境設定に着目し、アフガニスタンの国境画定やイギリス、さらにはこれに関与した在地の人々についての包括的議論については [Mojtahed-Zadeh 2004] を参照。

112 アフガニスタンでも19世紀には幾つかの史書が記されたが、基本的には当時の状況について記した史書であり、管見の限り18世紀の事情について記したものは後述する『ソルターン史』［Sulṭānī］とアブドゥル・ラフマーンによる「自伝」［LA］を除き皆無であった。

113 ブハーリーによる史書はペルシア語による題目が存在しないため、史料略号のまま表記することとする。

114 ［Bukhārī: 3］

115 パシュトー語では「F」の子音を「P」で読む場合が多いが、ここでもドゥッラーニー族ポーパルザイ支族のことを意味していることが明らかであるため、このように表記した。

116 ［Bukhārī: 8-9］

117 ［Khurshīd: 319］

118 ［Ibid. 2］

119 ［Gandāpūrā Ibrāhīmza'ī 1977］

120 ［Khurshīd: 172］

121 アフマド・シャー即位は１７４７年であるため、原文中のこの年号は誤りである。

122 ［'Ayn: 38］

123 ［Vaqāyi': 16-19］

124 アフマド・シャーはドゥッラーニー族サドザイ支族に属するため、バーミーザイ支族に属するという記述は事実誤認であると考えられる。

125 ［Ibid., 31］

126 ［Ibid., 34-35］

127 ［Sulṭānī: 10-13］

128 ［Ibid. 4］

129 ［Ibid. 121-122］

130 ［Ibid. 123］

131 [ST2: 1]
132 [Ibid. 3]
133 [Ibid. 12]
134 [Ibid. 196]
135 [Elphinstone: 158-170]
136 [Ibid. 543]
137 [Ferrier: 67]
138 [Ibid. 68]
139 [Ibid. 68-69]
140 [Ibid. 11]
141 [Tate: 68]
142 [Ibid.]

第二章

第二次アフガン戦争とイギリスによる統治政策の変遷

カーブルのアブドゥル・ラフマーン廟（2009年）

1 はじめに

アフガニスタンは1747年のドゥッラーニー朝の成立をもって建国されたとの歴史認識が国内外を問わず通説的歴史認識として定着しつつある一方で、国民国家としての近代国家アフガニスタンの成立時期を19世紀後半から20世紀初頭にかけての時期と設定する歴史観も根強い傾向がある。この理由としては、様々な問題を孕みつつも現在のアフガニスタンの国境がこの時期に一応画定されたことにより、アフガニスタンの領域が現行の形に定まったこと、および、国土の統一によってカーブルを首都とする国家としての体を成した体制が成立したことにより、国内で人口の多数派を占めるとされているエスニシティである、パシュトゥーンを中心とした支配体制の基盤が整えられたと見なされてきたことの二点が挙げられる。

19世紀後半にアフガニスタンの支配者の地位、すなわちアミール位に就いたのがアブドゥル・ラフマーン（在位1880―1901年）であった。アブドゥル・ラフマーンはドゥッラーニー朝の実権を同じドゥッラーニー族のサドザイ支族から奪い、バーラクザイ支族による新たな支配体制を構築したドースト・モハンマド・ハーン Amīr Dost Muḥammad Khān（在位1826―1839年、1845―1863年）の孫に当たる。ドースト・モハンマドはイギリスとの間で勃発した第一次アフガン戦争（1838―1842年）によってイギリスに捕らわれてしまうが、戦後アミールに復権し、その在位中に国内統一に成功した人物である。[1] しかし、その死後には後継者の座を巡って王子たちによる対立が激化し、幾度も政治的実権が移り変わる時代が続いた。１８６３年にドースト・モハンマドがヘラート攻略直後に亡くなると、三男であるシェール・アリー・ハーン Amīr Sher ʻAlī Khān（在位１８６３—１８６６年、１８６８—１８７９年）［以下、シェール・アリーと記す］がアミール位に就いたが、長男でアブドゥル・ラフマーンの父であるモハンマド・アフザル・ハーン Amīr Muḥammad Afẕal Khān（在位１８６５—１８６７年）がシェール・アリーから実権を奪ってアミール位に就いた。しかし、１８６７年に彼が亡くなったため、弟のモハンマド・アァザム・ハーン Amīr Muḥammad Aʻẓam Khān（在位１８６７—１８６８年）がアミール位に就くが、１８６８年にシェール・アリーが勢力を拡大した結果戦いに敗れて、実権は再び彼に帰するところとなった。このように、ドースト・モハンマドによってバーラクザイ支族の権力基盤の確立とアフガニスタンの一定の統一が達成されたものの、バーラクザイ支族内での支配権をめぐる抗争が激化したことにより国内が混乱した状態が続き、支配体制は脆弱な状態であった。

アブドゥル・ラフマーンは前述のドースト・モハンマド死後の後継者争いの際に、父親であるモハンマド・アフザルの下でのシェール・アリー側との戦いで頭角を現し、父親のアミール位戴冠に貢献した。しかし、最終的なシェール・アリーの権力獲得によって各地を転々と移動し、[2] 最終的には１８６８年にブハラ・アミール国を破るなど中央アジアで勢力を急速に拡大していたロシア帝国の招きに応じてサマルカンドに至り、同地において11年亡命生活を送ることとなる。他方、兄弟間での内乱に勝利したシェール・アリーは様々な改革に着手して国内の安定を図ると同時に、東隣の英領インド側からの招きに応じて自らインドに赴いて英領インドの高官たちと直接面会して折衝を行うなど、イギリスとの良好な関係を築くことによって外部からの危険性を回避するように努めた。しかし、詳細については後述するが、イギリスとの関係の悪化と、台頭するロシアとの関係の深化によってイギリスはシェール・アリーの排除を決意して再びアフガニスタンへの侵入を開始し第二次アフガン戦争（1878―1881年）が勃発した。この戦争の最中に亡くなったシェール・アリーに代わってアミール位に就いたモハンマド・ヤァクーブ・ハーン Muḥammad Yaʻqūb Khān（在位1879年）［以下、モハンマド・ヤァクーブと記す］の下、事実上の降伏文書であるガンダマク条約がイギリスとの間で締結され、アフガニスタンはイギリスの保護国となり、さらに同国への従属関係を深めていくこととなる。

ガンダマク条約締結後もアフガニスタン内部の混乱が続いたため、イギリスは様々な統治体制を企図したが、方針が一貫せずにアフガニスタン国内は割拠の状況となった。このような状況下で、アブドゥル・ラフマーンが亡命先のサマルカンドからアフガニスタン北部に帰還して1880年にアミール位に就くと、様々な対抗勢力との争いに勝利することによって名実ともにアフガニスタンを統一的に治める支配者としての地位を確立し、新たに様々な国内統治政策を実施していくことになる。このように、アブドゥル・ラフマーンが即位した19世紀後半においてもアフガニスタンは割拠の状態にあり、国内の近代化もほとんど進行していない状態であった。加えて、アフガニスタンの安定を脅かす最大の要因が、二度に亘って戦火を交えたインドを支配していたイギリスとの関係であった。

19世紀から20世紀に関する先行研究においても、イギリスとの関係は極めて重視されてきたが、後述するように、研究内容と分析する史料双方の観点から、極めて偏りが著しい研究が大半であった。特に対英関係についての先行研究の最大の問題点は、第二次アフガン戦争前後の時期を含めた19世紀全体を通じて、イギリスはアフガニスタンの内政へほとんど干渉しなかったという前提条件に基づいた上での、イギリスの対露外交の枠組みでの議論や、アフガニスタンとその周辺国との国境画定などの一部の問題が扱われ、アフガニスタン内部の問題について英領インドとの関係を中心に据えて論じた研究が管見の限りほとんど存在しないという点である。しかし、イギリスによる直接的な支配や干渉が内政に関する限りはほとんど影響を及ぼしてこなかったとされているアフガニスタンにおいても、前章で論じたように19世紀以降の経済構造の変化にイギリス植民地支配の影響が多大に確認できることを明らかにしたシャー・マフムード・ハニーフィーの議論[3]など、この時期におけるイギリスの多面的な影響を考慮しつつ同国の内情について分析することは、アフガニスタン研究の深化のためには不可欠であると考えられる。

そこで、本章においては第二次アフガン戦争直前のシェール・アリー期からアブドゥル・ラフマーン期の前半に焦点を当てて、アフガニスタンの対英領インド関係を軸としながらアフガニスタン内部の政治的変動について明らかにする。分析に際しては、これまでも英領インドのアフガニスタン関係を分析する際に用いられてきた大英図書館 British Library 所蔵のイギリス側史料に加えて、第二次アフガン戦争など19世紀後半のアフガニスタン情勢の分析において実はあまり用いられることがなく等閑視されてきたアフガニスタン側のペルシア語史料『諸史の灯』を用いる。加えて、管見の限り現在まで全く用いられてこなかった英領インド側当局者とアフガニスタンとの実際の通信記録であるペルシア語書簡史料の分析も合わせて行う。

2 本章の研究目的と関連先行研究

本章の研究目的は、19世紀後半のアフガニスタンに関する先行研究における最大の問題点の中から、以下の二点について具体的に検討することである。第一に、第二次アフガン戦争が勃発した原因についてである。当時の様々な国際関係の中でイギリス・ロシアの対立関係が高まり一触即発という状況の中、中央アジアで勢力を拡大したロシアが1878年に一方的にアフガニスタンの首都カーブルに使節団を派遣した。これを受け入れざるを得なかった当時のアミール、シェール・アリーに対し、イギリス側も同様の使節団の受け入れを要求したこと、およびこの要求に対する回答がなされなかったことに端を発してイギリスがアフガニスタンに侵攻する形で第二次アフガン戦争が勃発したことが通説的理解として定着している[4]。しかし、シェール・アリー期のアフガニスタン情勢、および同国の対英露関係の精査がほぼ停滞しているため、本章ではこの点について詳細に再検討を行い、第二次アフガン戦争勃発の原因の究明を試みる。第二に、第二次アフガン戦争勃発からアブドゥル・ラフマーンの支配権確立までの争乱期のアフガニスタン情勢については、古典的研究を除いて本格的な研究や分析がほとんど実施されてこなかったことに鑑み、本章では第二次アフガン戦争がどのような形で収束し、どのような経緯でアブドゥル・ラフマーンがアフガニスタンの統治者として支配権を確保するに至ったのか、また、その間のイギリスの統治政策はどのようなものであったのかという点について検討する。以上の二点の分析に加えて、19世紀後半のアフガニスタン情勢について一次史料を通じて分析することによって、当時のアフガニスタンを取り巻く国内外の政治的動向とその変動についても明らかにする。

冒頭の「序章」の「本書全体に関する先行研究」と重複する部分もあるが、以下で本章の議論のために参照した先行研究について述べる。本章で議論の中心となるアブドゥル・ラフマーン期のアフガニスタンについては、カーカルによる研究が代表的な研究として最初に挙げられる[5]。この研究は、1863年に亡くなったドースト・モハンマド以降の政治と外交に関する研究であるが、実際にはアブドゥル・ラフマーンによる国内統一過程と隣国との外交関係の二点を主題としている。大英図書館所蔵のイギリス側史料とアフガニスタン側ペルシア語史料の双方を一次資料として用いて分析を行っているため、アブドゥル・ラフマーン期における国内制圧の全体像を比較的詳しく摑むことができる。また、外交に関しても英領インドとの関係について重点的に分析していることに加え、ロシアやイラン、トルコとアフガニスタンとの関係についても基本的状況を把握することができる。しかし、基本的事実関係の概要にとどまっている点、およびアブドゥル・ラフマーンによって国家統一が完遂されたという前提で議論を進めている点の二つの欠点も指摘できる。さらに結論において、近代国家としてのアフガニスタンの不完全性の原因を、アブドゥル・ラフマーンによる強引な国家統一過程に帰しているが、隣国との外交関係について考察しているにもかかわらず外部からの影響についての考察を欠いている[6]。

19世紀後半のアフガニスタン国内の統治状況についても、同じくカーカルによる研究が存在する[7]。この研究では、アブドゥル・ラフマーン期のアフガニスタン統治体制を、中央と地方の統治機構、徴税、軍、さらには社会・経済構造に至るまで多様な史料の分析を通じて明らかにしている。この時期の司法制度に着目した研究として、アブドゥル・ラフマーンの承認に基づいて執筆された『カーディーたちの基礎』の分析に基づいて、司法制度の中央集権化という観点からアブドゥル・ラフマーン期の国家統合について分析したタルズィー Tarzi の研究、[8] アフガニスタンの司法制度改革の一環として19世紀後半から20世紀初頭にかけての時期に進められた法典制定の歴史についての分析の中でアブドゥル・ラフマーン期について言及したアブドゥル・ラティーフ Abdul Latif らによる研究、[9] さらにアフガニスタン東部のクナール地域における係争を具体的に扱ったガニー Ghani の研究がある。[10] ガニーはこの時期の国家建設についてイスラームの影響と部族社会との関係について論じた研究も行っている。[11] しかし、アフガニスタン国内の統治体制や制度などについての研究は、一次資料の不足もあり、他地域と比較して未だに極めて少ないのが現状である。

この時期のアフガニスタン外交に関する研究は概説的な内容のものが多数存在する。英領インドとの外交関係に主眼を置いた古典的研究としてデイヴィスの研究[12]があり、1893年に取り交わされたデュアランド・ライン合意を含むイギリスとの関係を歴史的に分析した研究としてアズマト・ハヤート・ハーンの研究[13]がある。アダメク Adamec による外交史の研究[14]はアブドゥル・ラフマーン治世末期の1900年から第三次アフガン戦争によってイギリスの保護国から独立した直後の1923年までを対象としているため、本章の考察対象時期からは外れるが、参照する必要のある古典的研究である。また、詳細については第四章で論じるアフガニスタンの国境画定をめぐる問題の中でも最も重要と言える、英領インドとの国境線を定めた前述のデュアランド・ライン合意の有効性の有無について議論したユーナスによる研究[15]には、アブドゥル・ラフマーン期を中心に英領インドとの間で取り交わされた通信などが収録されており、国境画定をめぐる研究としても史料としても有用である。

当時の英領インドによるアフガニスタンとの境域の統治体制についてはトリポディの研究[16]がある。この研究では、アフガニスタン国内やアフガニスタンとの国境地域を担当した英領インド政務官たちの組織構造や具体的な活動について分析されており、アフガニスタンの対英関係を考察する際にイギリス側の動向を理解する上で必須の情報を含む研究である。さらに新たな試みの研究として、シャー・マフムード・ハニーフィーによる研究[17]が挙げられる。この研究では、直接的なアフガニスタンの植民地化を行わなかったものの、19世紀を通じてアフガニスタンに深く関与した英領インドによって、商業的見地から多大な経済構造の変化を招いた点と、それに対応しようとしたアフガニスタンとインドの遊牧民や銀行家たちの貿易への関与について明らかにしている。

当時の英領インドとの境域には、パシュトゥーン諸部族が各部族毎に独立的な自治勢力を保って存在しており、アフガニスタンと英領インド双方にとって同地域の情勢にどのように対応するのかが大きな問題となっていた。この国境地帯の中で、ワズィーリスターンを中心とした動向についてはビアッティによってイギリス側史料を丹念に分析した詳細な研究[18]が行われている。また、この国境地帯に設立された部族地域において社会的に重要な役割を担っていたモッラーと呼称される在地のイスラーム指導者たちについて分析したハールーンの研究[19]も、同地域とアフガニスタンとの関連を考慮する上で極めて重要な研究である。ハールーンは、アフガニスタン・英領インド両国による統治権が及ばない国境地帯と両国との関係、および同時期にモッラーたちの組織力強化とネットワークの拡充、さらにはこの地域における独自のイスラーム理解が醸成された過程を英領インド側一次資料を用いて実証的に明らかにしている。

3 第二次アフガン戦争前のアフガニスタン

3-1 シェール・アリー期のアフガニスタン情勢

1863年にドースト・モハンマドがヘラート攻略の直後に亡くなった後、数年間に亘ってその息子たちが後継者の座を巡って争い、最終的にシェール・アリーがヒジュラ暦1285年ラマダーン月／1869年1月に勝利して、アフガニスタン全土の実権を手にすることになった。[20] それに伴って、アブドゥル・ラフマーンら争いに敗れた者たちはアフガニスタン各地や英領インド、マシュハド、中央アジアなどを転々とし、最終的にはロシア帝国領トルキスタンのサマルカンドにて亡命生活を送ることとなる。[21]

一方で、後継者争いに勝利したシェール・アリーは本格的統治を開始し、その治世には多くのヨーロッパの制度を導入する形での近代化政策を実施した。例えば、イギリス軍を模範とした軍制改革、アフガニスタンで初めてとなる新聞の発行、さらには税制改革や政治制度改革など多岐に亘る事例が確認できる。[22] カーカルによると、特に軍制改革においてはパシュトー語による軍事用語統一に見られるように、パシュトー語を重視する改革を行い、英領インドとの国境地帯を含むパシュトゥーン諸部族の支持獲得に努めた。[23] このように、国内を平定して数々の改革を試みたシェール・アリーであったが、治世の当初から深刻な内部対立を抱えていた。

それは、カーブルに留守役として残した王子モハンマド・ヤァクーブが父であるシェール・アリーに対して敵意を抱くようになっていたことであった。その原因は、シェール・アリーの後継者である皇太子の座をめぐる問題であった。シェール・アリーは後述するインド訪問に際して、王子のアブドッラー・ジャーン ʻAbd Allāh Jān を伴ったが、彼はこの王子を溺愛していたため、英領インド側もそのことを察して様々な贈り物を王子に対して送ったほどであった。ヒジュラ暦1286年／1869―1870年になるとモハンマド・ヤァクーブの父による冷遇と弟であるアブドッラー・ジャーンに対する不満は一層高まり、カーブル市内にあるバーブル庭園[24]において行われた自らの軍団の軍事演習の際、不意をついてカーブルを脱出し、ガズニーを通ってカンダハールへと向かった。このことを知ったシェール・アリーは、北方のアフガン・トルキスタン方面[25]においてロシア帝国領に亡命していたアブドゥル・ラフマーンの侵入を防ぐべく任務に当たっていたファラーマルズ・ハーン将軍 Farāmarz Khān をモハンマド・ヤァクーブに対処させるべく召喚して、軍団を伴わせてカンダハールへと派遣した。正規軍とは対峙できないと判断したモハンマド・ヤァクーブは、そのままカンダハールから西に逃亡したが、シェール・アリーに対抗するべく、最終的には西部の主要都市ヘラートを攻略・入城して勢力基盤を確保することに成功した[26]。

このようにして、ヘラートを手中にしたモハンマド・ヤァクーブが、シェール・アリーの派遣したファラーマルズ・ハーンの軍と対峙するという状況が生まれたが、モハンマド・ヤァクーブはファラーマルズ・ハーンに「ヘラートを確保したものの、フトバと貨幣の打刻は未だに父の名から変更していない」[27]という内容の書状を書き送ってシェール・アリーに敵対する意思はないと弁明することで、ヘラートへの進軍を思い留まらせることに成功した。このような情勢の中、ヒジュラ暦1287年ラビー・アルアッワル月27日／1870年6月27日に突如ファラーマルズ・ハーンが暗殺された。この知らせを受けたシェール・アリーは自らヘラートに赴くことを一旦は決意するが、モハンマド・ヤァクーブが再び帰順するのではないかという噂が広まっていたために、自ら出陣することはとりやめた。[28]実際に、モハンマド・ヤァクーブは父であるシェール・アリーとの対立が続くことを懸念しており、近侍の者たちの意見を抑えて父の権威を認めて服従することを決意し、ヒジュラ暦1287年ラビー・アッサーニー月13日／1870年7月13日にヘラートから書状を送ってその旨を伝達したが、シェール・アリーは彼の書状は策略に基づいており、「書状を送ることで我々を安心させようとしており、実際は戦闘の準備をしている」と述べるほどに疑念を抱いていた。[29]そのため、モハンマド・ヤァクーブは弟であるサルダール・モハンマド・アイユーブ・ハーン Sardār Muḥammad Ayūb Khān（1857―1914年）［以下でモハンマド・アイユーブと記す］や彼の忠臣たちをヘラートに残して、もしヘラートに向けてシェール・アリーの軍が進軍を開始した場合には、「全員が国家の僕《しもべ》であり我が父の忠実なる支持者であることを思い出すとともに、あらゆる敵対行動をとることをやめるように」と言い含めた上で、自らカーブルの宮廷へ向かった。[30]

宮廷においてシェール・アリーに拝謁したモハンマド・ヤァクーブは、服従することを誓うとともに、二ヶ月間毎日父に謁見するために宮廷を訪問した。このような服従の姿勢を見せた息子に対して、シェール・アリーはヘラート太守の地位を与えたが、その代わりに彼の近侍の者たちの中でも特に両者の対立を煽りヘラートへの軍事侵攻を招いた責任者たち数名をカーブルに召喚することを命じた。その後、モハンマド・ヤァクーブは軍に伴われてヘラートへと帰還した。[31]このようにして、親子間の軍事衝突は拡大することなく収束したが、この事件から程なく、再度シェール・アリーの皇太子の座をめぐって両者は対立することになる。

再度の対立の原因も、シェール・アリーによるアブドッラー・ジャーン王子の正式な皇太子就任にむけた働きかけであった。宮廷の重臣たちに諮った後に、以下のような状況でアブドッラー・ジャーンを正式に皇太子に任じた。

> アミール・シェール・アリー・ハーンは、ヒジュラ暦1288年シャッワール月2日／1871年12月15日の夜に、「皆は皇太子公認の機会を記念し、アフガニスタンの全ての町を飾り、然るべき祝祭を催すべし」という趣旨の告知を国中の全ての町と全ての指導者たちに向けて行った。陛下はカズニー Ghaznī からモコル Muqur、ジャラーラーバード Jalālābād からラールプラー La‘lpūrah[32] に至るまでの指導者たちをはじめとして、アフガニスタン全土の全ての州の指導者たちをカーブルに招いた。（……省略……）アミールは息子（アブドッラー・ジャーン）を抱いて人々に以下のように宣言した。「ここに、私はアブドッラー・ジャーン王子を皇太子とした。私の後、彼が生存しており、政府が存在し、そして国家が独立している状況ならばアフガニスタンのアミールの地位は彼のものであると（度々）告げてきたが、今ここで再告知するものである」[33]。

このように、アブドッラー・ジャーンが皇太子に指名されたことが公にされたが、モハンマド・ヤァクーブは、自身が長男であり、またシェール・アリーによる勢力基盤構築のための後継者争いの際にはカンダハールの攻略に貢献していたため[34]、自らが最も皇太子に相応しいと考えていた。そのため、彼が太守に任じられていたヘラートにおいては、祝祭は行われずに町の装飾もなされなかった。この状況の報告を受けたシェール・アリーはモハンマド・ヤァクーブの行動に再び不信を抱く結果となった。そして、ヒジュラ暦1289年／1872−1873年にはヘラートに自らの重臣を派遣し、モハンマド・ヤァクーブに対してアミールの面前で直接釈明するように命じた。さらに、アミールへの謁見のためカーブルを訪問すれば、謁見の機会を確保し、再び安全にヘラートに帰還させる旨を伝達して安堵させ、カーブルに召喚することに成功した。出立前にモハンマド・ヤァクーブはシェール・アリーに献上するための多くの貢物を整えてカーブルに向かった。カーブル到着後には数々の出迎えを受けたものの、シェール・アリーは騎兵隊に命じて伝統的敬礼を彼に対してとらないようにさせたことからも息子に対する不信が募っていたことが窺い知れる。さらに謁見に訪れた息子モハンマド・ヤァクーブに対して重臣たちを前に、以下のように告げている。

直ちにヘラートへ帰還するのであれば、私は軍に町を力尽くで攻略するように命じるであろう。もし自らの意思でヘラートへと帰還しないのであれば、私はお前を捕らえるであろう。お前はどちらの選択をするのか？[35]

このように、シェール・アリーは謁見の場においてモハンマド・ヤァクーブを脅迫した後、彼を幽閉してしまい、この幽閉は第二次アフガン戦争開始後の1878年まで続くことになる。[36]

しかし、モハンマド・ヤァクーブが捕らわれたことによっても事態は収束しなかった。彼がヘラートに残した部下たちや弟のアイユーブ・ハーンが、シェール・アリーの対応に反発して反旗を翻すこととなったからである。結果的にアイユーブ・ハーンたちは敗れてカージャール朝領内に逃亡を図った。この時、カージャール朝のナーセロッディーン・シャー Nāṣir al-Dīn Shāh（在位1848―1896年）に同王朝のホラーサーン太守から電報を通じてアイユーブ・ハーンの処遇についての判断を求める旨の連絡が伝えられたことを受けて、ナーセロッディーン・シャーは彼を厚遇してカージャール朝領内に留まることを認めた。[37]

以上のように、ドースト・モハンマド死後の後継者争いに勝利したシェール・アリーは、自らの治世においても、自身の後継者となる皇太子の座をめぐって対立した長男のモハンマド・ヤァクーブとの対立関係に陥り、大規模な内乱寸前という状況に直面することになった。従って、多くの近代化政策を打ち出して政策実行を目指したこの時期でさえも、その権力基盤は決して盤石ではなかったと言える。

3－2　英領インドとロシア帝国との外交関係

シェール・アリー治世の間は、深刻な内部対立を抱えつつも、内政としては様々な近代化政策を模索した時期であった一方で、外交関係でも転換点となる時期であった。それは、1860年代以降の中央アジアへのロシア帝国の勢力圏拡大という要素に加え、アフガニスタン、イギリス間関係が急速に悪化していたことが原因であった。そこで、まずシェール・アリーが実権を握って以降の英領インドとの関係と、ロシア帝国領となったロシア領トルキスタン総督府とシェール・アリーとの間で交わされた往復書簡の内容の分析を通じて、アフガニスタンと英露両国との関係の変遷を明示して、第二次アフガン戦争に至る経緯を明らかにする。

シェール・アリーは、後継者争いに勝利した1869年春に、英領インド総督メイヨー卿 Lord Earl Mayo からの求めに応じて、自らが英領インドに赴いて交渉を行っている。[38] イギリスはかつて敵対しつつも、第一次アフガン戦争後にアミール位に復権したドースト・モハンマドとの間で1855年にペシャーワル条約を締結して友好関係を築き、さらに1857年には具体的な内容を追加して改正ペシャーワル条約を結び、両国の友好関係維持に努めた。[39] メイヨーはこのペシャーワル条約の更新と新たな両国関係の構築のため、シェール・アリーをインドへと招聘したのであった。元々、ペシャーワル条約の条文中に、イギリスはアフガニスタンの内政に一切関与しない旨が明記されているが、これは、第一次アフガン戦争によって多大な損害を被ったことによる判断であると考えられる。さらに、両国の外交交流のために、アフガニスタン側はペシャーワルにアミールの代理人 Vakīl を置き、英領インド側はカーブルにイギリス政府代表 Vakīl を置くことも記されている。ただ、カーブルに駐在するイギリス政府代表は非ヨーロッパ人と規定されていたため、第二次アフガン戦争前までカーブルに駐在していたのはインド人ムスリムであった。このカーブル駐在のイギリス政府代表は定期的にアフガニスタンの動向を『カーブル日誌 Aḥvāl-i Kābul』というウルドゥー語で記された調査報告書をペシャーワルに提出していた。しかし、カーブル駐在イギリス政府代表はアフガニスタン側から厳重に監視されていたこともあり、専らカーブル周辺、および宮廷の動向のみを報告するという状況であったため、その情報はアフガニスタン全土の状況を伝えているはずもなく、極めて限定的な内容であった。また、それ以前の1850年代が西隣のカージャール朝との間で西部の主要都市ヘラートの帰属問題をめぐって一触即発の状況にあった時期であったため、ヘラートのアフガニスタンへの帰属の保証とカージャール朝の脅威が迫った場合の支援についても記されている[40]。

このように、1857年に改正ペシャーワル条約が締結されて以降、アフガニスタンと英領インド政府との間では非公式に武器供与と資金援助は実施されていたが、公式的な条約などは締結されていなかった。イギリス側としては、国内がシェール・アリーによって統一された時期を見計らって交渉を持ちかけたのであった。シェール・アリーは留守を王子であるモハンマド・ヤァクーブに委ねて、自ら折衝の場であるアンバーラに向けて出立した。英領インドへの領域に入る際には、彼を歓迎する式典などが催されると同時に、英領インドの様々な有力者たちが出迎えるなど、イギリスがアフガニスタンとの安定的関係の構築を望む姿勢が垣間見られる[41]。

会見の場に到着すると、シェール・アリーとインド総督メイヨーとの間で直接対話が行われた。シェール・アリーは以下のように述べたと記録されている。

私はこの場に友好条約の改定や他の協定を締結するために来たのではない。我が尊敬する父である偉大なアミール Amīr-i Kabīr（ドースト・モハンマド）がジャムルードにおいてジョン・ローレンス卿 Sir John Lawrence と合意に至ったが、その約定中には以下のような内容が含まれている。すなわち、アフガニスタンを統治する者は皆イギリスの友人であり、イギリスの敵はその敵である。そして、イギリス政府はアフガン人 Afāghanah 同士が互いに相争う内乱において、いずれかの勢力を支援するためのあらゆる干渉を行わない。イギリス政府はどのアフガンの指導者が玉座に就

いても友好的かつ協力的であり、王に反対するいかなる者に対しても友好的ではなく支援もしない。（……省略……）戦闘が長期化したため、内乱の経費を補うため、（イギリスと）父との間で取り交わされた約定に基づいて武器と資金をイギリス政府に求めた際に、ローレンス卿は支援を行わなかった。然るに私はサイィダーバードとカラートにおいて敗れて九死に一生を得た。現在、私は父の地位を継承し、イギリス政府は私のアミール位を承認したが、内乱の際に約定に基づいて私を支援しなかったというのに協定を更新するべきなのかであろうか？[42]

この内容から、シェール・アリーが後継者争い時の英領インド側の対応を批判するために自らインドを訪れたことが推察できる。さらに、イギリスがインド防衛の観点から、対露政策上アフガニスタンの協力を必要としていながら、これまでのアフガニスタンに対する支援が国境防衛のためには極めて不十分であるとして、莫大な資金と大量の武器などの提供をインド総督メイヨーに対して合わせて要求している。メイヨーの側では、資金や武器などの支援を行うことを提起すると同時に、三名の英領インド・ムスリム官吏をそれぞれカーブル・ヘラート・カンダハールに駐在させることを要求した。これに対して、シェール・アリーはイギリスによる資金・武器援助は受け入れたものの、三都市への駐在官の受け入れは拒否した[43]。ただ、メイヨーがこの条件を受け入れたため、結局それまでの友好関係を継続するという点で一致して、シェール・アリーはメイヨーから多額の資金と多くの武器を、合意した約定で提供されるものとは別に受け取った上でカーブルに帰還した[44]。

カーブルに帰還した直後から、前述のようにモハンマド・ヤァクーブとの対立が生じることとなったが、その後ヒジュラ暦１２９３年／１８７６年４月にインド総督リットン卿 Lord Lytton（在任１８７６―１８８０年）から以下のような書簡が届いている。

イギリスとアフガニスタン両国の友好条約に基づき、イギリス側がアフガニスタンを経由してインド侵攻をねらっていると思われるロシアの意図と計画について情報を継続的に得るため、イギリス政府代表をカーブルと同様に、トルキスタン、ヘラート、そしてカンダハールにも駐在させることが必要である。[45]

リットンはカーブル駐在イギリス政府代表であったアター・モハンマド Nawwāb ʻAṭā Muḥammad Khān に前述の書簡の返答をシェール・アリーから直接受けるように指示していたため、アター・モハンマドはその旨をシェール・アリーに直接伝達した上で以下のような返書を受け取った。

アンバーラにおけるメイヨー卿との交渉の際に、まさにこの問題が議論された。私はアフガンの諸部族に諮った上で、彼らから承諾を得ない限りイギリス側からの要求に応じることはできない旨を伝えた。なぜなら、もし私が諸部族の意向に反して国内においてイギリス人が行動することを認めたなら、（イギリス人に）被害が及ぶであろうし、さらに（両国の）友好関係が敵対的なものに変化してしまうことがありえるからである。[46]

このシェール・アリーからの返信を受けて、リットンはアター・モハンマドをインドに呼び戻し、直接前述の要求の妥当性とそれがもたらす成果について説明するように命じた上で、再度彼をカーブルに派遣し、再びシェール・アリーに同様の要求を提示した。しかし、シェール・アリーが自身の考えを固持してこの二度目の要求についても拒否したため、リットンは極秘の連絡を送ってアター・モハンマドをインドへ召喚することを決定した。アター・モハンマドは表向きインドに一時的に帰国するとしてシェール・アリーに帰国の許可を求め、許可が下りると直ちに何も残さずにカーブルを去ったため、シェール・アリーは事態を以下のように深刻に受け止めた。

イギリス官吏が憤慨しているのは、サルダール・アブドゥル・ラフマーン・ハーン Sardār ʻAbd al-Raḥmān Khān が（ロシア領である）サマルカンドに住居を定めているため、ロシア人がアフガニスタンと同盟し協調しているという話が流布されていることによる。従って、イギリスは友好関係破棄の手段として（イギリス政府）代表をインドに召喚しているのだ。[47]

このように、両国間関係はロシアの勢力拡大と、主要都市への英領インド政府代表の駐在を求めるイギリス側要求をシェール・アリーが拒絶したことにより急速に悪化し、イギリスによる軍事侵攻寸前という状況にまで冷え込んだ。シェール・アリーは状況打開のため、ペシャーワルにイギリスとの友好条約の再確認と関係改善のための使節を派遣して折衝に当たらせたが、イギリス側は前述の友好条約の効力が停止した旨を伝達したため、全く交渉の余地がない状況に陥ってしまった。[48] このようなイギリス側の姿勢が明らかになると、シェール・アリーは英領インドとの国境地帯のパシュトゥーン諸部族をカーブルに招いて、「部族的・イスラーム的連帯」に基づいてアフガニスタンが戦渦に巻き込まれた際には自らを支援するように要請するとともに、「サルダール Sardār」や「ナッワーブ Nawwāb」といった称号を授与し、様々な贈り物を授けて彼らを厚遇した。このシェール・アリーの行動を受けて、パシュトゥーン諸部族は戦闘が生じた際にはアフガニスタンを支援することを約束した[49]。このように、1877年初頭までにイギリスとの戦争はもはや不可避という状況にまでアフガニスタン、英領インド両国の関係は悪化していた。

このような、イギリスによるロシアのアフガニスタン進出に対する過度の懸念に関しては、実は全く根拠のないことではない。既述のように、ドースト・モハンマド死後に勃発した後継者争いにおけるイギリス側の対応によって、アミール即位当初からイギリスに対して強い不信感を抱いていたシェール・アリーはロシア帝国とも直接接触していたからである。そこで以下ではシェール・アリーとロシアとの往復書簡の内容を通じて、当時のアフガニスタン、ロシア間関係について分析する。シェール・アリーと連絡を取り合ったロシア帝国側の責任者は、ロシア帝国領トルキスタン総督カウフマン Konstantin Petrovich von Kaufmann（1818—1882年）であった。カウフマンはシェール・アリーがアミールとしての実権を手中にした直後である、1870年の段階から断続的に書簡を送って連絡をとっている。最初の書簡においては、ロシア帝国領となったサマルカンドに亡命していたアブドゥル・ラフマーンの処遇と、シェール・アリーをアフガニスタンの統治者であると認める旨を伝達した上で、アフガニスタンとの友好関係の構築を望むという内容を書き送っている[50]。その後何度かのやりとりの後、シェール・

アリーは以下のような内容の返信を行っている。

ロシア皇帝の将兵が決してアフガニスタンの領土を侵害せず、あらゆる武器や支援をアフガニスタンの敵に対して供与しないという貴殿の約束を、私は非常に喜ばしく思う。（……省略……）我々が以上のような方策で安定を維持するべきであるというのが我が意図・目的である。[51]

英領インド側も当面の間はアフガニスタン・ロシア間での安定した関係を望んでいたものの、両者による相互連絡の中では、さらに踏み込んでそれぞれの事情について情報交換などを行うこともあった。例えば、前述のように息子・モハンマド・ヤァクーブと対立した際に、彼がカーブルに自ら出向いて改めて臣従を誓約し、ヘラート太守に任じられた経緯についても伝達していたと思われ、カウフマンが「モハンマド・ヤァクーブとの和解についてお喜び申し上げる」[52]と伝達する記述が確認できる。この時期、ロシアは中央アジアで勢力を拡大し、1868年にはブハラ・アミール国から広大な領地の割譲を受けた上で支配権を確立し、1873年に同国を保護国とした。これを受けて、南隣のアフガニスタンからの介入を避けるための書簡や、状況を説明するために以下のような内容の書簡を送っている。

書簡の内容から、貴殿がロシアの保護下にある他の国々と同様に、ロシアとの友好関係を維持することを望んでいることを知り嬉しく思っている。もし貴国の将兵が、隣国ブハラに干渉することがなく貴殿の命令を遵守するならば、隣国の人々の大いなる利益へ向けて我々の友好関係は

――日々いや増すことだろう。[53]

私は軍隊を伴ってタシュケントからヒヴァに向かった。アミール閣下はお聞き及びであろうが、ヒヴァのハーンは道理に合わない不法行為を始めたので、ロシア帝国皇帝陛下は私をヒヴァに派遣して、武力を用いて法に従わせようとなされた。この任務は完全な成功であった。その後、ヒヴァのハーンとその臣下は皇帝陛下の御好意に対し膝を屈し、目下国の平穏は確立された。陛下はその広大な領土に（さらなる）領土を加えることをお望みではないため、ヒヴァ（・ハーン）国は以前のまま独立領土として残ることが許された。[54]

同様に1875年8月から始まったコーカンド・ハーン国における争乱[55]の経過についても詳細に伝えると同時に「真の友好関係の故に私はコーカンド遠征の状況について貴殿に伝達するものである。ロシアとアフガニスタン間にある友好関係の絆が日増しに高まり、そして常に安定するよう望む[56]」と記している。これを受けてシェール・アリーもロシアによるコーカンド・ハーン国の争乱鎮圧について支持した上で、「ロシアとアフガニスタン間の友好関係の進展のために、神がお望みになるならば、決して障害とならないように望む[57]」と、介入しない旨の伝達を行っている。また、翌年にコーカンド・ハーン国がロシアによって滅ぼされたため、ロシアが周辺国にとっての脅威になっている旨をシェール・アリーが伝えると[58]、ロシア側が懸念を払拭するべく返信を行っている。[59]このように、ロシア帝国の中央アジアにおける勢力圏拡大の様子を伝えると同時に、アフガニスタンの介入を牽制している。

加えて、ロシアはアフガニスタンとの関係と相互連絡の緊密化のため、1875年9月、ロシア帝国領トルキスタン総督府の置かれたタシュケントからカーブルへの書簡送付以降、書簡を携えたロシア側特使がシェール・アリーとの謁見前に宰相Ṣadr-i A'ẓamと面会し、宰相を通して謁見するという手順を踏むことが慣例となった。[60] 従って、一連の謁見手続きを経る過程で、必然的に宰相やアミール本人とロシア側特使との密接なやりとりを行う機会が増すこととなった。

このようなロシアとの関係緊密化をシェール・アリーが選択することができた理由は、同時期に英露関係が改善したためである。カウフマンも「ロシア・アフガニスタン間に存在する友好関係の絆は今後さらに確固たるものとなるだろう。それは、ロシア皇帝とイギリス女王の間での近年の同盟に起因している」[61]とシェール・アリーへの書簡中で述べている。しかし、このような英露両国の比較的友好な関係は程なく急速に悪化する。それは、この前年4月に勃発した露土戦争の結果1878年3月3日に締結されたサン・ステファノ条約をめぐるヨーロッパにおける対立であった。サン・ステファノ条約ではロシアの勢力圏が一気に拡大するため、イギリスはこれに強く反対し、最終的にはベルリン会議の開催とベルリン条約締結によって同条約は大幅に修正され、ロシアは多大な権益を喪失し、大きな不満を抱くこととなった。このようなヨーロッパにおける英露対立再燃を受けて、まさにベルリン会議開催日当日、1878年6月13日にカウフマンの代理としてストリーテフ少将Major General Stolietteffがシェール・アリーへの密書を携えて派遣され、同年7月22日にカーブルに到着した。[62] 以下がその書簡の内容である。

――今日、アミール閣下の国をめぐるイギリス政府と我々の関係は大いに熟慮が必要となっていることをお伝えする。私は自身の意見を口頭で直接伝えることができないため、私の代理としてストリーテフ少将を派遣した。彼は私の親しい友人で、先の露土戦争では大変良い働きをしたため、皇帝陛下が目をかけている人物である。（……省略……）貴殿が彼の申し伝えることに十分に注意を払うとともに彼を私自身と同様と捉えた上で、熟慮の後に返答をされることを希望する。また、ロシア政府と貴国との団結と友好関係は、両国にとり有益であることを伝達する。ロシア政府との緊密な同盟の利益は永遠に明白なものになるだろう。[63]

以上から、ロシアがアフガニスタンとのより緊密な同盟関係構築を望んでストリーテフをカーブルに派遣したことは明白である。このロシア使節団のカーブル訪問を受けて、英領インドも翌月8月14日にインド総督自らがイギリス使節団のカーブル訪問を認めるように迫る書簡を送ることになる。同月23日にシェール・アリーはカウフマン宛に書簡に対する返書を送り、同時にタシュケントに自らの近侍者を派遣していることから、[64]イギリスとの関係悪化状況も考慮するとロシアとの間で何らかの同盟が結ばれた可能性は極めて高いと考えられる。実際にイギリス側史料中には、後にロシア政府とシェール・アリーとの間で交わされた「同盟関係」締結における合意について、関係者の記憶を頼りに書き留めさせた内容が記録されている。その内容は以下の通りである。

A　ロシア政府は全アフガニスタンのアミールたるアミール・シェール・アリー・ハーンの政府とロシア政府との友好関係が恒久的であることを約す。

B　ロシア政府はすでに故人となったアミールの息子、サルダール・アブドッラー・ジャーンのように、アミールが（後の）アフガニスタンの統治者となる皇太子として指名したあらゆる人物とロシア政府との友好関係が確固とした恒久的なものであることを約す。

C　もし外敵がアフガニスタンを攻撃し、さらにアミールがこれを駆逐できない場合にはロシア政府の支援を求めること。ロシア政府は敵対者を、忠告やその他適切と考えられる方法で撃退するであろう。

D　アフガニスタンのアミールは、ロシア政府に諮ることなく、またその許可なく外国の軍隊と戦闘を行わない。

E　アフガニスタンのアミールは自国において生じた事態を友好的作法により、常にロシア政府に報告することを約す。

F　アフガニスタンのアミールは、あらゆる要請や重要事について、アミールの要請に応えるべくロシア政府により権限を付与されている、トルキスタン総督カウフマン将軍と連絡をとること。

G　ロシア政府はロシア領内で貿易を行うため一時的に逗留するアフガン商人を保護し、彼らが自らの利益を（国外に）持ち出すことを許可することを誓約する。

H　アフガニスタンのアミールは芸術や貿易を学ぶ目的で臣下をロシアに派遣する権限を有し、ロシア将校は彼らを然るべき地位のある者としての配慮と敬意をもって遇する。[65]

一方、アフガニスタン側史料にもロシアとの同盟について以下のような記述が確認できる。

アミール・シェール・アリー・ハーンのイギリスに対する友好的かつ親和的感情はこの年（ヒジュラ暦1295年／1878年）に敵対的なものへと変化した。なぜなら、既述のように、イギリスにより負担となる義務を強制され、アミールがこの受諾を拒否したためである。[66] 彼はロシアとの友好条約を提案したが、その親和的約定は以下の通りである。

（シェール・アリーは）ロシア人にアフガニスタンを経由したインドへの通行を認め、その通信網を守る。インドへ向かう三本の鉄道線建設に異議を唱えず、ロシアと協力してイギリスとの戦いに赴くであろう。ロシア政府はその対価として、敵対関係の瞬間から何らかの停戦までアフガン軍と武器の費用を支払う。ロシアはアフガンの軍隊に食糧や飼料も自らの国から供与し、アフガン側には何も要求しない。もし、ロシアが窮地に陥った際に、補給物資を売るのか売らないのか、また価格を上げるのか上げないのかという点についてはアフガンの人々の問題であり、ロシアは武力で補給物資を奪取することはない。ロシアがインドを征服後は、アミール・シェール・アリー・ハーンに、カシミール、パンジャーブ、スィンド、そしてバローチスターンを含むアフマド・シャーとテイムール・シャー・サドザイ[67]の時代にアフガニスタンに併合された土地を引き渡す。その後、ロシアはそれらの土地とアフガニスタン自体、そしてアム川以南のトルキスタンの状況に干渉しない。[68]

このように、イギリス側史料とアフガニスタン側史料との間では内容的な差異が生じている箇所が確認できるものの、アフガニスタンとロシアが英領インドに対抗する形で同盟関係を締結したという点では一致している。同盟の提案者がどちら側であるのかについても差異が存在するが、ロシア側がアフガニスタンにとって有利な条件を提示したことが窺える。また、アフガニスタン側史料中の記述からは、具体的にロシアがインドへの軍事侵攻を実施した際には、アフガニスタン側がこれに協力してインドの領土の一部を割譲される旨を約束されていたことまでが具体的に記されている。

このような状況を知ったイギリスは、シェール・アリーに対して最後通牒を突きつけて宣戦布告を行い、直ちにイギリス側の要求に応じなければ、「カンダハール、クッラム、そしてハイバル峠を通ってアフガニスタンに侵攻し、アフガニスタンを征服することによってロシアの通過を防ぐ[69]」と告げるに至った。この後のヒジュラ暦1295年シャーバーン月17日／1878年8月16日夜半に皇太子アブドッラー・ジャーンが16歳で亡くなるという不幸に見舞われつつ、イギリスの最後通牒に対する返信をペシャーワルに送るが、書簡を携えた使者が当地へと到着する前に回答期限が過ぎてしまった。その結果、アフガニスタンへのイギリス軍侵攻が開始され、瞬く間にアフガニスタンは各地で敗北を喫することになった[70]。

4 第二次アフガン戦争後のアフガニスタン統治体制

4－1　ガンダマク条約の締結

第二次アフガン戦争が始まると英領インド軍はアフガニスタンにおいて連勝を重ねて、シェール・アリーは窮地に立たされることとなった。シェール・アリーは前述の盟約に基づいて援軍などの支援をロシアに対して要請するとともに、ロシア皇帝に直接書簡を送って救援を求めている。

（イギリスによるアフガニスタン侵攻の詳細について述べた後）要するに、イギリスは戦争を決意したため、我が神に認められた政府（アフガニスタン）の臣下たちはその国境と、生命、財産をできる限り防衛するだろう。（……省略……）私はアフガニスタンの平穏維持のために、皇帝陛下の偉大さに相応しい友好的支援を我々に送っていただけることを希望する。[71]

英領インド軍による侵攻を受けたシェール・アリーはロシア皇帝に救援を求めると同時に、タシュケントのカウフマンと、カーブルを訪問して直接ロシアとの同盟について議論を行ったストリーテフに対しても同様に緊迫した状況を伝えて直ちに支援を送るように要請している。[72] それを受けて、カウフマンはイギリス側のアフガニスタンへの対応について情報収集を開始し、「イギリスの大臣たちはロンドン駐在のロシア大使に対して、アフガニスタンの独立を侵害しない旨の誓約を行った[73]」とする旨をシェール・アリーに伝達したが、現実にイギリス軍の侵攻が継続中であるシェール・アリーは具体的な支援をさらに要請している。[74] このことに関連して、カウフマンはカーブルに駐在させていたロスゴノフ大佐 Colonel Rosgonoff に対して以下のような指示を書き送っている。

アミールは冬期に私が軍を率いて彼を救援することが不可能であることをよく理解している。それ故、この不適切な季節に戦争を開始しないことが必要である。もしイギリスがアミールの戦争を避けようとの言質にもかかわらず戦争を開始したなら、その時にはアミールに暇乞いをしてタシュケントに出立するように。[75]

このことから、カウフマンがシェール・アリーの下に派遣したロシア人を引き上げさせようとしていたことが読み取れる。その後も英領インドからの侵攻が続いたため、シェール・アリーは家臣の進言を受ける形で長年幽閉していた長男モハンマド・ヤァクーブを釈放した上で、ヒジュラ暦１２９６年ムハッラム月／１８７８年12月後継者に任じ、自らはわずかな軍団を率いてロシアに近接する北部バルフに退去し、ロシアからの支援を直ちに受けられる態勢を整えつつイギリスに対抗しようと試みた。[76] しかし当時のロシアは、イギリスがアフガニスタンの独立状態を確約しているとして、以下のようにシェール・アリーに対して軍事支援を行わないとする書簡を送っている。

目下、私は貴殿がご子息のモハンマド・ヤァクーブを後継に任命した後、軍団を率いてカーブルから出陣されたことを耳にした。私は貴殿への軍事支援を禁じる皇帝陛下からの命令を受け取った。私は貴殿に幸運があらんことを希望する。全ては神のご意志によるものである。私が貴殿と結んだ友好関係は恒久的なものであると信じるように。そして、ロスゴノフとその随員を送還していただく必要がある。[77]

さらにその直後に続けて送付した書簡の内容は以下の通りである。

現状では、イギリス政府を受け入れるように。もし貴殿がそのためにカーブルへ向かうことを望まないなら、ご子息モハンマド・ヤァクーブ・ハーンにイギリスと和解するように指示を書き送ることが望ましい。今、アフガニスタンの土地を去るべきではない。なぜなら、そのことが貴殿にとって有益であるからである。私の言葉は真実である。なぜなら、貴殿がロシアの領域に至ることは状況をより悪化させるからである。[78]

以上の書簡の内容から、ロシアは最終的にアフガニスタンと締結したと考えられる同盟に基づいたシェール・アリーへの援軍の派遣は行わないこと、および彼のロシアへの亡命受け入れを拒否する旨を伝達していることが読み取れる。こうしてシェール・アリーは、ロシアとの関係緊密化により、治世当初から対立していたイギリスと戦争状態にまで陥り、さらに期待していたロシアからも見放されるという結果に終わったのである。

その後間もないヒジュラ暦1296年サファル月29日／1879年2月22日にシェール・アリーは失意のまま亡くなった。[79] この知らせがカーブルにもたらされると、ヒジュラ暦1296年ラビー・アッサーニー月／1879年3―4月にモハンマド・ヤァクーブがアミール位を継承することとなった。彼も父と同様にロシアとの友好関係に基づく支援要請という道を選択して、タシュケントのトルキスタン総督府に書簡を送り、父の死去を伝達するとともに、ロシアとの間で締結された合意の再確認を行っている。[80]

それに加えて、サマルカンドに亡命していたアブドゥル・ラフマーンをアフガン・トルキスタンからさらに遠方へと移動させるようにロシアに対して要請しており、この期にアブドゥル・ラフマーンがアフガン・トルキスタンに侵攻することを恐れていたことが読み取れる。[81]

英領インド側はシェール・アリー死去と新アミールの即位によってアフガニスタンとの和平交渉に入ることに同意し、カーブルに使節を派遣した。さらにイギリス側は、アミール自らがアフガニスタン東部ジャラーラーバード近郊に位置するガンダマクに赴いた上で友好条約締結交渉を直接行うことを要求した。モハンマド・ヤァクーブはこれを了承し、ガンダマクにおいてガンダマク条約[82]が締結された。同条約について『諸史の灯』では、「イギリス側も以前の条約条項に、その受諾が不可能であったがためにアミール・シェール・アリー・ハーンが友好関係を翻してロシアの支援を求めてトルキスタンに向かうことになる原因となったところの、多くの規定を付け加えた[83]」と記しているように、イギリス側の要求を全面的に受け入れた事実上の降伏条約であり、これ以降アフガニスタンは外交権を奪われ、イギリスの保護国となった。

4-2 アフガニスタン分割統治政策とアブドゥル・ラフマーンの即位

ガンダマク条約締結以前は英領インドから派遣されたインド・ムスリムが政府代表としてカーブルにのみ駐在することが許可されていたが、条約の締結によって非ムスリムのイギリス政府代表が随員とともにカーブルに駐在することが許可されたため、カヴァニャリ卿 Sir Louis Cavagnari（１８４１–１８７９年）がイギリス政府代表として駐在することとなり、１８７９年7月24日カーブルに入った。[84] アミール・

モハンマド・ヤァクーブは一行を厚遇して、王城であるバーラー・ヒッサール Bālā Ḥiṣṣār 内に位置する故アミール、モハンマド・アーザム・ハーンの邸宅をその居住地として割り当てた。しかし、それから約一月《ひとつき》が経過したヒジュラ暦1296年ラマダーン月16日／1879年9月3日、この居住地が人々の襲撃を受けてカヴァニャリが惨殺される事件が発生したが、その原因は以下の通りであった。この日、モハンマド・ヤァクーブは軍隊の俸給二ヶ月分の支払いを一人の将校に命じたが、この命を受けた人物が亡くなった皇太子アブドッラー・ジャーンの母親から、アミールに敵対するように煽動された上に買収され、将兵たちに二ヶ月分の俸給を支給しなかった。さらに、なぜかカヴァニャリに要求すれば本来支払われるべき俸給二ヶ月分よりも多額の支払いを受けることができる旨を将兵たちに伝えてしまった。そのため、二ヶ月分の俸給を支払う旨を急遽将兵に伝えても、さらに多くの俸給を要求して殺到する将兵たちの抑制が不可能となってしまった。自らの住居に詰めかけた将兵たちを襲撃者であると考えたカヴァニャリたちによって兵士たち数名が銃撃され亡くなると、彼らは武器庫を襲って武具を奪い、カヴァニャリの住居襲撃を本格的に開始してしまった。アミールはこのことを知ると直ちに対処するべく俸給支払いを命じたが、自らが原因でこのような事態に陥ったことを知った担当将校は命令に応じて行動することができず、襲撃者はカヴァニャリを殺害した後に住宅に火を放つなどして遺体ごと全てを焼き払ってしまった[85]。つまり、カヴァニャリ殺害はアフガニスタン宮廷内部の対立関係をきっかけにして発生した事件であったと言える。

　モハンマド・ヤァクーブは事態を収拾することができなかった自らの失態をイギリスに詫びて許しを求めたため、カヴァニャリ殺害の報を受けてカーブルに進軍中であったイギリス軍はこれを受け入れて、カーブルへの攻撃を中止した。結局、モハンマド・ヤァクーブは自らイギリス軍の下に出頭して捕らわれの身となってしまい、アミール位を剝奪された上で最終的に英領インドへと送られた[86]。

この後、アフガニスタンではアミール不在により、全土で混乱状態が生じることとなった。アミールであったモハンマド・ヤァクーブを捕らえたイギリスに対するカーブル周辺の人々の感情は悪化し、各所でイギリスとの戦闘が行われることになった。アフガニスタン各地の状況も同様で、イギリスは事態沈静化のために戦闘を継続することになったが、この混乱の最中にサマルカンドに亡命していたアブドゥル・ラフマーンもアフガニスタンに帰還することとなる。これは、前述のように、ロシアに対して彼のアフガニスタン帰還を望まない旨を要請していたモハンマド・ヤァクーブがイギリスに捕らわれてしまったため、ロシア側より帰国の許可を得ることができたのである[87]。

このようなアフガニスタン全土での騒乱状態発生により、イギリスは新たなアフガニスタン統治政策を模索する必要に迫られた。そのような中で、時のインド総督リットンによって構想された方策が、アフガニスタン分割統治政策であった[88]。この政策についてはイギリス側史料中に以下のような記述が確認できる。

ガンダマク条約は、専らイギリスに依存する外交政策、外部の侵略に対する支援についてイギリス政府を頼りにする国家的統合体、そしてごく当たり前の利益集団によってインドと結びついた商業システムを有する強力な独立王国を我々の国境に維持する政策を実行するための最後の試みであった[89]。

さらに続けて、アフガニスタンが歴史的に一つの統合体として機能していた期間が極めて短期間であったという点について述べた上で、以後のイギリスがとるべき統治政策については以下のように述べている。

従って、我々は崩壊したバーラクザイ王朝復興の問題を現在企図することはできず、アフガニスタンの政治的再編成のため、国を構成している州を基盤として分割することを受け入れるべきであると考えている。（……省略……）領土併合と我々の行政的負担のさらなる拡大は避けるべき、ということが我々の希望するところである。[90]
我々が考えるところでは、カーブルからカンダハールを分離することが好都合であるということとは疑う余地はない。（……省略……）従って、我々は、古くから続く有力一族の代表たちから世襲的統治者が選ばれる形で独立した別の国家 state としてのカンダハール州を創設することを提案する。（……省略……）カンダハール近郊にイギリス守備隊を配置する必要はあると考えるが、州の内政には干渉しない計画である。[91]

このように、イギリスはアフガニスタンを統一体として維持しつつ統治することは困難であるとして、既存の行政区分に基づいた形で分割し、自らの負担増加を回避するために直接統治を避けつつ、新しく再構成した「独立国家」に影響力を行使することを計画したことが読み取れる。そして、上記のようにカンダハールに関しては実際にアフガニスタンとは別個の政体設立を実行した。この独立政体設立過程については以下のように記述されている。

ワリー・シェール・アリー・ハーン Wali Shere Ali Khan の下でのカンダハール独立公国 the Separate Principality of Kandahar 設立に関して、（……省略……）インド総督はインド担当国務大臣 Secretary of State for India に対して、もしサルダール（・ワリー・シェール・アリー・ハーン）が良い働きをするのであれば、彼に内々に明確な保障を与える必要があること、および我々（イギリス）の支持によってカンダハールを彼の世襲的政体の下に置くという計画を検討中である旨を伝達した。１８８０年1月8日にクランブルック卿 Lord Cranbrook（インド担当国務大臣）は提案された通り、（ワリー・）シェール・アリーを保護するために我々の計画を彼に伝達することを承認した。[92]

このように、インド総督の提案とイギリス本国のインド担当国務大臣の承認によってカンダハールに独立公国を設立することが決定され、実際に１８８０年2月16日にはワリー・シェール・アリーの下でカンダハール公国が成立している。[93] 西部ヘラート周辺地域についても、イランに亡命していたモハンマド・アイユーブが帰還して勢力基盤を築き、事実上独立した勢力を保有することに成功していた。[94] このように各地が混乱する中、ロシアから帰還したアブドゥル・ラフマーンがアフガニスタン北部で勢力を築くことになる。

同年4月にインド高等文官でアフガニスタン情勢を担当し、アブドゥル・ラフマーンと折衝を行うことになるグリフィン Lepel Griffin（１８３８―１９０８年）による機密扱いの報告書の内容から、当時のアフガニスタン情勢とイギリスの基本的統治方針について確認してみる。


（英領）インド政府によって現在認可されている明確な政策に関して、状況が議論されることは有益であろう。それは便宜的に要約すると以下の通りである。

第一に（英領インド）政府は、国境地帯の防衛と安全のための必要性ということを越えて、恒久的にアフガニスタンを併合する、あるいはその統制下で他の領土を維持し続ける意思を有していない。

第二にアミール・ヤァクーブ・ハーンはガンダマク条約において彼に課せられた義務を怠ったことが証明されたため、どのような状況においてもアフガニスタンへの帰還は許可しない。

第三に、アフガニスタン解体の政策はその通り受け入れられ、カンダハール、そしておそらくヘラートは恒久的に北部アフガニスタンから分離されるであろう。

第四に、イギリス政府に対して敵対的ではなく友好的感情を示した場合、イギリス政府がカーブルと（〈アム河以南の〉アフガン・）トルキスタンのアミールの地位承認を決した指導者はサルダール・アブドゥル・ラフマーン・ハーンである。

第五に、イギリス軍の北部アフガニスタンからの撤兵はできる限り早い日程で実行される。なぜなら、近々に再占領の必要性が生じないように、国家行政の整備を行うことが望ましいことは当然だからである。[95]

以上のように、アフガニスタンの解体と再構成について言及しているものの、2月段階では州単位による再構成を検討する旨のみが報告されていた。しかし、4月に入るとアフガニスタンをカンダハール、ヘラート、そして北部アフガニスタンの三つの形で再編するという具体的な政策指針提示がなされたことが読み取れる。さらに、「北部アフガニスタンのアミール」としてアブドゥル・ラフマーンが相応しいこと、および、アフガニスタン統治におけるイギリスの負担軽減のため直接占領を避け、北部には軍を配置せずに撤退する方針であったこともわかる。イギリスに敵対的でない場合という留保がついているが、この点についてグリフィンは、アブドゥル・ラフマーンが長期に亘ってロシアの庇護下でサマルカンドに滞在していたため、ロシア寄りの姿勢をとるとの懸念は、状況の変化によって不安視する必要がない旨を報告している[96]。その一方で、「北部アフガニスタン」のアミール位に適当と考えられる人材をアブドゥル・ラフマーンの他にも数人挙げている。さらに、ヘラート太守モハンマド・アイユーブについては、実兄モハンマド・ヤァクーブをアミール位から退けてインドに追放したイギリスに対する感情が敵対的である点、および彼が20歳と若年でありヘラート地方を維持することすらも困難であるとの見通しに基づいて、その統治能力を軽視していた点の二点も明らかにされている[97]。

グリフィン報告に確認できるように、イギリスはサマルカンドから帰還したアブドゥル・ラフマーンを「北部アフガニスタン」のアミールとして推戴する政策方針を決定していた。この方針に基づき、グリフィンはアブドゥル・ラフマーンがイギリスからの条件を呑む形でアミール位を継承するように説得交渉を行うこととなる。両者間の交渉経緯については、イギリス側、アフガニスタン側双方の一次資料に記述されているため、相互の比較検討を行う。まず、1880年4月1日にグリフィンがアブドゥル・

ラフマーンのアフガニスタン帰還の目的を尋ねており、同月15日には返信が行われている。これに対する再返信として同月30日付でグリフィンからアブドゥル・ラフマーン宛に送付された書簡内容は以下の通りであった。

イギリス政府はアフガニスタン併合を望んでおらず、当方政府と平和的かつ友好的に共存する意思のあるアミールを置いて、できるだけ早期にカーブルから撤兵するつもりである。これはまさに貴殿のことであり、インド副王兼総督も貴殿がバーラクザイ一族の最も有能な人物であり、アフガニスタンの人々に最も認められている（人物）と考えている。故に、アミール位を貴殿に授けるとともに、その（権力）基盤を定着させるのを支援し、緊急に必要な物資を供給するだろう。[98]

以上のように述べると同時に、直ちにカーブルに帰還するよう催促している。これに対してアブドゥル・ラフマーンは、周囲の者たちを納得させる必要があったため、グリフィンに対してイギリスのアフガニスタン統治政策に関し、ヒジュラ暦１２９７年ジュマーダー・アルサーニー月23日／１８８０年６月２日付書簡の中で以下六項目の質問を提示している。

第一にアフガニスタンの国境はどこになるのか？　第二に、カンダハールはアフガニスタンの一部なのか、それとも分離されたのか？　第三に、イギリス人がアフガニスタンに居住するのか？　第四に、イギリス政府は私がイギリスの敵に対して武器をとることを望むのか？　第五に、私と

――アフガニスタンの人々に対してイギリスはどのような利益を約束するのか？　第六に、その利益の見返りに、どのような奉仕をイギリス政府は望むのか？[99]

これに対してグリフィンは1880年6月14日付の返書中で以下のように返答している。

――まず、カーブルの統治者（アミール）の外国勢力に対する地位についてである。イギリス政府はアフガニスタンにおける外国勢力による干渉の権利を一切認めていない。また、ロシアとペルシアは両国ともにアフガニスタン情勢に対するあらゆる干渉を控えることを誓約しているため、カーブルの統治者がイギリスを除いた外国勢力と政治的関係を結ぶことが不可能であることは明白である。（……省略……）第二に、領土の境界についてである。カンダハール州全土は、イギリスの領有するところとなっているピシンとスィビを除いて、独立した統治者の管轄下に置かれていると伝達するように指示されている。従って、英領インド政府はこれらの点について、前アミール、モハンマド・ヤァクーブ・ハーンとの間で交わされた北西辺境地域[100]に関する取り決めと同様に、貴殿との間で交渉を行うことは一切できない。（……省略……）イギリス政府は貴殿の領域の内政に一切干渉することを望まないが、貴殿もイギリス人の（アフガニスタン国内での）駐在を承認することは不可能であろう。しかし、隣国同士の友好的相互関係の便宜上、合意によって、カーブルにはイギリス政府のムスリム代理人 Muhammadan Agent を駐在させるのが適切であると思われる。[101]

上記の返信内容から、グリフィンがアブドゥル・ラフマーンの尋ねた六つの質問全てに回答していないことは明白である。従って、グリフィンはアブドゥル・ラフマーンに対して、イギリス政府の招請に応じてカーブルに来訪した際に直接折衝を行うことを提示している。アブドゥル・ラフマーンは上記返信が記された後の同月22日付で、部族指導者たちに対しイギリスからアフガニスタン政策についての回答を得た旨と、その内容を受けて彼がイギリスと友好関係を築くことが望ましいとの結論に至った点について伝達する書簡を送付しているが、カンダハールのアフガニスタンからの分離や、ムスリムではあるもののイギリス政府代表が国内に駐在することなど、部族指導者たちの反発を受けることは必至と考えられる部分については秘匿した内容であった[102]。

1880年5月18日にはイギリス使節団が直接アブドゥル・ラフマーンと面会しているが、その際の記録から、カンダハールの帰属問題について議論が行われていることが読み取れる。イギリス使節団は「再度カーブルに再統合されるという望みは全くないが、もし貴殿と同盟関係を締結した場合、イギリス政府は資金・武器援助を行う」と述べて、カンダハール帰属問題については全く交渉の余地がないことを伝達している。むろん、この点についてはアブドゥル・ラフマーンも「私と我が臣民たちが、どうして我々の国が不法占拠されていることに同意できるだろう」と使節団に対して激しい批判をぶつけている。そして、各地の部族指導者たちの同意を得なければアミール位に就くことはできないとして、部族を重視する考えを表明している[103]。

最終的に、カンダハール帰属問題は解決しないまま、シェール・アリー治世にカーブル北東に新設されたシェールプール地区[104]において、イギリス将校たちの臨席と英語による祝辞を受けて、アブドゥル・

ラフマーンはアミール位に就き、ヒジュラ暦1297年ラマダーン月5日／1880年8月11日にはカーブルへと入城した[105]。ところがそれから間もなく、ヘラートを基盤としていたモハンマド・アイユーブがイギリスに対する「ジハード Jihād」を宣言するとともに東進を開始し、ヒジュラ暦1297年シャアバーン月17日／1880年7月25日にカンダハール北西のマイワンドにおいてイギリス軍を撃破するという事態が生じた。さらに、シャアバーン月27日／8月4日にはカンダハールがモハンマド・アイユーブによって包囲されることとなった。しかし、事態がカーブル駐留のイギリス軍に伝わると直ちにロバーツ将軍 Fredrick S. Roberts（1832—1914年）によって率いられた軍団とモハンマド・アイユーブの部隊がラマダーン月24日／8月30日にカンダハール近郊で衝突し、モハンマド・アイユーブは自らの本拠地であるヘラートへと敗走した。これらのカンダハールをめぐって展開された戦闘の結果、イギリスはカンダハールの統治権をサルダール・シェール・アリーに委ねる形による独立公国として維持することは困難であると判断した。様々な政策的選択肢を熟慮した後[106]、カンダハール地域をアブドゥル・ラフマーンの統治下に組み込むことを承認した上で、支配地域から撤退した[107]。このようにして、アフガニスタン、イギリス間関係にとっての最大の障害となっていたカンダハール帰属問題は、アフガニスタン国内の政治的状況の変化によって決着することとなった。

5 アミール・アブドゥル・ラフマーン即位直後の英領インド関係

アミール位に就いてから程なく、モハンマド・アイユーブの敗北とイギリスによるカンダハールの支配権の譲渡という状況が生じたことで、アブドゥル・ラフマーンは分裂した国内各地を自らの支配下に統合する政策を推進した。そのために、まずは軍隊の組織改革に着手した。

日に日にアブドゥル・ラフマーンは、勇敢の徴が顔つきに明らかに認められる若者を軍に入隊させた。国庫の枯渇にもかかわらず、亡くなったアミール・シェール・アリー・ハーンによって固定された月額俸給7ルピーから1ルピー上げて、歩兵は月々8ルピー、騎兵は20ルピー（を月給）とした。[108]

シェール・アリー期に本格的導入が開始された常備軍を中心とした軍隊再編と拡充は国内の平定のために不可欠であった。このようにして整備した軍事力を用いて、アブドゥル・ラフマーンは地方各地の敵対勢力の平定とアフガニスタンの統一をその治世に実行していく。[109] 当時最大の敵対勢力はヘラートに拠るモハンマド・アイユーブであった。前述のように、彼はイギリスを一度は破ってカンダハールを包囲することに成功したものの、その後に敗れてヘラートへと撤退していたが、ヒジュラ暦1298年シャアバーン月／1881年7月に再度カンダハール方面への侵攻を開始した。アブドゥル・ラフマーンはカンダハール守備部隊に撃退を命じたものの、敗北してカンダハールをモハンマド・アイユーブに占領されてしまった。この直後、カンダハールとその周辺で自らへの支持を拡大することによりアブドゥル・ラフマーンに対抗しようとしていたモハンマド・アイユーブについては以下のように記されている。

モハンマド・アイユーブ・ハーンは（カンダハール）市街と周辺地域のウラマーたちを参集させて、自らへの支持とアミールに対抗するファトワーを発することを要請した。すると、（参集した）ウラマーたちの中の一人で、アーホンドザーダ・アブドゥル・ラヒーム・カーカリー Ākhundzādah ʻAbd al-Raḥīm Kākarī という名の、亡くなったアミール・シェール・アリー・ハーンの皇太子アブドッラー・ジャーン王子の恩師の一人でもあるウラマーが、他の幾人かのウラマーたちとともに（……省略……）以下のようなファトワーを発した。「サルダール・モハンマド・アイユーブ・ハーンを支援することは宗教を支持することであり、アミール・アブドゥル・ラフマーン・ハーンとその軍と戦うことは、預言者たちの中の預言者たるお方（ムハンマド）のイスラーム法 Sharīʻat を守護する行いである。なぜなら、彼はイギリス人によってアミールに任命されたが、サルダール・モハンマド・アイユーブ・ハーンはジハードの聖なる衣を結び付け、マイワンドの戦いでイギリス軍を打ち破って敗走させたからである」。このファトワーによって、カンダハールとその周辺の全ての人々は決起して、サルダール・モハンマド・アイユーブ旗下に多くの者が集ったため、彼に多大な後援と力を与えることになった[110]。

この記述から、宗教的正当性を確保したモハンマド・アイユーブがカンダハールで急速に支持を拡大し、その勢力基盤を形成しつつあったと推測される。このような状況を受けて、アブドゥル・ラフマーンは自らカンダハールに出陣し、モハンマド・アイユーブを破ってイランへと敗走させるとともに、ヒジュラ暦1298年シャッワール月／1881年8－9月にカンダハールに入城した。さらにこの直後の同年ズー・アルカーダ月14日／1881年10月7日にヘラートをも陥落させて、一気にカンダハール・ヘラートという南部と西部の主要都市を自らの統治下に組み込むことに成功した[111]。

以上のように、アフガニスタン国内の政治的変動の結果、カーブル、カンダハール、ヘラートの主要三都市を確保し、アミールとしての権力基盤を確保したアブドゥル・ラフマーンであったが、この時期のもう一つの懸案はイギリスとの関係であった。以下では、アブドゥル・ラフマーンとイギリスとの間で交わされたペルシア語書簡の分析を通じて、当時の両国間関係の実態について検討する。アブドゥル・ラフマーンは、インド総督や対アフガニスタン関係の直接的担当者であったペシャーワルの弁務官Commissionerなどアフガニスタン政策に携わる関係者たちに対して書簡を送り、多岐に亘る分野について連絡を交わしている。従って、一連のペルシア語書簡は、19世紀後半のアフガニスタンの対英領インド関係についてのみならず、当時のアフガニスタンをめぐる問題や実情を把握する上で貴重な一次資料と言える。ただし、イギリス側のアフガニスタン関連史料の保存の在り方として、イギリス本国の趨勢にも関わる極めて重要な問題については、インド高等文官によって報告書などの形でカルカッタのインド総督（夏はスィムラ）にまで伝達されたが、総督が対処するほどの問題ではないが重要な案件についてはラーホールのパンジャーブ州総督に、さらに現場で対処することができる問題については当時パンジャーブ州に含まれていたペシャーワルの弁務官まで報告が上げられるという体制であった。また、基本的にアフガニスタンや国境地域において記された書簡や日誌、報告書などは、ペルシア語やウルドゥー語などの現地語のものも含めて一度ペシャーワルに届けられた上で分析され、その写しが作成された上で、原文がそのまま保管されることもあった。現地語で記された物の中でも英語の正式な翻訳文書が作成され、ペシャーワル管区のみならずインド総督や州総督などの上層部に報告されることもあったが、大半の文書は写しや現物がそのまま保管された。従って、ペシャーワル公文書館にはこの時代のペルシア語やウルドゥー語のアフガニスタン関連史料が比較的多く所蔵されている。[112]

まずは、アフガニスタン、英領インド政府間で常に懸案となってきた双方の駐在官に関して、当時の駐ペシャーワル弁務官であるウォーターフィールドWaterfield宛のアブドゥル・ラフマーンからの書簡の内容を確認する。この書簡はヒジュラ暦1298年サファル月27日／1881年1月29日金曜日付の書簡である。

(挨拶の後)吉兆たる副王・総督閣下よりの連絡の友好的書簡において、インド側への当方からの代理人vakīlの任命を願う旨が記されていたので、栄誉ある幸運な高貴な者(たる私、アブドゥル・ラフマーン)は、真に忠実で当方に対応して奉仕するところのアミール・アフマド将軍Jinīral Amīr Aḥmadをイギリス政府の偉大なる方々の願いに応じ、目的地へと派遣した。必ずペシャーワルに至り、喜びの徴たる親愛なる閣下との面会に至るであろう。そして、その者はインドの高貴な政府の求めに応じて、派遣されるあらゆる場所であらゆる栄誉ある方々への奉仕を行うであろう。威厳高きお方の親愛なる書状の返信は以下の通りである。1298年サファル月25日／1881年1月27日水曜日に神に授かりし我が政府の友好の徴(たる者)は派遣されて、親愛なる代理人はインドの地に至る前に吉兆(の徴)たる閣下にお目にかかるであろう。[113]

以上の書簡は、アブドゥル・ラフマーンがアミール位に就いて時間を置かずに記されているため、未だ国内情勢が不安定な中で、早くもアフガニスタン政府の代表たる代理人を派遣していることがわかる。ここから、英領インド領内に代理人が駐在することによって両国の連絡を密接にしようとするアフガニスタン側の意図が読み取れる。また、当該書簡がペシャーワルの弁務官宛であることから、アブドゥル・ラフマーン治世当初より、ペシャーワルがカーブル宮廷との通信・連絡の出先機関として機能していたことがわかる。

次の書簡はヒジュラ暦1298年ジュマーダー・アルウーラー月28日／1881年4月28日付の書簡で、先ほどの書簡と同様アブドゥル・ラフマーンからペシャーワルの弁務官宛となっている。

カーブルに強大なイギリス政府の軍が侵攻した際に（?〈地名であるが判読不能〉）の前線において、この土地の将兵たちが抵抗したが敗れた。僅かな敗れた者たち約80名が不運にもそちらの手の者に捕らわれてしまった。現在インド hindūstān において、（英領インド）政府に尋問のために捕らわれており、そのうち36名の捕らわれの身となった者たちに縁のあるものが当方の下にやってきて、彼らの懸案について書状を通じて要請してきた。従って、イギリスおよびアフガニスタンの高貴な両政府間には、最大限の友好と連帯が存在しているため、目下、既述の捕虜たちに関して、彼らの故郷・居住地への解放を（英領インド）政府が命ずることは、高貴な（英領インド）政府にとってふさわしい行いであろう。当方も以前（英領インド）政府に使える者たちによって戦闘中に捕らわれたアフガニスタンの捕虜全員を解放し、自身の故郷へと帰還させるように

要請している。もちろん、愛情と団結を高める必要性が生じるであろう。33名の名前の一覧を書簡中央に掲載した。[114]

この書簡においては、第二次アフガン戦争中にカーブル周辺での戦闘における捕虜の解放を要請している。これは、長期間サマルカンドに亡命していたアブドゥル・ラフマーンが人心を掌握するための方策と考えられる。なぜなら、前述のように、書簡が記されてから数ヶ月後にはヘラートに拠るモハンマド・アイユーブがカンダハールへの侵攻を開始したため、この脅威に備えて軍隊を増強することが急務であり、自らの勢力基盤構築のために必要な交渉であったと考えられる。また、イギリスとの捕虜解放交渉を率直に提案している点も興味深い。

カンダハールの状況について記した書簡も存在する。まず、ヒジュラ暦1298年ラジャブ月2日／1881年5月31日付の書簡[115]では、アブドゥル・ラフマーンがインド総督に宛てて、具体的な活動内容は不明であるものの、イギリス将校14名によるカンダハールでの支援に感謝すると同時に、さらに必要な物資を送り届けるように要請している。しかし、その直後のヒジュラ暦1298年ラジャブ月16日／1881年6月14日付でペシャーワルの弁務官補 Assistant Commissioner 宛に送った書簡[116]では、この時期に発生したモハンマド・アイユーブによるカンダハール進軍とアブドゥル・ラフマーン配下の守備部隊の敗走、及び当地の占領について言及している。アブドゥル・ラフマーンは自軍の敗退と、自らが出陣を決意した旨をイギリス側に伝達し、「[英領インド]政府が望むなら、行動をおこすように指令を与えて、私に対処を開始させるように」と記している。この記述から、アブドゥル・ラフマーンが軍事行動を開始するに当たってはイギリスの承認が不可欠であった点が暗示されており、撤兵後のイギリスがアフガニスタンの国内動静に深く関与し続けたことが読み取れる。

さらに、この時期のアフガニスタンへの物資調達の様子についても、ペシャーワルの弁務官宛にヒジュラ暦1298年シャアバーン月8日／1881年7月7日付で記された書簡中の記述において確認できる。[117]

今回、当方からヤール・コッリー・ハーン Yār Kullī Khān という、古参の者であり、賢く、万事に精通している人物が、日用品と軍服 Malbūs-i Niẓāmī などの購入のためペシャーワルに入ることが必要となる。その我が宮廷が任命した当該人物が上記物資購入のための購入のため（そちらの領土を）訪問する。そのため、この友好的書簡を書き記した。当方の希望は以下の通りである。当該人物が、往路から復路まで、偉大なるイギリス政府の領内において通過したあらゆる土地で、（イギリス）政府官吏が友好に必須な諸々（の配慮）を当該人物に提供していただけること、さらに衣類購入においては、安心して購入ができるように、あらゆる場所でイギリス政府領の官吏や関係者、商人や仲買人たち Dallālān にある程度の支援を願い、拒否しないこと（の二点）が当方の希望するところである。

この書簡からは、アフガニスタンのカーブルと当時英領インド領となっていたペシャーワル間で恒常的な往来がこの時期も継続していた点、および、アフガニスタン側から見たペシャーワルの商業的重要性という点が読み取れる。ペシャーワルにはこの当時、アフガニスタンの商館が置かれており、経済的に重要な拠点であったことについてはシャー・マフムード・ハニーフィーが詳細に言及しており、[118] 改めてそのことが史料的に裏付けられたことになる。また、このように日用品などの調達に出向く際にまでイギリス側の許可や便宜を要請する必要があったことを考慮すると、前述のように国内の政治情勢のみならず、経済的にも第二次アフガン戦争後にはアフガニスタンに対するイギリスの影響力が増大していったと考えられる。

6 小括

本章では、シェール・アリー期からアブドゥル・ラフマーンが即位した直後までのアフガニスタン情勢を一次資料に基づいて再検討するとともに、当該時期における英領インド、そしてロシアとの関係についてアフガニスタンを中心にした分析を試みた。ここで、議論を簡単に整理しておく。

アフガニスタン国内を一定の形で統一したドースド・モハンマドが亡くなると、その息子たちの間で後継者争いが勃発し、最終的にはシェール・アリーがアミールとなり国内統治強化のための諸改革を進めた。しかし、後継者争いの際に情勢を静観し自らを支援することのなかったイギリスに対する不信が高まっていたこと、および、カーブル以外の主要都市にも英領インド政府代表を駐在させるという要求を幾度も突きつけられたことによって、両国の関係はさらに悪化した。これを受けて、シェール・アリーは当時中央アジアにおいて急速に勢力を拡大し、タシュケントを中心にトルキスタン総督府を成立させていたロシア帝国との友好関係を促進することを企図した。トルキスタン総督カウフマンとの間で書簡を通じて頻繁に連絡を取り合って信頼関係を醸成していったが、露土戦争後に締結されたサン・ステファノ条約がベルリン会議において破棄されて新たにベルリン条約が締結されたことで、イギリスとロシアとの関係は急速に悪化した。このような情勢を受けて、シェール・アリーはロシアと同盟関係を結ぶことを決意したが、そのことがアフガニスタンへのイギリスの軍事介入、すなわち第二次アフガン戦争という事態を招き、シェール・アリーは期待していたロシアの支援を得られないまま亡くなった。

シェール・アリー没後にアミール位に就いたモハンマド・ヤァクーブはイギリスとの間でガンダマク条約を締結し、アフガニスタンはイギリスの保護国となった。その後も国内の混乱を鎮めることができず、イギリスに退位させられた上で英領インド領内に移送されてしまった。その後も、アフガニスタン国内は混乱が続いたため、イギリスはアフガニスタンを解体・分割した上で、分裂したそれぞれの地域に別々の統治者を配置するという政策を南部のカンダハールにおいて実施した。「カンダハール公国」設立の後、「北部アフガニスタン」のアミールとして適切な人物として、ロシア領のサマルカンドに長期間亡命していたアブドゥル・ラフマーンを選出し交渉を行った。アブドゥル・ラフマーンはイギリスの後援もあってアミール位に即位するが、カンダハールはイギリス支援の下で別個の政体として機能しており、また西部ヘラートではモハンマド・アイユーブが支配権を掌握して独自の勢力を築いていた。

このような状況は、モハンマド・アイユーブによる「カンダハール公国」侵攻によって一変することになる。イギリスはモハンマド・アイユーブを退けてカンダハールを維持することには成功したが、カンダハールを自らの傀儡政権としての一政体として維持しつつ統治することが困難と判断し、同地域の支配権をアブドゥル・ラフマーンに譲渡したため、アブドゥル・ラフマーンの支配地域は一気に拡大することになった。その直後には再度モハンマド・アイユーブがヘラートからカンダハールに再侵攻を開始して一度はカンダハールを占領するものの、アブドゥル・ラフマーン自らが率いた軍勢に敗北してイランに亡命した。従って、その根拠地であったヘラートの支配圏をもアブドゥル・ラフマーンが手中におさめることとなり、アフガニスタンの大部分を再統一することに成功した。

以上のような第二次アフガン戦争期の政治的変動期において、英領インドとの関係は常にアフガニスタン情勢に多大な影響を及ぼしてきた。これまでの研究においては、第二次アフガン戦争後にイギリスは、アフガニスタンの外交権を奪って他国との外国関係の構築を禁じたが、内政には基本的に干渉せず、また第二次アフガン戦争時に駐留していた部隊も撤兵させたため、国内情勢についてアブドゥル・ラフマーンが比較的自由に対処することができたと考えられてきた。しかし実際には、アブドゥル・ラフマーン期以降はアフガニスタン国内の様々な動向がつぶさにイギリス側に伝えられるとともに、国内問題への具体的な対処についてもイギリスの承認が必要な場合もあったことがペルシア語書簡史料の分析を通じて明らかとなった。さらに、経済的な側面でも事実上イギリスに従属せざるを得ない状況がこの時期に構築されていったと推測される。

ここで、本章で明らかになった点についてまとめる。冒頭で述べたように、これまでの研究においては第二次アフガン戦争が勃発した原因は英露の緊張関係の中、1878年にロシア側が一方的にカーブルに使節団を派遣してこれを受け入れざるを得なかったシェール・アリーに対し、イギリス側も同様の使節団の受け入れを要求したこと、およびこの要求に対する回答がなされなかったことに端を発するとされてきた。しかし、実際には、アミールに即位する過程で勃発した継承権争いに際してイギリスから支援が得られなかったことに端を発するシェール・アリーとイギリスとの関係悪化と、同時期におけるロシアとの関係の急速な緊密化、及び軍事やインド侵攻の際の密約を含むアフガニスタン、ロシア間の同盟関係締結をイギリスが察知したことによって戦争が勃発したことが明らかとなった。第二に、ガンダマク条約締結からアブドゥル・ラフマーンの支配権確立の間の状況について分析を行った。その結果、当初はヤァクーブ・ハーンのアミール位を承認した上で、アフガニスタンを統一的に統治することを企図していたイギリスが、その後の政治的情勢変化の中でアフガニスタンを分割統治する政策に着手した点、またその過程で分割統治地域の一つである「北部アフガニスタン」の統治者として承認されたアブドゥル・ラフマーンが、アフガニスタン国内情勢の変化の中で結果的に支配権を確立した点が明らかとなった。その一方で、イギリスがアブドゥル・ラフマーンの統治権確立後も、国内情勢に関与する権限を保持し続けたことも同時に明らかとなった。

以上のように、本章では19世紀後半のアフガニスタン情勢について分析を行ったが、これは現在のアフガニスタンで生じている政治的・社会的・経済的な諸問題の原点を解明する上でも必須の作業であると考える。しかし、アフガニスタン近代史研究における一次資料を用いた研究は未だ少なく、19世紀後半から20世紀の時期に関するアフガニスタンについての書簡や日誌などをはじめとする一次資料を用いた実証的分析を積み重ねていくことは、アフガニスタン研究を進展させる上で不可欠である。以下の章では、この第二次アフガン戦争前後における国境地帯のパシュトゥーン諸部族の動向を中心に、カーブルのアミール、イギリスなどの関連についてより詳細に分析する。

【第二章 註】

1 ドースト・モハンマドとその治世のアフガニスタンを取り巻く情勢については、［Noelle 1997］を参照。

2 アブドゥル・ラフマーンの亡命時期の動向については、［LA 102-162］参照。

3 ［Hanifi, M. Jamil 2011: 165-174］

4 このような見解に基づく先行研究は多数存在するが、代表的な例として［Kakar 2006: 25-26］を参照。モハンマド・アンワル・ハーンはこの時のロシア使節団がシェール・アリーに対して、ロシアとの同盟・友好関係の構築が有益である点を説いた上で、ロシア・アフガニスタン防衛協定を結んだと述べている［Mohammad Anwar Khan 1962: 294-295］。しかし、ロシアの使節団による一方的なカーブル訪問が第二次アフガン戦争の引き金となったという見解では他の研究と一致している。

5 ［Kakar 2006］

6 ［Ibid. 217-230］

7 ［Kakar 1979］

8 ［Tarzi 2003］

9 ［Abdul Latif et al. 2007］

10 ［Ghani 1983］

11 ［Ghani 1978］

12 ［Davies 1932］

13 ［Azmat Hayat Khan 2005］

14 ［Adamec 1967］

15 ［Yunas ed. 2005］

16 ［Tripodi 2011］
17 ［Hanifi, Shah Mahmud 2011］
18 ［Beattie 2002］
19 ［Haroon 2007］
20 ［ST 2: 307］
21 アブドゥル・ラフマーンの亡命期間の状況については［LA: 107-162］を参照。
22 ［Kakar 2006: 15-22］
23 ［Ibid. 18］
24 ムガル朝の創設者であるバーブル Ẓahīr al-Dīn Muḥammad Bābur（在位１５２６―１５３０年）が埋葬された墓所とそれを取り囲む形で造営された庭園でカーブル市内に位置する。
25 アム河以南の現在もアフガニスタン領に含まれる北部アフガニスタン地域を指す。住民の多数はウズベク人である。
26 ［ST 2: 326-328］
27 ［Ibid.: 328］
28 ［ST 2: 329］
29 ［ST 2: 330］
30 ［Ibid.］
31 ［Ibid.］
32 ハイバル峠をアフガニスタン側に越えた地域で、パシュトゥーンのモフマンド部族が勢力圏を有していた。シェール・アリー期には宮廷とも密接な関係を有していたため、モハンマド・ヤァクーブとモハンマド・アイユーブ兄弟の母親もラールプーラのハーンの親族であった［Kakar 2006: 65-69］。ラールプーラのハーンについては第三章で詳述する。
33 ［ST 2: 331-332］

34 [Ibid. 298-299]
35 [Ibid. 333]
36 [Ibid. 342-343]
37 [ST 2: 334]
38 [Ibid. 314]
39 ペシャーワル条約と改正ペシャーワル条約については、巻末の資料編を参照。
40 ヘラートをめぐるアフガニスタンとイギリスとの関係の概要については、[Mohammad Anwar Khan 1962: 1-29]を参照。
41 [ST 2: 315]
42 [ST 2: 315]
43 [Ibid. 316]
44 [Ibid.]
45 [ST 2: 336-337]
46 [Ibid.: 337]
47 [Ibid.]
48 [ST 2: 337-338]
49 このように、極めて独立色の強い国境地帯のパシュトゥーン諸部族がアフガニスタン情勢に直接関わるのは、この後、20世紀初頭の１９１９年に勃発した第三次アフガン戦争などにおいても確認できる[Haroon 2007: 104-112]が、これはその嚆矢とも言える動きである[ST 2: 338]。
50 [IOR L/PS/18/A38. General Von Kaufmann to Shere Ali, March 28, 1870]
51 [IOR L/PS/18/A38. Shere Ali to General Von Kaufmann, July 15, 1870]
52 [IOR L/PS/18/A38. General Von Kaufmann to Shere Ali, May 19, 1872]
53 [IOR L/PS/18/A38. General Von Kaufmann to Shere Ali, October 28, 1871]

54 ［IOR L/PS/18/A38. General Von Kaufmann to Shere Ali, December 1, 1873］

55 コーカンド・ハーン国はすでに１８６５年に主要都市であるタシュケントをロシアに占領されるなどしていたが、この争乱の結果１８７６年2月にはロシアによって完全に滅ぼされることとなった［Mohammad Anwar Khan 1962: 30-64］。

56 ［IOR L/PS/18/A38. General Von Kaufmann to Shere Ali, November 10, 1875］

57 ［IOR L/PS/18/A38. Shere Ali to General Von Kaufmann, February 3, 1876］

58 ［IOR L/PS/18/A38. Shere Ali to General Von Kaufmann, August 27, 1876］

59 ［IOR L/PS/18/A38. General Von Kaufmann to Shere Ali, October 1, 1876］

60 ［Ibid.］

61 ［IOR L/PS/18/A38. General Von Kaufmann to Shere Ali, July 12, 1875］

62 ［Ibid.］

63 ［IOR L/PS/18/A38. General Von Kaufmann to Shere Ali, June, 1878］

64 ［IOR L/PS/18/A38. Shere Ali to General Von Kaufmann, August 23, 1878］

65 ［IOR L/PS/18/A38. Government of India Letter, No. 241, Secret, November 20, 1879］

66 このイギリス側からの負担の義務とは、前述のようにアフガニスタンの主要都市にイギリス政府代表をそれぞれ駐在させるということである。

67 第一章で言及したようにアフマド・シャー（在位１７４７―１７７２年）はドゥッラーニー族サドザイ支族に属し、ドゥッラーニー朝を設立した人物で、テイムール・シャー（在位１７７２―１７９３年）はその息子でドゥッラーニー朝の第二代の統治者であった。

68 ［ST 2: 341］

69 ［Ibid. 342］

70 ［Ibid.］

71 ［IOR L/PS/18/A38. Shere Ali to the Emperor of Russia, October 9, 1878］

72 ［IOR L/PS/18/A38. Shere Ali to General Von Kaufmann, October, 1878; IOR L/PS/18/A38. Shere Ali to General Stolieteff, October, 1878］
73 ［IOR L/PS/18/A38. General Von Kaufmann to Shere Ali, November 26, 1878］
74 ［IOR L/PS/18/A38. Shere Ali to General Von Kaufmann, December 22, 1878］
75 ［IOR L/PS/18/A38. General Von Kaufmann to Colonel Rosgonoff, December, 1878］
76 ［ST 2: 343］
77 ［IOR L/PS/18/A38. General Von Kaufmann to Shere Ali, January 2, 1879］
78 ［IOR L/PS/18/A38. General Von Kaufmann to Shere Ali, January 7, 1879］
79 ［ST 2: 345］
80 ［Ibid.: 347-348］
81 ［ST2: 348］
82 ガンダマク条約の内容については、巻末の付録を参照。
83 ［ST 2: 351］
84 ［IOR L/PS/Memo8. Narrative of Events in Afghanistan from August 1878 to December 1880 and Connected Correspondence: 79］
85 ［ST 2: 352-353］
86 ［Ibid. 353-355］
87 ［ST 2: 360］
88 イギリスによるアフガニスタンの分割統治政策についてはグレゴリアンも言及しているが、その中では本国の政権が保守党から自由党へ移行したことに伴って分割統治政策そのものが変更されたことについても合わせて触れられている［Gregorian 1969: 115-118］。
89 ［IOR L/PS/Memo8. Narrative of Events in Afghanistan from August 1878 to December 1880 and Connected Correspondence: 131］

90 [IOR L/PS/Memo8. Narrative of Events in Afghanistan from August 1878 to December 1880 and Connected Correspondence: 131]

91 [IOR L/PS/Memo8. Narrative of Events in Afghanistan from August 1878 to December 1880 and Connected Correspondence: 132]

92 [Ibid.: 133]

93 [Ibid.: 133-134]

94 モハンマド・アイユーブの亡命先のイランからヘラートへの帰還の過程などについては、['Ayn: 110-160]を参照。

95 [IOR L/PS/Memo5. Northern Afghanistan: Memoranda and Reports by Mr. Lepel Griffin, C.S.I., Chief Political Officer at Kabul, from 1st to 24th April 1880, on State of Affairs in Northern Afghanistan: 2]

96 [Ibid.]

97 [IOR L/PS/Memo5. Northern Afghanistan: Memoranda and Reports by Mr. Lepel Griffin, C.S.I., Chief Political Officer at Kabul, from 1st to 24th April 1880, on State of Affairs in Northern Afghanistan: 5]

98 [Ibid. 14]

99 [ST 2: 372]

100 ガンダマク条約第9条のアフガニスタン・英領インド間の領土に関する取り決めのこと。ガンダマク条約については巻末を参照。

101 [IOR L/PS/Memo5. Northern Afghanistan: Memoranda and Reports by Mr. Lepel Griffin, C.S.I., Chief Political Officer at Kabul, from 1st to 24th April 1880, on State of Affairs in Northern Afghanistan: 16]

102 [IOR L/PS/Memo5. Northern Afghanistan: Memoranda and Reports by Mr. Lepel Griffin, C.S.I., Chief Political Officer at Kabul, from 1st to 24th April 1880, on State of Affairs in Northern Afghanistan: 18]

103 [Ibid.: 20-23]

104 シェール・アリーによってカンダハール太守に任命され、前述のようにイギリスによってカンダハール公国の統治者に選定されたサルダール・シェール・アリー・ハーンによって、ヒジュラ暦1286–1291年／

1869—1874年にかけての期間に整備された新街区であった［ST 2: 318］。さらに詳しくは第三章註36を参照。

105 ［ST 2: 372-376］

106 カンダハールの帰属とこの地の将来的な統治についてイギリス側により検討された選択肢とそれに関連するアフガニスタンの統治政策については、［IOR L/PS/Memo5. Memorandum on Candahar］を参照。

107 ［ST 2: 375-376］

108 ［ST 3: 379］

109 アブドゥル・ラフマーンの治世全体を通しての国内平定過程については、以下を参照［Kakar 2006: 63-158］。

110 ［ST 3: 381-382］

111 ［Ibid.: 382-383］

112 ペシャーワル公文書館所蔵の英領期の史料については序章にて詳述のため、そちらを参照。

113 ［PA/Political Department (List of Inventories), Bundle No.19, File No. 333. Amīr ʻAbd al-Raḥmān Khān to Colonel Waterfield, Ṣafar 27, 1298 A.H./January 29, 1881］

114 ［PA/Political Department (List of Inventories), Bundle No.19, File No. 333. Amīr ʻAbd al-Raḥmān Khān to Colonel Waterfield, Jumādā al-Awlū 28, 1298 A.H./April 28, 1881］

115 ［PAPolitical Department (List of Inventories), Bundle No.19, File No. 333. Amīr ʻAbd al-Raḥmān Khān to Governor-General Ripon, Rajab 2, 1298 A.H./May 31, 1881］

116 ［PA/Political Department (List of Inventories), Bundle No.19, File No. 333. Amīr ʻAbd al-Raḥmān Khān to Assistant Commissioner Walker, Rajab 16, 1298 A.H./June 14, 1881］

117 ［PA/Political Department (List of Inventories), Bundle No.19, File No. 333. Amīr ʻAbd al-Raḥmān Khān to Assistant Commissioner Walker, Shaʻbān 8, 1298 A.H./July 7, 1881］

118 ［Hanifi, M. Jamil 2011: 105-114］

第三章　モフマンド族ラールプーラにおける英領インドの統治政策

パキスタン・ペシャーワル州立公文書館（2012 年）

1 はじめに

第二次アフガン戦争はアフガニスタンがイギリスの保護国となったことによる外交権の喪失とともに、イギリスの後ろ盾を得たアブドゥル・ラフマーンによるカーブルを中心とした中央集権体制の確立を促すこととなった。アブドゥル・ラフマーン統治期については国内の各勢力に対する征服・統合といった軍事的活動と並行する形で、中央政府と地方の各種統治機関や組織が整備され、中央集権的近代国家建設が推し進められていったとされている。[1] 前述の通り第二次アフガン戦争の最中イギリスはガンダマク条約を締結して、アフガニスタンのアミールであったモハンマド・ヤァクーブとの間で様々な取り決めを行い、その内容は基本的にアブドゥル・ラフマーン即位後も維持された。ガンダマク条約の結果としてアフガニスタンからイギリス側に統治権が割譲された両国国境地帯では、カーブルの中央政府による直接的な支配体制に含まれていない土着勢力が各地を統治し続けていたため、同地域を両国の境界として設定するためにはこの地域を両国の直接的支配体制に組み込むことが必須となっていた。このうち、ドースト・モハンマドとイギリスとの間で1855年に締結されたペシャーワル条約と1857年の同条約の改正による両者の合意に基づいて、カーブルとの通信・連絡・人的交流は国境に隣接する拠点であるペシャーワルを経由して行われた。[2] そのため、カーブル－ペシャーワル間の連絡路の確保は、イギリスにとっては戦略的に極めて重要であり、シェール・アリーとの対立により第二次アフガン戦争が勃発した際には、国境地帯のパシュトゥーン部族諸勢力がアフガニスタンのアミール側に取り込まれることを防ぐため、後述するように自らの陣営への取り込みやアミールに協力しないように説得を試みている。また、シェール・アリーがアミール位を退位し、その後も混乱が長期間継続するとイギリスは国境の部族諸勢力に対して個別的に相互友好関係を構築し、交通路の確保とその維持を促すとともに、アミールに対する牽制とアフガニスタンにおける自らの橋頭堡を築くという構想を抱いていた。そこで本章では、アフガニスタン、英領インド国境地帯の部族諸勢力のうち、パシュトゥーン系モフマンド族 Mohmand に属するラールプーラ Laʽlpūrah のハーン Khān の動向に着目し、イギリス・アフガニスタンとの三者間関係について第二次アフガン戦争中とその後の経緯を中心に分析を行う。

ラールプーラはアフガニスタン東部、現在のナンガルハール州 Wilāyat に位置する。今も同州ラールプーラ郡 Wulswālay にその名を留めており、ペシャーワルとアフガニスタン東部の中心都市であるジャラーラーバードとのほぼ中間点に位置していた。また詳細は後述するが、歴史的にラールプーラの統治者であったハーンの勢力範囲には、アフガニスタン東部地域に加えて、ガンダマク条約によりイギリス側に管轄権が移譲されることが規定されたモフマンド族居住地も含まれており、両国にまたがる広範な地域に影響力を保持してきた。さらに、両国を往来する交通の要路であるハイバル峠の管轄権を保有する一方で、カーブル川流域に位置しているために水路での東西交通の要衝でもあり、その地政学的・戦略的重要性からアフガニスタンのアミールとも密接な関係を有していた。このラールプーラのハーンを中心としたアフガニスタン、イギリスとの三者間関係については、先行研究においても十分には議論されたことはないが、カーカルによるアブドゥル・ラフマーンの軍事統一過程の一局面として考察対象とされ[3]、またノエルによる19世紀におけるパシュトゥーン諸部族の状況についての概説的記述[4]においても取り上げられているものの、ラールプーラ側の史料に基づいた分析が困難なため、本格的な考察を行うには至っていない。本書では、管見の限りこれまで全く用いられることなく埋もれていたペシャーワル文書館所蔵のラールプーラのハーン直筆の書簡やその写し、彼と直接通信・連絡を行っていたイギリス官吏によるハーン宛書簡の写し、およびこれに関連する報告書などを用いて、第二次アフガン戦争中とその後のラールプーラ「ハーン国」の情勢、アミールとイギリスとの関係の動態について実証的に明らかにする。これに先立ち、議論の前提となるラールプーラのハーンが属するモフマンド族について史料上の記述などから概観するとともに、当時同部族の置かれた状況についても言及する。(なお歴代ラールプーラのハーンについては巻末の資料編3の系譜図を参照)

2 モフマンド族とラールプーラのハーンの系譜

2-1 モフマンド族

本節では、議論の前提としてラールプーラのハーンが属するモフマンド族の基本情報と当時のモフマンド族が置かれた状況について概説し、その後第二次アフガン戦争勃発に至るまでのラールプーラ「ハーン国」の歴史的状況について論じる。以下本節と次節では、基本的にマークによる「モフマンドについての覚書 Notes on MOHMANDS」の記述[5]に依拠して記す。モフマンド族は現在パキスタン領内に位置し、2018年5月から2年間でのハイバル・パフトゥーンフワー州への完全併合が進行中である連邦直轄部族地域 Federally Administered Tribal Area（FATA）を構成していた七つの管区 Agency と六つの辺境地区 Frontier Region の内、モフマンド管区 Mohmand Agency とその周辺のアフガニスタンとパキスタン両国地域に跨る地域に居住している部族である。[6]モフマンド族は大きく二つに分類される。すなわち一方が現在のパキスタン領であるペシャーワル周辺などを含む平地に住む「低地のモフマンド Koz Mohmand」で、他方がカーブル川とスワート川のあいだの高地に住む「高地のモフマンド Bar Mohmand」である。[7]このうち「低地のモフマンド」についてはペシャーワル平原の定住地に居住したことで、「高地のモフマンド」との関係が基本的に希薄となったが、本節ではアフガニスタンと国境地域に分布している後者、高地に住むモフマンド族を議論の対象として扱う。部族集団としてのモフマンド族は大きくターラクザイ Tārakzay、ハリームザイ Ḥalīmzay、バーエザイ Bāezay、ハーエザイ Khwāezay の四支族に分類される。さらにこの四つの支族から多数の小集団へと分岐するが、このうちターラクザイ支族に属するモールチャ・ヘール Morcha Khel の血統がラールプーラのハーンの地位を世襲的に占めてきた。

モフマンド族は元来カーブルからガズニーにかけての高地に分布していたとされるが、13世紀から15世紀頃までにはスワート、ブネール、ディール、バージャウルと、現在モフマンド族が居住する地域に移動し、これらの地域に住んでいたヒンドゥーや非パシュトゥーン系の集団に替わって、自らの居住地とするようになっていった。言語面においても周辺に分布するパシュトゥーンの他部族集団であるアフリーディー Afrīdī、シンワーリー Shinwārī などとは差異の大きいパシュトゥー語を用いており、カーブル周辺で用いられるパシュトー語方言に近い言語が話されている。また、部族内での社会的階層意識が強く、ハーンの権力は非常に強固なものであることもモフマンド族の大きな特徴であった。

モフマンド族は元々アフガニスタン側のダッカからインド側のペシャーワルへと至る交通路から得られる通行料を得ることを大きな収入源としていた。モフマンド族にとっての代々の交通路は峻険なシルマーン峡谷 Shilmān を通る陸路、およびカーブル川を経由してペシャーワル北方のミチュニ Michni に至る水路の二つが基本的な交通路とされており、これがモフマンド族にとって「民の道 Ulusī Rāh」と見なされていた。他方、この地を通る交通の大動脈として現在までその戦略的重要性は失われていないハイバル峠については「王の道 Bādshāhī Rāh」として特別視され、周辺に居住するアフリーディー、シンワーリーといったパシュトゥーンの他の部族集団と交通料をそれぞれ分配しあうとともに、ムガル朝やドゥッラーニー朝などがこの地を支配した際には、これらの王朝勢力が峠の維持管理と交通税徴収を自らの手で行うことに腐心した。このように、ハイバル峠が重要視されたのと対象的に、モフマンド族の「民の道」については重視されなかったため、彼らはこの道を経由しての貿易・往来などを継続的に行い、交通料の徴収や道路の維持・管理といった権限も従来通りに保持し続けた[8]。カーブル川を用いた水路が長く一般路として用いられてきたため複数の渡し場が設置されており、特に夏季には厳しい暑さとなるこの地域における水路の重要性は高く、水路を用いた往来が非常に活発であった。ラールプーラに加え、ゴーシュタ Goshtah、ジャラーラーバード、クナールなどには船乗りたちのコミュニティも存在し、彼らは元々インダス河沿いに位置する要衝であるアトックの北方に位置するバーグ・ニーラーブ Bāgh Nīlāb[9] の出身であったことから、「ニーラービー Nīlābī」と呼ばれ、彼らの内部でのみ婚姻関係を築いていた。また、水路においてもアミール承認の下、通行する筏に対して一定の税を徴収する権利が認められていた。まず、第一に木製筏についてはそれぞれ40ルピーをラールプーラのハーンが徴収し、45ルピーをミチュニのタークザイ支族たちが受け取ることになっており、各々が徴収した税をさらに自らの勢力下にある別の集団に配分する場合もあった。第二に、Shanāz と呼ばれる皮袋を用いた筏に載せる商品にかけられる税で、ラールプーラのハーンは4ルピー、ミチュニのタークザイ支族たちは10ルピーがそれぞれの取り分として設定されていた。これらの定額税収を確保し、定められた以上の金額をとること、および他の者たちが独断で、あるいは別の場所で交通料を徴収することがないよう水路の安全確保・維持を行うことはラールプーラのハーンが行うべき責務とされていた。

このように、モフマンド族がアフガニスタン東部からペシャーワル平原にかけての地域に多大な影響を及ぼしており、カーブル・インド間の交易・交通路を管理する力を有していた。そのため、シェール・アリーはアフガニスタンのアミールとしてモフマンド族の指導者たちを懐柔するため、ジャーギール Jāgīr として収益性の高い土地の支配権を授けるとともに、道路・水路における交通料を多く徴収する権利などを承認していた。ジャーギール地としてラールプーラのハーンやタークザイ支族の指導者たちにはペシャーワル周辺を含む土地も授与されていたため、二度に亘るスィク戦争[10]の結果ペシャーワルを含む当該地域がイギリス統治下に入ったことや、第二次アフガン戦争とガンダマク条約の締結によるアフガニスタンからの関係する土地の割譲によって、必然的に彼らは自らの地権を失うことになったが、このことはイギリスへの直接的反感の原因の一つとなった[11]。

2－2　第二次アフガン戦争までのラールプーラのハーン

モフマンド族内ではハーンとして、ラールプーラ、ゴーシュタ、そしてピンディラリー Pindilaī の三つの地域の指導者がそれぞれハーンを呼称しており、このうち、19世紀後半時点で最も強大な権限を有していたハーンがラールプーラのハーンであった。ラールプーラのハーンの台頭理由については、ラールプーラ南部に居住しアフガニスタン北東部で信仰対象ともなっていた聖者、モラード・ワリー・バーバーの救出とその祝福を受けたことによる、という伝承が伝えられているという。モラード・ワリー・バーバーは17世紀初めの聖者とされ、ラールプーラ周辺のモフマンド族に加えて、バージャーウルでも信仰・尊敬の対象となっていた聖者であった。このモラード・ワリー・バーバーの墓所が周辺地域の人々の参詣 Ziyārat 対象となっていることは事実であるものの、ラールプーラのハーンがその権力を急速に拡大した理由は、ムガル朝との関係を構築してモフマンド族を統率し、元々敵対関係であるシンワーリー族をはじめとする周辺のパシュトゥーン系部族との戦闘を主導したことに起因すると考えられる。ムガル朝に積極的に協力する姿勢を示したことによって、後にハーンを輩出したモフマンド族モールチャ・ヘール支族はインドとの交易路を最大限に活用してその財を蓄え、アクバル治世（1556―1605年）にはハイバル峠の戦略拠点ダッカ要塞を守護する任を得た。それ以来モールチャ・ヘール支族は世襲的にこの要塞を守護する任を引き継いだ。ムガル朝に協力し信頼を得ることにより、政治的・経済的・軍事的にモフマンド族内で確固たる地位を確立したモールチャ・ヘール支族は、同部族内の指導的な諸集団の中で一つ抜きん出た存在となっていった。このように、周辺の強力な王朝・勢力などに与することで、部族内での地位を高めていく傾向はその後も継続した。イランからアフシャール朝（1736―1796年）

のナーデル・シャーがこの地域に勢力を拡大した際にも、モールチャ・ヘール支族はそのデリー遠征に同行するなど積極的協力姿勢を見せることで、自らの地位を確保した。

　初代のラールプーラのハーンと見なされている人物はザイン・ハーン Zayn Khān である。彼はサドザイ朝のアフマド・シャーに協力し、複数回に亘る遠征にも同行し、アフマド・シャーがインド北西部を勢力範囲とした際には現在のスィルヒンドの一部を統治する権限を付与された。その後、ザイン・ハーンはアフマド・シャーとマラータ同盟による第三次パーニーパットの戦い（１７６１年1月14日）にて戦死した。以後も、ラールプーラのハーンはサドザイ朝と緊密な関係を保ちながらその地位を確保していったが、19世紀に入りサドザイ朝と台頭するバーラクザイ支族との争いが激化する時期にハーン位にあった人物がサーダト・ハーン Saʿādat Khān であった。サーダト・ハーンがラールプーラのハーン位に就いた時期は、バーラクザイ支族の長でありサドザイ朝宰相 Vazīr 位にあったファトフ・ハーン Fatḥ Khān（１７７７―１８１８年）がマフムード・シャー Maḥmūd Shāh（在位１８００―１８０３年、１８０９―１８１７年）によって拷問の末殺害される事件（１８１８年）が発生し、それに伴ってバーラクザイ支族が一斉に離反し大規模な内乱状態が生じた直後のことであった。

　サーダト・ハーンは一貫してバーラクザイ支族側に立ち、後にアミールに即位したドースト・モハンマド・ハーンに対して全面的な協力を行った。そのため、第一次アフガン戦争（１８３９―１８４２年）の勃発によりドースト・モハンマドが危機に陥ると予測し、これに先駆けて１８３８年に自ら逃亡した。その後のドースト・モハンマド退位、さらにはサドザイ朝のシャー・シュジャー Shāh Shujāʿ（在位１８０３―１８１０年、１８３９―１８４２年）がイギリスによって復位されると、サーダト・ハーンの従兄弟であるトーラバーズ・ハーン Tūrahbāz Khān はイギリスとシャー・シュジャーに協力する姿勢を見せたことによってラールプーラのハーンに任命された。しかし、第一次アフガン戦争がイギリスの敗北とドースト・モハンマドの復位という結果に終わると、再度サーダト・ハーンがハーンの地位へと再任命された。ドースト・モハンマドの第二次政権期には、長男である王子モハンマド・アクバル・ハーン Muḥammad Akbar Khān の個人的信頼を獲得するに至り、バーラクザイ王朝内での地位を高めていった[12]。ドースト・モハンマドが復位してからその治世の間はサーダト・ハーンの権力の絶頂期であった。アミールから強い信頼を得ていたことに加え、後のアミールとなるシェール・アリーと自らの娘であるカマル・ジャーン Qamar Jān との間に婚姻関係を結ぶことでバーラクザイ朝のアミールと姻戚関係を築き、さらに、両者の間にモハンマド・ヤァクーブ・ハーン、モハンマド・アイユーブ・ハーンの二名の王子が誕生すると権勢は尚一層高まった。

しかし、前述の通り19世紀後半になると元来モフマンド族が居住していたペシャーワル平原などがイギリス支配下に組み込まれ、これによってラールプーラのハーンをはじめとするモフマンド族の利権が影響を受けることになっていた。そのため、ペシャーワルなどの旧スィク王国領がイギリス領に併合されて間もなくの1851年12月には、すでにサーダト・ハーンが英領下にあったシャブカダール Shabqadār への攻撃を息子の指揮下で実行させている。また、同年にはミチュニ地域でイギリスに対するモフマンド族の暴動が発生し、これに対応する形でペシャーワルから鎮圧部隊が派遣されミチュニの村々を破壊するという事件も発生した。このようなモフマンド族による度重なる侵入・攻撃はイギリス統治体制を揺るがすものではなかったが、防衛拠点設営の必要性からシャブカダールとミチュニに城塞が建設された。しかし、１８５４年9月には再びミチュニ地域で暴動が発生し、その後も１８５５年１月から１８６０年3月までの間にモフマンド族はアフガニスタン側からの侵入や内部での暴動を繰り返し行い、この間におよそ83件にもおよぶ深刻な被害をもたらす攻撃を実施した。これらは、イギリスがモフマンド族に委ねられていたジャーギールの権利返還に断固として応じなかったことに端を発している。１８６０年4月にカーブルからの強い圧力によってサーダト・ハーンはイギリス側に対する攻撃を一時中断したものの、１８６３年12月には再び小競り合いが生じ、１８６４年1月2日にはシャブカダール近郊においてモフマンド族５５００名以上が集結しイギリス側との間で大規模な戦闘が生じ双方に多大の犠牲が出た。この事件については、アフガニスタン側の記録『諸史の灯』でも取り上げられているため、以下ではその記録を参照しつつ概要を以下で記すこととする。[13] この事件の中心となったのはサーダト・ハーンの息子であるソルターン・モハンマド・ハーン Sulṭān Muḥammad Khān であった。この襲撃ではイギリス側の家畜などを略奪するなどしたが、イギリスはシェール・アリーが密かに支援を行っているとの疑念を抱き、彼に以下のような内容の書簡を送って抗議した。

我々と故人であるアミール閣下（ドースト・モハンマド）との間で結ばれた条約によれば、一方の友人は他方の友人であり、一方の敵は双方にとっての敵であるとされている。しかし目下、サーダト・ハーンの息子が不和の剣をその鞘から引き抜き、イギリス政府に対して害をなす旗を掲げたため、イギリス政府側にはカーブルのアミールにより圧政・抑圧を行うことが促されているという疑念がある。もしこの行いがそのようなことでないのであれば、その者（ソルターン・モハンマド・ハーン）

――が過ちや悪行を行うことを抑制し、憎しみや敵意を制止するように（求める）。[14]

このようにイギリス側から襲撃の疑念を晴らすため、シェール・アリーは、サルダール・モハンマド・アリー・ハーン Sardār Muḥammad ʻAlī Khān とサルダール・モハンマド・ラフィーク・ハーン Sardār Muḥammad Rafīq Khān を六つの歩兵部隊と一つの砲兵部隊を率いてジャラーラーバードに派遣し、襲撃を繰り返すモフマンド族を鎮圧する計画であった。ジャラーラーバードに到着後、ラールプーラに向かった部隊であったが、これに応じる形でソルターン・モハンマドはモフマンド族の大部隊を率いてラールプーラに接する川の対面に布陣して、両者の間で戦闘が生じた。この際に、ソルターン・モハンマド・ハーンの馬の足元に砲撃が着弾してその被害を受けるなど恐慌状態に陥り、その1時間あまり後バージャウル方面へと撤退した。[15] サルダール・モハンマド・アリー・ハーンはモフマンド族のモルタザー・ハーン Murtaẓā Khān Mohmand をハーンに任命してジャラーラーバードに引き返した。[16] 一方、サルダール・モハンマド・ラフィーク・ハーンはそのままペシャーワルに赴き、イギリスに対してアフガニスタン政府側の意思を以下のように伝えて疑念を晴らそうと努めた。

もし山岳地帯に住む無知な者たちが混乱の原因となっていたとしたら、それはアフガニスタン政府によって指導・先導されたものではない。むしろ、それは彼らの条約の内容に対する無知によるところに起因していた。彼らはアミールへの服従から頭をそらしていたということに自ら気がついた。誰であろうと無知により自らの思うがままにふるまうことを考え、我らがそのことを知ったのであれば、ソルターン・モハンマド・ハーンの場合と同様にそれは直ちに適切な形で取り締まられるだろう。これによって、両者の友好関係は着実かつ不変なものとして維持されるだろう。[17]

このように述べて、イギリスとの協調と友好関係という条約文の再確認を行うと、サルダール・モハンマド・アリー・ハーンはジャラーラーバードに帰還した。

管見の限りアフガニスタン側史料ではその後の顛末などについては不明であるが、イギリス側史料ではアフガニスタン側の対応などが詳細に記されている。シェール・アリーはラールプーラ鎮圧軍の派遣によって、イギリスが管轄するペシャーワル周辺地域への襲撃の実行部隊を率いていたソルターン・モハンマド・ハーンをバージャウル方面へと撤退させたが、ラールプーラではハーン位にあったサーダト・ハーンとその三男ノウルーズ・ハーン Naurūz Khān をカーブルに召喚して捕らえてしまった。サーダト・ハーンはその数ヶ月後に囚われの身となったカーブルの厳しい冬の気候が原因で死去した。サーダト・ハーンは歴代のラールプーラのハーンたちの中でもモフマンド族に多大な影響を及ぼした人物であった。つまり、カーブルのアミールとの関係を密にすることにより周囲の諸勢力から抜きん出る存在としてその地位を向上させるとともに、カーブルのアミールやイギリスなど自らの周囲に存在する強大な勢力との相互関係を構築することの重要性を認識しており、それ以前の時代とは一線を画したハーンとしての一つの模範を示したと言える。

いずれにしても、シェール・アリーはモルタザー・ハーンをラールプーラのハーンに据えた。これ以降、ミチュニなどイギリス領内で頻発していたモフマンド族による混乱は収まった。イギリスはこのような経緯を通じて、二つの重要な点を統治政策として学ぶことになった。第一に、ラールプーラのハーンと友好関係を構築することがイギリスの利益となる点、第二にもしラールプーラのハーンやモフマンド族たちが暴動などを起こした場合、シャブカダールやミチュニの城塞は実質的にほとんど無意味であり、暴動を防ぐことはできないという点であった。

イギリス側の懸念払拭のためにラールプーラに軍事侵攻したシェール・アリーが任命した新たなハーンであるモルタザー・ハーンは、第一次アフガン戦争時にサドザイ朝のシャー・シュジャーとイギリスに協力することで一時的にハーン位を手中にした前述のトーラバーズ・ハーンの息子であった。しかし、わずか一年半足らずでラールプーラに帰還したソルターン・モハンマド・ハーンによってその地位を追われたため、シェール・アリーは彼を新たなラールプーラのハーンに任命した。この時に合わせて、サーダト・ハーンとともに囚われていたノウルーズ・ハーンは釈放されたが、彼は故郷に戻らずに自らの息子である、モハンマド・サディーク・ハーン Muḥammad Ṣadīq Khān を伴って、甥にあたるヤァクーブ・ハーンを頼ってヘラートへ向かった。新たなハーンとなったソルターン・モハンマドであったが、1870年にモルタザー・ハーンの息子によって銃殺されてしまったため、幼子であったソルターン・モハンマドの息子モハンマド・シャー・ハーン Muḥammad Shāh Khān が一時的に代理となったものの、ヘラートからノウルーズ・ハーンが帰還して正式にハーン位に就いた。ノウルーズ・ハーンはバージャウルやシンワーリー族との戦いを繰り返したが、ヤァクーブ・ハーンが父であるシェール・アリーに叛意を示したことにより捕らわれると、アミールに対して敵意を露わにするようになりカーブルへの召喚命令に応じなかった。そのため、アミールは宰相のアルスラーン・ハーン Wazīr Arslān Khān 指揮下で軍を派遣してラールプーラを制圧したため、ノウルーズ・ハーンは逃亡した。これを受けて1875年にシェール・アリーはモハンマド・シャー・ハーンをハーンに据えるとともに、ラールプーラのハーンが保持してきた広大なジャーギール地を一部接収するとともに、交通料の徴収権についてもその利権の多くを自らの統制化に置いた。ただ、逃亡したノウルーズ・ハーンはその後も一定の影響力を保ち続けたため、モハンマド・シャー・ハーンの権限が及ぶ範囲は極めて限定的であった。1877年ノウルーズ・ハーンは逃亡先で死亡し、同行していた息子のモハンマド・サディーク・ハーンはペシャーワルへと身を寄せた。

以上のように、ラールプーラのハーンはカーブルの中央政府やアミールとの関係を密接にしつつも、独自の政治的地位を維持し、時にはアミールと対立することもあった。さらに、自らの政治・経済的利益を自力で確保することに努め、ジャーギール地の確保や通行料徴収権などが脅かされれば独自の軍事力を駆使してこれに対抗した。従って、カーブル中央政府とイギリスとの間での条約や取り決めを遵守する義務などはなく、これによって両者の関係悪化を招くこともあった。つまり、第二次アフガン戦争前のラールプーラはさながら独立小国家のような体裁を保つ「ハーン国」であったと考えられるのである。

2-3 ラールプーラのハーンの財源と政治的地位

A ジャーギール地からの徴税とヒンドゥー教徒の役割

ここまでラールプーラの歴史的経緯について記したが、本節ではハーンの権力基盤の源泉とも言える財源、およびモフマンド族内での政治的地位について第二次アフガン戦争前後の時期である1880年前後の時期を対象に検討する。ハーンは本拠地であるラールプーラを中心に現在のアフガニスタン・ナンガルハール州東部の各地に位置する複数の村々をジャーギール地として保有しており、これらの村々から徴税を行う権利を有していた。その際には現物での取り立てが中心であったが、一部現金による徴収も行われた。これらの村々での徴税においては、ハーンの代理人として徴税官 Faujdār が派遣され実際に税の取り立てが彼らによって行われた。そのため、徴税官は現地に穀物庫を構えてそこで取り立てた穀物を保管するという方法が一般的となっていた。そしてハーンは身の回りの召使いやこれらの徴税官に対し基本的に現金（しばしば、現物）による報酬支払いを行っていたが、支払いについてはラールプーラの主任主計官に計上する形で租税の取り立ての管理を行っていた。この主任主計官を含め、ラールプーラのハーンに仕える主計官はヒンドゥー教徒であった。アフガニスタンやバローチスターン、それに英領インドの特にパシュトゥーン人が分布する地域においては、各地にスィク教徒やヒンドゥー教徒の共同体が無数に点在していた。特に、インドとの間の交易については一部の例外を除き[18]、ヒンドゥー教徒がこれを一手に担っていた。そのため、経済的に極めて重要な存在であり、彼らは銀行家や質屋、金細工商などを主に生業としていたが、他にも商店を営む者、穀物の卸売商、そして仕立屋などとして働く者などが至るところで見られた[19]。さらに、パシュトゥーン社会の中でその信仰は維持しつつも、言語的にはパシュトー語を話しパシュトゥーンの慣習法であるパシュトゥーンワーレイ Pashtūnwālay の一部を生活習慣として取り入れるなどの形で適応していった[20]。モフマンド族の居住する地域には各村々に1～50世帯のヒンドゥー教徒が居住しており[21]、銀行業や穀物卸売や雑貨屋、質屋、宝石商や仕立屋などとして生業を営んでいた。この地域では定められた衣類として赤の縦縞の入ったズボンを身につけることを義務付けられていたが、店舗の借用代金や結婚・子供の誕生の際にハーンや部族指導者たちに一定の金額を納めることで、過剰な税の取り立てなどから保護されていた。[22]

ラールプーラのジャーギール地である各村々では徴税官が地代を徴収するとともに、犯罪を犯した住民から罰金徴収も行っていた。第二次アフガン戦争前後の時点では、殺人の場合には400ルピー、腕や足を折るような重傷を負わせた場合には50ルピーを科していた。また、ヒンドゥー教徒住民からは前述の通り店舗の借用代、物品を売買するための「計量税 Tarāzūdārī」[23]、婚姻税や埋葬税を徴収する役割も担っていた。大きな村落の場合、徴収する税や罰金などの額が多大になるなどしたため、徴税請負人として徴税官以外の者が徴税を代行する場合もあった。このようにして得られたラールプーラのハーンが保有するジャーギール地からの徴税収入は、現金によるものがおよそ1万5500ルピー、現物での収益が現金に換算すると約3万5000ルピーとなり、その他の収入を合わせると合計でおよそ5万5000ルピーであった。

B　通行料の徴収

ジャーギール地からの徴税に加えて、ラールプーラのハーンの大きな財源が通行料の徴収であった。前述の通り、通行料は水路・陸路から徴収されていたが、水路では年間7000〜8000ルピー、陸路ではハイバル峠からの通行料として年間で約5万ルピーの収益があった。このように、ハーンの年間総収入は10万〜12万ルピーであったが、ハリームザイ支族に手当金を支払うことがカーブルのアミールとの間で取り決められていたため、年間9000ルピーを支給していた。この手当の額を差し引いた残額がラールプーラのハーン自身が取り扱うことが可能な財源となっていた。支出の用途としては、各部族指導者たちへの手当金支給や、ラールプーラを表敬訪問した部族民たちへの饗応費用、家臣や招集部隊、歩兵・騎兵などへの支出などがあり、残りはハーンの身の回りを世話する召使いなどへの給金など個人的な資産として運用された。

このように、ラールプーラのハーンはドースト・モハンマドによるアフガニスタン各地の統合が果たされた1863年以降もカーブル中央政府に依存しない独自の財源を保持し続けていた。加えて前節で確認した通り、カーブルのアミールはラールプーラのハーンが自らの意に背いた場合に実力により別の人物をハーン位に据えるということがしばしば行われたが、シェール・アリーのように比較的強力な権限を有したアミールでさえも、歴代ハーン出身支族であるモールチャ・ヘール支族出身者以外の人物をラールプーラのハーンとして推戴することは叶わなかった。その一方で、カーブル中央政府との関係が緊密化すると、ハーン位に適したモールチャ・ヘールでの指導的一族の中から誰をハーンに戴くかという選択においてはアミールが大きな決定権を有するようになっていったという点も重要である。

3 第二次アフガン戦争とイギリスの対国境地帯政策

3－1 第二次アフガン戦争前半におけるイギリスの部族地帯統治政策

1878年9月に第二次アフガン戦争が勃発すると、アフガニスタン全土の情勢に大きな変化が生じた。特に、翌年5月のガンダマク条約締結は英領インドに対してアミール・ヤァクーブ・ハーンが「アフガニスタン領」であった東部から南部にかけての広い地域を割譲することになったため、これらの地域に居住しているパシュトゥーンの諸勢力は多大な影響を被ることが予想された。加えて、ガンダマク条約締結から約四ヶ月が経過した1879年9月3日に発生したカーブルのイギリス駐在官カヴァニャリらの殺害事件を皮切りに、アフガニスタン全土が不安定化し、イギリスは将来的な統治政策を最終的に決定することができない状態に陥っていた。モフマンド族の間でも第二次アフガン戦争勃発とその後の騒乱状態、イギリスによる統治政策の変遷とアブドゥル・ラフマーンのアミール位推戴など短期間に生じた様々な変化による影響を被った。とりわけ、開戦によりシェール・アリーがアミール位を追われたこと、およびアフガニスタンがイギリスの保護国となったことにより、それまでのカーブルのアミールによる各地への統制と統治秩序が崩壊し、パシュトゥーンの部族諸勢力は自らの今後について模索することを必然的に迫られた。そこで本節では、まず開戦時のパシュトゥーン諸部族に対するイギリスの姿勢について確認した上で、この時期におけるラールプーラのハーンを取り巻く状況について反英活動を激化させていったパシュトゥーン地域の在地モッラー[24]との関係に焦点を当てて分析する。

イギリスはすでにシェール・アリーに対して開戦する際に、モフマンド族をはじめとする英領インドに接する地域に分布していたパシュトゥーン諸勢力に戦争の正当性を訴えることで、シェール・アリーに味方しないよう促す布告を発していた。興味深いことに、イギリスが発した布告はペルシア語、ウルドゥー語、パシュトー語で作成されていた。以下ではまず二つの布告の内容を確認する。[25]

辺境地域諸部族と民への告知のための布告[26]

イギリス政府は先年来、あらゆる手段での努力を重ねて、カーブルの統治者 Valī であるアミール・シェール・アリー・ハーン殿と友好関係を築いてきた。そして、アミール・シェール・アリー・ハーン殿の父であるアミール・ドースト・モハンマド・ハーンと取り交わした同盟関係と条約を強化してきた。カーブルの統治者であるアミール・シェール・アリー・ハーン殿は自身の即位間もない頃、イギリス政府から支援の約束を得て、自身の王国における支配権を獲得していたことは明白であった。さらにアミールは幾度も（英領）インド政府から武具も含めた支援を得ていたのであった。しかし、これほどの好意にもかかわらず、イギリス政府は1878年にカーブルの統治者であるアミール・シェール・アリー・ハーンとさらなる緊密な同盟を構築すること、互いに生じていた不満や誤った考えを除去すること、インド、アフガニスタン両国の統治や信頼関係に関する重要事項について議論すること、これらをカーブルにおいて友好使節団として奏上するために派遣することを計画したが、しかし、アミール・シェール・アリー・ハーンは完全にこれを拒否した。そのため、使節団はカーブルに入ることを許されなかった。これが原因でイギリス政府は、以上のことに関してより強く主張できなかった。すると突然、秘密裏にロシア使節団がカーブル市内に入るという名誉ある権利を与えられ、同地に至った。このため、イギリス政府は非常に高位にある官吏[27]をペシャーワルから派遣した。この官吏が出発する前にインド総督閣下は書簡を通じてこの使節団派遣の連絡を届けており、その中で以下のように記していた。「高い地位にある使節団がアミール閣下の御前に参上いたします。もしアミール閣下が当方使節団の訪問を承認しなかった場合、イギリス政府はアミール閣下の側から反感と敵意が当方政府に対して向けられているものと見なすでしょう」。しかし、カーブルの統治者たるアミール閣下は一人たりともアリー・マスジド[28]から先にイギリス政府使節団が通過する許可を与えず、そこに止めた。そして、インド総督閣下への返事を統治者として不適切な作法でかつ簡潔に送付した。この統治者間で行われる慣行に明らかに反する作法はアミール閣下の側に見られたものであった。従って前述の諸事情に鑑みて、イギリス政府軍はカーブルの統治者たるアミール閣下の領域に攻撃目的のため、またアミール閣下の兵士たちに敗北を与えるため、その地で対峙し、アミール閣下の臣民たちの追放の代わりに、まず戦いのことを考慮して占領することを求められた。しかし、アフガニスタンの諸部族はよく以下のことを理解するように。この軍事行動は単にカーブルのアミール閣下の軍に対するものであり、アフガニスタン住民たちに苦労を強いたり、アフガニスタンのサルダールたちSardārān の代々継承された尊厳や権利に対して、いかなる形でも損害を及ぼすというような意図はイギリス政府にはない。イギリス政府の主な目的は、アフガニスタンの諸部族と友好関係を維持すること、彼らの良い働きにより指導者を獲得すること、良い働きの恩賞として彼らを厚く遇すること、そしてイギリス政府の側からは、ヤーギスターン Yāghistān[29] の事象に対してどのような形であれ干渉・介入を行うことなどについては行わない、ということである。従って、（アフガニスタンの）諸部族が友好的姿勢をイギリス政府に対して示し、イギリス政府の敵対者と通じることがない限りにおいて、諸部族に対するイギリス政府による軍事行動の懸念はない。そのため、部族の兵員がイギリス政府軍の前進を妨げたり、敵対行動を選択したりすれば、それは非難と損害以外には何の結果ももたらさないであろうことは確かである。

ヤーギスターン、辺境地域、コーハート地区の全諸部族住民に対する布告[30]

インド総督の命により、1878年11月17日の事件については下記の諸部族に対し口頭で伝達した。すなわち、アーダム・ヘール支族、ジャヴァーキー支族、オーラクザイ支族のモハンマド・ヘール、ドウラトザイ支族のバスーイー、セパーエに対してである。イギリス政府は数年間、カーブルの統治者たるアミール・シェール・アリー・ハーンに友好的な提案を行うことに努めてきた。さらに、イギリス政府はアミール・ドースト・モハンマド・ハーンと締結した条約に関してこれを強固なものとし、そしてさらにイギリス政府の援助や好意はアミール閣下の治世当初より実施され、さらにこれに加えて、彼には数度にわたって多くの資金や武器援助をイギリス政府が与えた。1878年にイギリス政府がカーブルへ友好的外交団を派遣したのは、アミール閣下との友好をさらに強化し、両国間に生じていたあらゆる誤解や疑念を除去し、平和と安全に関する必要な事柄をインド政府、アフガニスタンとで共有するという目的のためであった。しかし、アミール閣下はこのような外交使節団の受け入れを拒否した。アミール閣下がロシアの使節団に対し通常よりすばらしい栄誉とともにカーブルに入ることを許可したという知らせも届いたため、イギリス政府は（外交使節団受け入れのための）さらなる努力を行わなかった。そのため、インド総督閣下は吉兆たる錦の書簡をアミール閣下へなんとかして送付した。その中では、高級使節団がイギリス政府側よりアミール閣下の御前に派遣されることに決せられたが、もしアミール閣下がその来訪を許可しないのなら、イギリス政府はアミール閣下が当方に対し敵対する道を選んだと見なすだろう、と記されていた。それにもかかわらず、アミール閣下がイギリスの高級使節団をアリー・マスジドで足止めしていることは皆の知るところである。さらに、インド総督閣下の書簡への返信は慣例に反している上に簡潔なもので送付された。このように明らかな敵対的状況が両国政府の間には存在していたにもかかわらず、イギリス政府は良い機会をアミール閣下に与えてきた。しかし、これまでのところアミール閣下は適切に行動していないため、イギリス政府は勝利の軍団を攻撃を行うべくアミール閣下の領域に侵入させている。アミール閣下の軍団はその領域内に集結し同地に駐留しているが、イギリス政府は自らの軍によって同地を占領することが適切であると判断するだろう。しかし、ヤーギスターンの諸部族はよく信頼するように。なぜなら、この軍事行動は全てカーブルのアミールに対するものであるからである。そのため、どのような形であれ被害を誰かの名誉に対してもたらすことはイギリス政府の意図するところではなく、また先祖代々からの指導者たちの権利の維持とアミール閣下の臣民の安寧を望むものである。とりわけ、イギリス政府はアフガニスタンとヤーギスターンの全指導者・全臣民と友好関係を築くことを強く望むものである。そして、彼らが貢献してくれるのであればイギリス政府はそれを承認し、恩賞をもって厚く遇するであろう。さらに、ヤーギスターンの諸事情へ干渉せず、財産にイギリス政府は手を出さない。また、ヤーギスターンの諸部族は通過する軍に対して危険や恐怖を与えないように。敵対することを選択せず、良く判断して自身が敵対者に加わることがないように。もしいずれかの部族がこのような敵対行為を選択するならば、その際は非難と損害以外の結果はないことは確かである。

以上の二点の布告はアフガニスタン・英領インドの境域に分布するパシュトゥーン諸部族に対するものであるが、この布告を発した複数の意図を読み取ることができる。まず、イギリスが「カーブルの統治者であるアミール・シェール・アリー」と、その父であるドースト・モハンマド・ハーンの治世から友好関係を維持し、その基盤となっている友好条約をさらに深化させることを意図していた点[31]について言及した上で、両国の同盟関係強化の試みがアミール側の拒絶によって頓挫したことを記している。さらに、ロシアからの使節団を受け入れたことに危機感を感じたイギリスがチェンバレンを長とする高級使節団を派遣しカーブルでアミールと会談を行うように求めた際には、これを拒絶して使節団をハイバル峠を渡る手前のアリー・マスジドから先に進むことを妨げたことなども記されている。この時のイギリスからの要請はインド総督直々の錦で飾られた書簡が送付されたということから、慣例に則った正式なものであった旨も布告において言及されている。以上のように、イギリス側は繰り返しシェール・アリーと友好関係を築くことに努めてきたものの、アミール側の対応の不適切さなどにより、両者の関係が悪化したとして、自らの立場の正当性を主張している。さらに、アフガニスタンに軍事侵攻を行うものの、その対象はあくまでシェール・アリーを中心としたカーブルのアミール政権であって、その他の住民や「ヤーギスターン」と呼称される境域部族地域のパシュトゥーン諸部族たちの指導者やその世襲的社会統治制度には一切介入しない旨についても明確にしている。また、最終的には軍事侵攻の際の交通路確保の観点から、イギリス側の行動を阻害しないことを要望するとともに、協力した際の恩賞授与についても明言している。

このように、第二次アフガン戦争勃発時のアフガニスタンに関するイギリス側の見方では、特に国境地帯についてはカーブルのアミールの権威や権限が完全には及んでおらず、一つの政治的統合体と見なすことはできないと考えていたことが一連の布告からは読み取れる。また、布告の内容から戦後のアフガニスタン統治政策については、あくまでカーブルのシェール・アリーを打倒する必要性と正当性についてのみ言及しており、国境地帯各地に点在していた無数の「小国家群」とも言える諸勢力をどのように統治するかという点については、これまで同様に半独立状態を許容するともとれる言質を与えている。

しかし、これらの布告で示されたパシュトゥーン諸部族に対する政策は直ちに反故にされることになる。まずアミール・ヤァクーブ・ハーンとイギリスとの間で締結されたガンダマク条約の中で、イギリスに割譲された領土にパシュトゥーン諸部族が代々保有してきた土地が多く含まれていたことが挙げられる。さらに、同条約によって認められカーブルに駐在する初のヨーロッパ人大使となったカヴァニャリは、カーブル着任（1879年7月24日の）直前に英領インドとの国境問題、特にハイバル峠とミチュニ峠付近における両国の境界について検討した結果を意見報告書として提出している。以下でカヴァニャリによって作成された両国国境設定に関する文書の内容を確認する。

ランディー・ハーナ Landī Khānah とハフト・チャー Haft Chāh 間の地域はミールジャーン・ヘール支族とその他の襲撃を行うナンガルハールの部族たちからの危険にさらされている。さらに、この地の部族民たちを効果的に統制することが困難であるため、ジャラーラーバードとカーブルへの交易路であるこの地域を守る責任をアミールの政府に任せることが賢いということは明らかであろう。従って、できる限り境界をランディー・ハーナに近い位置に設定することが、給水路

の完全な管理という観点からも望ましい。もしそのように管理されるのであれば、採用すべき最も良い境界はロールガイのシンワーリー族とナンガルハールのシンワーリー族の間の場所に設定するべきである。同地は、聞きおよぶところ、ほぼランディー・ハーナ郊外にあたる。ランディー・コータル高地からつながっているため、ハールガリー村 Khārgalī[32] はイギリス支配下の領域範囲内に含まれるべきである。ハールガリー西側のアフリーディー族分布地区の範囲に関しては、アフガン政府に関係する問題というよりも、アフリーディー族、及びほぼ独立状態にあるシンワーリー族との間の問題であるため、議論を行う利点は全く存在しない。ランディー・ハーナからカーブル川にかけての境界ラインは（……省略……）モフマンド族のシルマーニー支族とムラゴリー支族が居住するアミールが管轄する高地、およびラールプーラの「ハーン国 Chiefship」の一部であるカマ・ダッカ Kamah Dakkah は境界のアフガニスタン側に残す。

厳密に言えば、ミチュニ峠はガッタ・グーダルにおいてカーブル川を越えるが、そこからペシャーワル地区のミチュニ城塞へと流れていく。カーブル川北側に居住するモフマンド族は正確に彼らが分布していた通りにそのまま残すことが適切である。なぜなら、我々が西側のゴーシュタ Goshutah とカマー Kamā ほど遠方までのモフマンド族に対するアミールの政府（の管轄権を）取り上げることを準備していない限り、全ての（モフマンド）部族を一方の管轄下に保持することは不可能であるからである。最適な方策はカーブル川北側のモフマンド族がこれまで通り扱われることであろう。つまり、ハールーンザイ支族とその他の支族は、ペシャーワル地区に直接的関係を有するとともに、土地を保有しているため、カーブル政府とは独立的に遇されるべきである。モフマンド族に関するその他の問題は、アフガニスタンのアミールに状況に応じて委ねることが適切であろう。[33]

このカヴァニャリによるアフガニスタン、英領インド境界設定のための意見書は、明確に開戦前に国境地帯の諸部族たちに対して発せられた布告の内容と矛盾している。この意見書の内容全体を以下で分析する。まず前半部分では、国境設定を行うに際しては、国境地帯をアミールが実質的に管轄できていないことを理由に、この問題についての議論をアミールと行う必要がないと断定している。従って、イギリスがパシュトゥーン諸部族の各勢力が個別に当該地域を統治していたという認識を有していたと理解できる。後半ではモフマンド族への対応について提言を行っている。その中では、ペシャーワル地区に何らかの利害関係や人的関係を有すると考えられるモフマンド族の各支族についてはイギリス管轄下に置き、その他のモフマンド族についてはアフガニスタンのアミール側の管轄とする点に言及していることから、モフマンド族を分断する形で両国の境界設定を行う意図があったことは明らかである。そのため、国境地帯のパシュトゥーン諸部族の分布や権力構造、さらには社会・経済的紐帯を考慮しない形で、イギリス側の都合による国境線設定が意図されており、開戦前のパシュトゥーン諸部族への布告の内容とは完全に異なる対応がとられていることがわかる。

以上の通り、第二次アフガン戦争によりイギリスはカーブルのアミールを中心としたアフガニスタンという国家を保護国としつつ、自らの影響力を増大させていったが、同時にそれまでは名目上でのみアミールの権威を認めていた国境地帯の部族諸勢力についても、イギリスは自らの意思に基づいてその管轄権をアフガニスタンとの間で分割する政策を実行しようとした。この政策は、それぞれの政府が中央集権的統治を行う国家と、各々の国境線画定により主権の及ぶ範囲を限定するという近代国家の存在を前提としていることは明白である。従って、イギリスによるアフガニスタン統治政策の一環として、それまで独自の支配構造を維持してきた、パシュトゥーン諸部族による「小国家群」が存在する国境地帯を連絡・交通路の確保と安定的維持を行うという観点から、同地域が中央集権的な国家としてのアフガニスタン、英領インドいずれかの国に属するべきであるというイギリス側の思考は、部族統治のあり方に多大な影響を及ぼすことになる。

3－2　第二次アフガン戦争後のラールプーラのハーン――モハンマド・サディーク・ハーン

イギリスによるアフガニスタンへの軍事侵攻とその後の統治政策の推移に際して、国境地帯の部族諸勢力がどのような対応を見せたのかについて、以下でラールプーラの「ハーン国」を事例に具体的に検討していく。前述の通り、1874年にシェール・アリーと息子のヤァクーブ・ハーンとの間で生じた対立時にヤァクーブ側に立ったノウルーズ・ハーンはシェール・アリーによりハーン位を追われ、モハンマド・シャー・ハーンがハーン位に就いた。ただ、逃亡したノウルーズ・ハーンとその一族は一定の影響力を保ち続けたが、1877年にノウルーズ・ハーンが亡くなると、息子のモハンマド・サディーク・ハーンたちはペシャーワルにてイギリス保護下で暮らすことを選択した。一方、シェール・アリーはこの混乱に乗じてラールプーラのハーンが保有していた多くのジャーギール地を接収したため、ハーンの権限は縮小しつつあった。このような状況下で第二次アフガン戦争が勃発し、カーブルから逃亡しその後死去したシェール・アリーに代わって、アミールとなったヤァクーブ・ハーンは1879年5月にガンダマク条約をイギリスと締結したが、同年7月にヤァクーブ・ハーンはラールプーラのモハンマド・シャー・ハーンからハーン位を剝奪した。[34] これは、古くから自らを支持し血縁的にも母方の叔父にあたる故ノウルーズ・ハーンとその息子で従兄弟のモハンマド・サディーク・ハーンと敵対し、さらにシェール・アリーの推挙によってハーン位に就いたモハンマド・シャー・ハーンに対する敵意を反映したものであると推測される。このような事情により、イギリス統治下のペシャーワルにおいてその保護下にあったモハンマド・サディーク・ハーンは、ペシャーワルから逃亡する形でラールプーラへと帰還し1878年7月にラールプーラのハーン位に就いた。[35]

すでに繰り返し述べた通り、ガンダマク条約締結後の9月にはイギリス大使としてカーブルに着任していたカヴァニャリの殺害と、これに端を発したイギリス軍再侵攻とそれに続く混乱状態が生じていた。同年11月12日にイギリス軍により占領されたカーブルにおいて、ヤァクーブ・ハーンはアミールから退位することをイギリスに提案し、12月1日にアミールから退位したうえでイギリス軍に伴われる形でインドへと逃亡した。さらに同月23日にはカーブル市内シェールプール Sherpūr[36] におけるイギリス駐屯地において現地人の蜂起が発生し、イギリス軍を率いるロバーツ将軍も同地に足止めされる状況になったため、英領インドからカーブルまでの交通連絡路の確保が極めて重要となっていた。このため、英領インド・パンジャーブ州知事[37]はモフマンド族を自らの陣営に取り込むことで、喫緊の課題であるカーブルとの連絡路の安全確保に対応する必要をインド政庁に対して上申している。[38] この中では、ラールプーラのハーンとなっていたモハンマド・サディーク・ハーンがイギリスのために適切な働きをするという条件において、彼をイギリス政府がハーンとして正式に承認するとともに、その領土と収入の保全を約束するという具体的提案もなされている。[39] アフガニスタン情勢の緊迫化により早急な対応を迫られていた英領インド政庁は、前述の意見具申を直ちに受諾し、モハンマド・サディーク・ハーンに対して彼のラールプーラのハーンとしての地位を正式に承認した。これを受けて、サディーク・ハーンはイギリスに対して文書を通じて改めて彼のハーン位を保障するように求めた。この経緯については、ハイバル峠周辺地域の政務官であったカニンガムF. D. Cunninghamがペシャーワル駐在の弁務官であったウォーターフィールドW. G. Waterfieldに向けて、1879年12月18日付にて以下のような詳細な報告を記している。

私は、ダッカの政務官補であるマーク氏からの手紙の原文における内容を報告するものである。それによると、彼はイギリス政府からの文書による承認がラールプーラのハーンであるモハンマド・サディーク・ハーンに与えられることを推奨している。それは、モフマンド族の長としての彼の地位と、前アミールのヤァクーブ・ハーンにより与えられていたジャーギールや報償金の享受権維持・確約を意味するが、彼が我々イギリス政府に対して忠誠と積極的な働きを見せるという条件の下での承認となる。そして、1879年10月24日付の閣下への電報に記した通りインド政府外相によって承認された条件においてイギリス軍へ将来的に支援を行うことにより、10月末にモハンマド・サディーク・ハーンは資格を満たしたことによる保護の保障を受けた。

この消極的、あるいは部分的な保障はハーンに良い影響を及ぼし、イギリス政府はその時約束を交わした立場にあるということは誰にとっても疑いのないことであった。しかし、この状況はその後変化した。第一段階として、イギリス政府の最終的政策や目的が不明であったが、状況の進展により無条件でラールプーラが再びカーブルのアミールの臣下となることを正当化することもありえた。第二段階として、前アミールの退位が、周辺諸部族によって解釈されているように、彼の復位という一族のいく人かの人物たちの中で抱かれたこれまでの希望に深刻な影響を与え、ジャラーラーバード近隣にて明らかな敵対行為に及んでいるハーン自身の部族のモッラーたちやヤァクーブ・ハーンの信奉者たちによるハーンへの圧力が増大するほどの騒ぎを引き起こしていた。

カーブルにおける先日の事件とギルザイ族とコーヘスターンの者たちKohistān[40]の恐ろしい連携によって我々の軍に対して示された断固とした抵抗の報告は、現在まで無抵抗である部族の間で不安定な感情を生み出す結果につながっている。そしてこのことは、以前より大きな活力を伴って、現在、モッラー・ハリール Mullā Khalīl とハーッジー・ベドマーニー Hājī Bidmānī[41] によって入念におよび起こされている。モフマンド族は多くのパシュトゥーン諸部族よりもさらに容易にそのような頑迷な者たちの説教により揺れ動くということも心に留めておかなければならない。さらにサディーク・ハーンは現在まで彼らの誘いを退け、彼らを監視下に置いているが、心の内ではノウルーズ・ハーンの息子として、そして前アミール恩顧の従兄弟としての両面でヤァクーブ・ハーンの大義に従っている。そのため、彼にとっては熱心な説教に抵抗し続けることは困難に違いなく、また同胞の集団[42]に加わるという誘惑は彼にとって非常に大きいものであるに違いない。そのため、疑いを超えて、我々の大義における良い働きが彼の地位と俸給の享受において、我々が一貫して彼を支援することによって報われるであろうことの確約をしない限り、我々は誘惑に抗する彼の忍耐に頼ることはできない。アミールや大臣たちが次々とインドへ移送される光景を目撃し、臆病で疑いぶかいハーンは、自分自身の順番が来る可能性を恐れるようになった。そして、不合理なこの恐れが、一つの書面による承認によってのみ効果的に拭い去られるのである。それゆえ、私は強くマーク氏の勧めを支持し、状況が急を要することであり遅れは危険を伴うため、イギリス政府からの迅速な命令通達を信じるものである。

ハーンのジャーギール地であるナンガルハールの村々での穀物や現金における推計評価額は6万4140ルピーであり、イギリス政府が直接管理下に置いているハイバル峠を通る道路からの通行料の補償も合わせて、ハーンが要求している承認（事項）に当然含まれるべきであり、私は強く遅延なく付与することを推奨する。

ゴーシュタの長であり（モフマンド族）バーエザイ支族の指導者でもあるムガル・ハーン Mughal Khān は我々に対して敵対的である。また、その親族であるチャルデ Chardeh のサイィド・アミールは彼の考えに同調している。この危機においてはラールプーラのハーンを完全に我々の側に取り込むことが最も重要である。彼はバーエザイ支族の間でも影響力を有し、モフマンド族の他のすべての支族を統制下に置くことができる。また、積極的協力はムガル・ハーンの敵意を中立化するのに大いに効果があるであろう。

二日前にジャラーラーバード太守 Hakim の例に続いてサディーク・ハーン（に対する危険性の）可能性の見地により、彼の母違いの兄弟であるモハンマド・アクバル・ハーンには、何らかの名目上の立場にて我々のために勤めることで月２５０ルピーの報酬付与を承認するように閣下に書き記した。なぜなら、彼はしばしばイギリス政府の下で働くことを望むことを表明しており、ハーンは以前このことを嫌ってはいなかったからである。私の目的はハーンを見捨てるべき時に備えて彼を掌握しておくことであった。もしアクバル・ハーンがラールプーラにいたならば、彼は兄弟であるハーンに付き従うことを強要されるかもしれない。しかし、マーク氏はハーンを警戒させることなしにこれを実行するのは不可能であり、今は我々が彼（ハーン）に疑いを抱いておりラールプーラにおける後継者を用意しているという推測をする理由を与えないことが重要である、と私に告げた。しかし、好機が到来した際にはこれを逃さずに、私はハーンに懸念を抱かせず、ラールプーラの外に連れ出し、今後必要な際に利用するために我々のもとで確保する計画であるアクバル・ハーンの適切な働きを見出すために努力するつもりである。アクバル・ハーンはサディーク・ハーンと同程度に前アミールとの親交があったが、彼はヤァクーブ・ハーンに対する同様の感情によって揺り動かされることはない。（……省略……）ラールプーラの前ハーンであったモハンマド・シャー・ハーンは６０００ルピーを、その兄弟のアブドゥル・アズィーズは５０００ルピーを与えられていた。人物的にサディーク・ハーンを大きく上回る活動的な男であり、心強い人柄の持ち主で、強欲ではないアクバル・ハーンの立場を安定させることが重要である。なぜなら、彼は当然ながらモフマンド族たちに多大な影響力を有しているため、もし彼がモッラー・ハリール一党に加担した場合、我々に深刻な影響を与えるであろう。彼は十分な報奨金、すなわち年間４０００ルピーの収益に相当するジャーギールをジャラーラーバード地区の村々において受け取るという承認を受けるべきである。

閣下のダッカ訪問の際には、閣下に対してラールプーラのハーンはもはやカーブルの臣民ではなくイギリス政府に従属するという彼の立場を自ら明示した。私はその返礼としてハーンとその兄弟に対してこれを承認する賜衣を授与することを推奨する。この褒賞として、ハーンには時計と鎖、ライフル、ショールを、そして三名のハーンの兄弟にはそれぞれに銃と衣服 lungī を、二名の近侍 muʻtabar と代理人たちには衣服が適切である。

結論として、遅滞なくハーンを安堵させることが急務であるために、素早い命令が求められ電報によって連絡されることを強く要請するものである。[43]

前述の通り、サディーク・ハーンへの対応に関する報告を受けたペシャーワル駐在の弁務官ウォーターフィールドは1879年12月18日、サディーク・ハーンに対しモフマンド族の族長や指導者たちを参集させるように要求した。これを聞き入れたサディーク・ハーンはモフマンド族の様々な支族からなる代表たちを参集させ彼らを厚く遇したことにより、イギリスの意向に沿って行動することを証明し、かつ部族内で一定の支持を獲得したと見込まれること、および彼の地位が安定的であることを望んだイギリス側の意向もあり、ウォーターフィールドは彼のハーン位を証書 Sanad によって承認する運びとなったことに言及している。[44] しかしその一方で、その同日にはサディーク・ハーンの母親違いの弟であるモハンマド・アクバル・ハーン Muhammad Akbar Khān を表向きはハーンの権力基盤強化のためとしつつも、実際はハーンに対して大きな影響力を及ぼし、なおかつサディーク・ハーンに問題がある場合にはその

代りとなる可能性のある人物として利用するため月額250ルピーを支払うことをカニンガムからの提案通りに承認している。[45]さらに、ペシャーワルを管轄するパンジャーブ州政府のグリフィンはウォーターフィールド弁務官からの報告を受けて、1880年1月7日付でインド政庁外相宛にて以下のように報告を行っている。

> 先月20日（1879年12月20日）の閣下からの電報に含まれていた指示に従って、イギリスの保護下にて完璧に忠実で、かつ良い働きをするという条件でモハンマド・サディーク・ハーンはハーンとして承認され、彼のジャーギールと報奨金を保障した。[46]

このように、イギリスがラールプーラのハーンを自らの完全な統制下に置くことを急務としていた大きな理由は、カーブルでの騒乱の発生とこれに伴う英領インドとの交通・連絡路の安全確保ということに加え、カニンガムが述べている通り、モフマンド族などの間で拡大しつつあったモッラー・ハリールの影響を考慮したものであった。モッラー・ハリールの祖父は現在のパキスタン・ハザーラ地区在住のスワート出身者であったと言われ、すでに1879年3月の段階でカマ・ダッカにおいてイギリス軍に対して襲撃を行っていた。また、後にスワートの王 Bādshāh に即位しその後ワーリー Wālī となるミヤーングル・アブドゥル・ワドゥード Miyān Gul ʻAbd al-Wadūd（在位1917—1949年[47]）の叔父（父の兄）であったミヤーングル・アブドゥル・ハーナーン Miyān Gul ʻAbd al-Hānān Miyāngul と密接な関係を有していたことがイギリス側史料から明らかになっている。[48] モッラー・ハリールはモフマンド族の村落共同体において活動していた在地モッラーであり、ハールーンによる研究で詳細に検討された通り、アフガニスタンと英領インド国境地帯のパシュトゥーン社会における在地のモッラーたちにより形成されるナクシュバンディー・ムジャッディディーヤの師弟関係 Pīr-Murīdī による緊密かつ広域的なネットワークを構成する一員であった[49]。イギリス側がモッラー・ハリールのモフマンド族諸集団間での根強い支持とその言動への強い警戒心を露わにしており、さらにこのような彼に対する警戒心から、カーブルのアミール政権が代々その地位を保障してきたラールプーラのハーン位をイギリスが保障するという大きな統治政策の決定を行ったという事実は、モッラーのパシュトゥーン社会における役割を検討するにあたり極めて重要である。なぜなら、ハールーンが主張するところのアフガニスタン東部や英領インド国境地帯の村落共同体におけるモッラーたちのパシュトゥーン社会における法の施行やジルガにおける裁定への関わり、さらには共同体全体の動向に与える影響力という点がモッラー・ハリールには顕著に見られる。従って、この点を考慮すると各々の共同体の一員として融合しつつ存在していたとするハールーン見解を証明するような状況が、20世紀に入る前の19世紀後半の段階において、すでにモフマンド族たちの間でも生じていたと考えられるからである[50]。

4　1880年1月モフマンド騒乱の展開

イギリスは1879年末の段階ですでに騒乱状態に陥ったカーブルを中心としたアフガニスタン統治

をどのような形で、誰に委ねるべきか新たな統治政策を模索するという極めて困難な政治課題に直面していた。このような先行き不透明な情勢下において、英領インド・アフガニスタン間の兵站を適切に維持するための交通路確保の重要性が増大し、両国の領域に跨って居住するモフマンド族を自らの影響下に置くことが必要不可欠となっていた。このような中で、前節で述べた通りラールプーラのハーン、サディーク・ハーンのジャーギール保有やその財産・地位の保護をイギリス自らが保障するに至ったが、状況を一変させる事件がその直後に発生した。これが、1880年1月上旬に生じたモフマンド騒乱である。モフマンド騒乱の経緯については、ダッカ駐在・政務官補佐、マークが詳しく状況報告を行っており、この中では当事者であったラールプーラのハーンからのペルシア語書簡の写しも含まれている。本節では、モフマンド騒乱の顚末とその後の状況について明らかにするとともに、イギリスと部族勢力との関係についても検討する。

事の始まりは、ダッカからおよそ25㎞の距離にありカーブル川左岸上のモフマンド族ハーエザイ支族の村であるパローサイ Palosay に200名程の略奪を行う一団がやってきたというヒジュラ暦1297年モハッラム月23日、すなわち1880年1月6日にモハンマド・サディーク・ハーンからマークにもたらされた情報に端を発する。以下でサディーク・ハーンからの書簡の内容を記す。

本日、モハッラム月23日火曜日正午の出来事であるが、カーディー・ゴル・ハサンとマリク・トラーバーズ・ハージャザイをパローサイの略奪者集団 ḍākah 討伐のためモフマンド族の部隊の兵員を伴わせて派遣した。彼らの状況を窺いつつ対処を行い、幾人かは捕えて引き出したうえで服

従させるであろう。ヒジュラ暦1297年モハッラム月23日付
自筆にて
ラールプーラのハーン　モハンマド・サディーク・ハーン　自らの土地で[51]

この知らせがマークにもたらされた同日に、モッラー・ハリールの友人が他の三名の者とともに火薬を爆発させるという事件を起こしたことが報告されている。約200人の略奪団はパローサイにそのまま留まり、通常はすぐにカーブル川を渡河して攻撃・略奪行為を行うそれまでの略奪・強盗団とは異なる行動をとった。このことから、マークはこれが単なる略奪行為を目的としているのではなく、より多くの人々が集まり始めている兆候であると警戒している。そこで、ダッカの政務官カニンガムに事態を直ちに報告するとともに、ダッカ守備隊から兵員を派遣して、次々と集結している人員1000名以上が、その後大挙して渡河し攻撃することを防ぐため、彼らを包囲するという作戦を提案した。[52]

翌日の1月7日になると、モッラー・ハリールがパローサイに集結したおよそ300名とともに、さらに召集を強化したという報告が届いたため、マークは懸念が現実のものとなりつつあることを実感していた。しかし、イギリスにとってはこの集団がカーブル川を渡ってさらに進軍するだけの十分な兵力を集めることができるかどうかという点が問題であった。モッラー・ハリールは六週間に亘って熱心に部族民を決起させようと説いており、直前にカーブルで生じた騒乱に関しこの地域では大いに誇張された形でその状況についての噂が流布していたことも手伝って、元々攻撃に対して消極的な者たちさえも鼓舞するような状態となりつつあった。そのため、イギリスはラールプーラのハーンが人々の渡河を妨

害することは不可能であると考え、衝突は不可避であるとも見なしていた。そこで、同日中にダッカ守備隊から偵察部隊を派遣して、全ての兵員に対して将来的に生じると考えられる戦闘での作戦について周知させた。

同日午後には、マークはサディーク・ハーンと直接面会した。その際にサディーク・ハーンはイギリスへの忠誠を示すとともに、前述の部族民集結について重要視しない見解を表明し、これをすぐに解散させると述べた。同日夜には、サディーク・ハーンから以下の書簡がマークの下に届いている。

親愛なるダッカ政務官マーク殿

本日、次の礼拝時に以下の四名がジルガ（に参加する代表）としてパローサイから来訪することになった。まだ彼らと話し合いを行っていないので、今夜彼らと話し合いを行う。私は朝までに彼らを解散させるので、貴殿は必ずや訪問の目的を達し、万事うまくいくであろう。自筆にて

ラールプーラのハーン　モハンマド・サディーク・ハーン　自らの土地で[53]

このようにサディーク・ハーンはモッラー・ハリールらとの協議を行うことを報告している。この間にもマークは状況変化に対応すべく、ダッカ守備隊から100名に対し即応態勢をとるように準備を整えさせている。

翌日8日にサディーク・ハーンからモッラー・ハリール側代表団との会談内容について報告がもたらされている。それによると、サディーク・ハーンはモッラー・ハリール率いる部族部隊 Lashkar に直接

干渉せず、部隊の兵員は自らの居住地に戻るか、あるいは互いに戦うかどうかの選択を迫ったが、代表団はこれに対して明確な回答を行う権限を与えられていなかったため、指示を仰ぐためにパローサイに戻ったという内容であった。さらに、周辺のモフマンド族がモッラー・ハリールの部隊にこれ以上加わるのを阻止するため、ラールプーラなどからパローサイへの浮舟 Mussuck の供給を禁止し[54]、兄弟のモハンマド・アクバル・ハーンを従者とともに派遣して部隊を解散させようとしていることも併せて報告している。また、内密にサディーク・ハーンはモッラー・ハリールと面会するためにパローサイに赴き、撤収するように説得する交渉を行うことも提案した。なぜなら、すでに多数の部族民が集結している現状で部隊を解散・撤収した場合、モッラー・ハリールの権威を失墜させる恐れがあったため、彼は渡河が困難な状況となってもパローサイに留まらざるをえない。従って、実際に会談を行って折り合いをつけた上で部隊を解散・撤収させれば彼の体面は保たれ、さらにイギリス側の目的も果たすことができるという理由によるものであった。これを受けて、イギリス側はサディーク・ハーンにモッラー・ハリールとの直接交渉を行うことを認めるとともに、交渉を通じて事態を解決に導いた場合にはその功績を高く評価することも合わせて伝達した。イギリスによる会談の許可を得たサディーク・ハーンは、すでにモッラー・ハリールとの面会を行うため、事前会談を行った代表団一行に賄賂をわたして直接面会する手筈を整えていた。しかし、マークは事態がこのまま沈静化するかどうかは予断を許さない状況であると考え、万が一に備えて数日間、カーブル川を封鎖の上、筏による通行を停止させるようジャラーラーバードとバサワル Basawal[55] に電報を送るとともに、サディーク・ハーンにもラールプーラにおいて同様の措置をとることに同意させた。さらに、周辺地域に警戒のための部隊を配置し、近隣の集落にはモッラー・ハリールの部隊が渡河した際には被害を避けるために家族を避難させるように告知をした。九日の午後、サディーク・ハーンからの書簡がマークに届けられた。その内容は以下の通りであった。

親愛なるマーク殿
昨日、悪事を働く者たちに関して会談した際、さらに先のことについて検討した。実際、本日金曜日にモッラー・ハリール側から到着したジルガ代表団と話し合いを行って、疑いなく我々の要求に応じることが明らかとなった。私がモッラー・ハリール率いる集団のもとに赴いて仲裁を行うということが適切で良い方策であると考えたので、自身が赴くことを検討している。そこで、明日貴殿と会談して直接お許しを得て、モッラー・ハリールのもとへ向かう。きっと私の同地への到着は神の意志により、悪人たちを解散させるであろう。
ラールプーラのモハンマド・サディーク・ハーン　自筆にて[56]

このように、サディーク・ハーンはモッラー・ハリールと直接会談を行って事態を収拾すること、および事前にマークと面会・会談することについて触れている。実際、同日夜にサディーク・ハーンはマークのもとを訪れ最新の情報を提供している。それは、モッラー・ハリールはパローサイからよりラールプーラに近いレイナ Reina に200名を伴って到着しており、パローサイにはさらにおよそ400名の新規加入者が集結しているという内容であった。さらに、三つの軍旗が確認されたとの情報ももたらされている。モフマンド族の各村落における諸部族、あるいは支族などは各々独自の軍旗を保有しており、ラールプーラのハーンは暗赤色、サフィー族は白などというように独自の色の軍旗が存在し、各村落や支族の者たちは自らが属する集団の旗の下でその命に従うのが通例であった。[57] この新たな情報を受けて、イギリス側はシーンポーフやカマ・ダッカといった周辺地域にも情報収集を行う者たちを新たに派遣するとともに、近隣に駐在していた第17ベンガル騎兵連隊からも騎兵を配置し、さらにはカマ・ダッカが敵軍に占領された際には情報伝達するための狼煙をすぐに放てるように準備を整えた。このように、すでにモッラー・ハリールを中核としたモフマンド族から構成される部族部隊による大規模武装蜂起は不可避と捉えて対応策が講じられていった一方で、サディーク・ハーンのイギリスへの忠誠と彼の力によって部族部隊を撤退させることができる可能性についての希望的観測もイギリス側には存在した。そのため、マークはサディーク・ハーンへの返信において、働き次第でさらなる評価を与えることに言及しつつ、部族部隊を撤収に追い込むように促している。このように、モッラー・ハリールの勢力は拡大しつつあったものの、ラールプーラのハーンであるサディーク・ハーンはイギリス側の意向に沿って行動しており、イギリス側の防備体制も事前に整いつつあった。

しかし、1月10日未明に状況を一変させる出来事が生じた。これは、ダッカ砲兵隊 Jazāilchī がサディーク・ハーンの砲兵隊に向けて誤って発砲したことに端を発する。サディーク・ハーンはモッラー・ハリールらのカーブル川渡河を阻止するために砲兵隊員20名をシーンポーフに配備することを計画し、数日間ダッカ近郊に駐留していた砲兵隊員を移動させることをイギリス側に願い出た上で許可を得ていた。このイギリス側からの発砲事件の後、サディーク・ハーンの砲兵隊員と騎馬郵便配達人は夜明け前に逃亡し、さらに渡し船も消失していた。これを受けて、マークは直ちにラールプーラに留まっていたサディーク・ハーンと直接会談を行うよう要請する書簡を書き送った。ところが、サディーク・ハーンは夜のうちにラールプーラのヒンドゥーたちから2000ルピーを強制撤収するとともに、モッラー・ハリールが400名の部族部隊を伴ってラールプーラに入るという事態に発展した。サディーク・ハーンの代理人であるラール・モハンマドはマークに対して、サディーク・ハーンはイギリス軍が彼を捕縛しようとしているとの恐れを抱いたため、渡し船を流したという経緯に言及した。このような偶発的事態による誤解が生じたことにより、サディーク・ハーンは極度にイギリス側の動きを警戒し、相互の連絡も困難な状況に陥ってしまった。この状況を打開すべくマークが1月10日午前にサディーク・ハーンに宛てて急遽書き送った書簡では、以下のように書き記している。

偉大なるラールプーラのハーン、モハンマド・サディーク・ハーン殿

閣下からバサワルより届けられた悪魔の如き知らせは偽りである。イギリス政府はそのような偽りを述べるものではない。もしそうであるならば、どうして閣下にハーン位を（保障する）言質を与えたのか。恐れることは何もないということを理解するように。もしイギリス政府の意図が閣下を捕らえることであるならば、何度も捕らえることができた。閣下を破滅させることを望んでいるという人々の噂話に耳を貸さないように。私は閣下の友人であり、友として処遇している。それゆえ、私自身が閣下に全幅の信頼を置いているように、閣下も熟慮の上当方を信頼することを望む。閣下が恐れることは何もない。なぜなら、イギリス政府が閣下にハーン位を保障する言質を与えたことに（疑いの）余地はない（……省略……）従って、ハーンは自らの味方を恐れている

のである。イギリス政府（との関係）が一日のものではないということを思い出し、自らの立場に背くものは再びすぐにはその場に落ち着くことはできないであろうことを考慮するように。このことに関する私への回答を返信するよう求める。
1880年1月10日付、ダッカ[58]

このように、イギリスがサディーク・ハーンに対して敵対的行動をとる意図は皆無であり、相互の友好関係とイギリスに対する恐れを取り除くように促している。この間にも、カーブル川対岸に集結した部族部隊は今にも行動を開始する様子を見せていたため、サディーク・ハーンの代理人として前記の書簡を受け渡す役に当たったラール・モハンマド La'l Muhammad に対して、サディーク・ハーンによる書簡の返信と回答を同日日没前までに届けるように伝達している[59]。同時に砲兵隊を配置するとともに、部隊を各所に展開し始めた。この間、対岸からの散発的な砲撃なども見られ、本格的衝突も間近と考えられていた。午後四時頃にはサディーク・ハーンからの返信が届けられている。その内容は以下の通りであった。

親愛なる友人ダッカ政務官マーク殿
書簡を読むことで状況が明らかとなり、口頭でもラール・モハンマドが貴殿からの連絡内容を知らせてきた。我々がこのように分裂した中ではイギリス政府のために再度働くことはできないというのが当方の実情である。できる限り行動してきた（……省略……）我々の側からは決して脅すような行為を行うことはない上、叛意を表すこともない。しかし、新たな信頼（構築）は困難なことであろう。ただ、貴殿が言及していた船に関しては、モフマンド族の部族部隊の者たちが無理やり（……省略……）船を当方（ラールプーラ）の側に向けて出発させたものである。ヒジュラ暦1297年モハッラム月26日付
ラールプーラの地より
ラールプーラのモハンマド・サディーク・ハーン　自らの土地で[60]

イギリス側はこの返信を受けて、サディーク・ハーンへの不信感を募らせることとなった。なぜなら、彼が書簡後半においてイギリスが使用するための船着場での船については、「モフマンド族の部族部隊の者たち」の責任として言及されているように、モッラー・ハリールが召集した者たちが無理やりラールプーラ方面へと出立させたと主張しているが、書簡の受け渡しを行ったハーンの代理人であるラール・モハンマドから口頭にてイギリスを恐れたサディーク・ハーンの手の者が船を出立させたことが判明していたからである。加えて、その後のイギリス側の調査によって41個の穀物袋が入った船が発見され、これらの物資が敵対する部族部隊に対する供給物資であったことが明らかとなっていた[61]。つまり、サディーク・ハーンがイギリスに対して虚偽の内容を報告していることが明確となったことから、彼に対する信頼が大きく揺らぐことになったと考えられる。一連の状況の報告を受けたカニンガムはペシャーワルの弁務官に対して今後の方針について提言を行っている。

本夕刻までハーンには、十分な説明を行うか、もしくはこちらに来訪するための時間的猶予が与えられている。もし彼が適切に行動しない場合は、アクバル（・ハーン）との関係を直ちに開かなければならない。そして、可能であれば彼をカーブル川のこちら側の岸に配置しておく必要がある。[62]

このカニンガムからの提案については、前述の通りイギリスがサディーク・ハーンをラールプーラのハーンとして正式に承認した際に、兄弟のアクバル・ハーンを万一の場合に備えて「後継者」として厚遇していたことと関係している。サディーク・ハーンのハーン位公認からわずか一月《ひとつき》足らずの間に彼への信頼は失墜し、ハーンをアクバル・ハーンへと交代させる意向が初めて示されたのである。

このように将来的な政策が議論される中、現場においても当事者との連絡が開始されている。マークは1月10日正午頃にアクバル・ハーンからとされる書簡を受け取っている。しかし、この書簡を届けた人物が前アミールのヤァクーブ・ハーンの支持者として知られるバードシャー・ゴル Bādshāh Gul という人物である上に封印がなされていなかったことから、当初イギリス側はこれを虚偽の書簡であると考えていたようである。[63] その内容は以下の通りである。

親愛なる永遠の友、ダッカ政務官マーク殿

私は以前、モハンマド・サディーク・ハーンはイギリス政府の敵であるが、他方私はイギリス政府の味方であると申し上げた。現在、モハンマド・サディーク・ハーンは自身の拠点を移動させ、謀反を起こした上で逃亡している。私はイギリス政府の友として善を望む者であるので、ラールプーラのハーン位を授与することを承認する署名をご送付いただければ私は自らの責務を果たす。ただ、もし後日誰か他の者が（ラールプーラのハーンとして）認められた場合、私には破滅がもたらされるので、暇が与えられるように望む。

ラールプーラのモハンマド・アクバル・ハーン、自筆にて[64]

この書簡受領と同時にアクバル・ハーンに向けて、これまで通り行動するよう指示する内容で伝令を送っている。これを受けて、同日午後8時頃にアクバル・ハーンから以下のような内容の書簡が届けられている。

親愛なる永遠の友、ダッカ政務官マーク殿

私は以前にもカニンガム氏のもとへ書状を送ったが、その中ではモハンマド・サディーク・ハーンはイギリス政府の敵であり、私はイギリス政府の味方であると記した。そして貴殿にも（そのように）お伝えしたが、私の言をお信じにならず、目下、私を敵側と決めつけてしまった。私が望むところは以前のような友好関係と貴殿らのために働くことであり、私はあらゆる勤めを必ず達成するべく努める。さらに、イギリス政府がラールプーラのハーン位を私にお授けいただけるのであれば、以後この領域内においては私が責任者となるので、貴殿らが反乱を目にすることは決してないだろう。今回もし事前に当方に対してモハンマド・サディーク・ハーンの反乱が知らされていたなら、私が当該部隊を壊滅させていただろう。しかし、知らせを受けたのが真夜中であったので部隊はラールプーラに到着してしまい、事は我々に味方するところから離れていってしまった。ご好意によりハーン位を授けていただけるのであれば、ご自身の署名 Dastkhatt を書状の運び手にお渡しになりますように。それは私の心の慰めとなるだろう。また、口頭で状況が伝達されることで、書簡の内容を補うことになるだろう。

ラールプーラのモハンマド・アクバル・ハーン、自筆にて[65]

このアクバル・ハーンからの書簡の内容は、虚偽と見なされていた前述の書簡の内容と重複する部分が確認できる。このことから、アクバル・ハーンは、サディーク・ハーンが叛意を見せつつある状況を自らの好機と捉え、早々にラールプーラの支配権と地位の保障をイギリスに対して要求していることが窺える。このような状況の中で、実際の現場を担当するマークやカニンガムと異なり、ペシャーワル駐在のウォーターフィールド弁務官はサディーク・ハーンがモッラー・ハリールの部隊に加わることはないと考えており、彼をハーンとして維持することに努めるべきであるとの考えに基づいて、カニンガムらに指示を下していた[66]。そのため、カニンガムはその指示に基づいてサディーク・ハーンのイギリスへの恐怖心を再度取り払うべくマークを経由して書簡を送付している。ただ、その中ではイギリス側の満足がいくような説明を行うための時間的制限を設けており、1月11日午前11時までに回答がない場合にはイギリス側が自らの裁量で行動を開始することを告げた。これは、カニンガムが現場の判断としてすでにサディーク・ハーンの言質を信頼できないと見なしていたためであったと考えられる。特に、前述の通り、船着場の船が彼の手の者によって勝手に出立させられてしまったという点については、ラールプーラのハーンが自らの従者Chaukīdārを船上に配置していたために、ハーンの許可なく船を動かすことは不可能であるということはイギリス側にとって周知の事実であったにもかかわらず[67]、ハーンが虚偽の報告を行ったことはカニンガムにとっては不信感を募らせるのに十分な理由があったと推測される。このようなカニンガムによるサディーク・ハーンへ不信感から、彼は同日中にさらに明確に以下のような踏み込んだ政策提言を行っている。

マークが明日11時までという時間制限をハーンに与えたため、その時点まではアクバル・ハーンに対するハーン位に関する明確な言質を与えることはない。彼は影響力と能力を有し、後日強力なハーンとなるであろうが、しかし現情では、その背信行為が大いにモッラー・ハリールの力を増大させ、ペシャーワル境界沿いにおける問題を引き起こしたとはいえサディーク（・ハーン）を維持することがより重要である。彼は目下、人員と財力を有しており継続的に問題対処できる。しかし、明日の正午までに彼が自ら出頭しなかった場合、私はアクバル（・ハーン）がラールプーラのハーンを宣言することが承認されるべきであると主張する。（……省略……）サディークを維持するためにあらゆる努力を惜しまないことは賢明である。もしハーンが追放されるべき場合には、数日内に私はアクバルがラールプーラを領有することを支持するものである。ハーンの歩兵や騎兵が必要であり、それはハーン位に従うものである。昨年私が実行したように、ラールプーラをガルディーGardīやジャズィールJazīrやこちら側の岸の村々からの数百名の兵員で満たす必要がある。ハーンは明朝、おそらく私からの手紙の返事のため彼の代理人を派遣する旨を口頭での伝令にて連絡してきたとマークから先刻連絡があった。[68]

カニンガムは前述の通り、サディーク・ハーンが時間内にイギリス側の要求に応えられない場合には、明確にアクバル・ハーンを次のラールプーラのハーンとしてイギリスが公的な承認を行って、彼をその庇護下に置くべきであることについて言及している。前述の通り、サディーク・ハーンもイギリス側によるハーン位の承認を要求し、後に書面での承認も得ているが、彼は元々ヤァクーブ・ハーンによってハーンに任命されていた人物であったため、イギリスはこの地位を追認する形で公認しただけであった。しかし、アクバル・ハーンについてはカーブルに正式なアミールは存在せず、イギリスによるアフガニスタン統治政策も不透明な状況下において、直接イギリスによる任命とその地位の公認が行われる初めての事例であった。

ところで、時間的制限を設けられたサディーク・ハーンは代理人であるラール・モハンマドを派遣する旨を伝達したが、その後の連絡は途絶えてしまい、ラールプーラを守備する砦が厳戒態勢に入ったことがイギリス側に伝わると、マークはアクバル・ハーンをダッカに召喚する旨の連絡を行った。これに対するアクバル・ハーンからの返信書簡が11日午前3時に届けられたが、その内容は以下の通りであった。

親愛なる永遠の友、ダッカ政務官マーク殿

私は以前もイギリス政府のために働く者であり、現在もイギリス政府に尽くす者である。私がジャラーラーバードにいた時、コノリー少佐 Major Connolly とともに奉仕のためラグマーン Laghmān[69] へと赴いていた。モハンマド・サディーク・ハーンはジャラーラーバードにいた時にカーブル方面へと逃亡を図った。私は（カーブルの）アミールと貴殿らの間に和平が成立するため、まさにその時まで多くの働きをしてきた。その後、コノリー少佐はナンガルハール[70]のハーンたち Khavānīn に対して、アミールの御前に伺候するようにとおっしゃった。また、徴税官閣下 Taḥsīldār Ṣāḥab もそのように言ったので、私はその後アミールのもとへと向かった。もし彼らがこの言に反対していたなら、私がいかに多くの働きをしていたかどうか、ミールザー閣下 Mīrzā や徴税官閣下に問うことはできないであろう。私はいまだ（イギリス政府に）奉仕する者であるので、私には神のごとき清らかな性質により、モハンマド・サディーク・ハーンが反乱を起こしたことや、人々がラールプーラに押し寄せたこと、真夜中に船が出立させられたことが知らされた。全ての状況が破綻していないのであれば、一度は貴殿を友人と述べた以上、貴殿らが手を引かない限り私は最後まで手を引くことはないであろう。さらにモハンマド・サディーク・ハーンに関しては、奉仕と責務に加えて、私が貴殿の元に参上することもなかったなら、一枚のパンも私に与えないように。一言申し上げれば、偉大なイギリス政府より私に対してラールプーラのハーン位が授けられるのであれば、そのハーン位（授与）に関する指令を署名とともに、当方の従者にお授けくださいますように。遠方のためご親切を欲することはないが、他の者と同行すると前のハーンが我々をラールプーラに通さないであろう。状況の説明はオスマーンという名の者がお伝えするだろう。

――ラールプーラのモハンマド・アクバル・ハーン、自筆にて[71]

アクバル・ハーンが書簡内で述べている通り、彼はカーブルでの騒乱で殺害されたカヴァニャリの許可を得て1879年5月からヤァクーブ・ハーンの下で勤めており、カヴァニャリの殺害や騒乱の生じた9月時点においてはカーブルに滞在していたのである。[72] その後、11月にカーブルから帰還した記録が確認できるが、その後書簡に記されているようにコノリー少佐の指揮下でジャラーラーバードやラグマーンなどで務めを果たしていたと推測できる。イギリス側ではアクバル・ハーンを陰謀とは無縁の直線的な人物で信頼に値すると評価する一方で、音楽や踊りに多くの時間や費用を費やす癖があり、職務をこなすことにも非常に時間がかかるとも記述している。[73] 同時に、モフマンド族内の様々な支族に多大な影響を及ぼすことのできる人物であり、かつ部族内で厚い信頼を獲得していると評している。また、個人的人間関係や宗教的信条との関連で重要な事柄として取り上げられている点として、サディーク・ハーンがモッラー・ハリールと密接な関係を有していたのに対し、アクバル・ハーンはモフマンド族内で彼と支持を二分する存在であったハーッジー・ベドマニー Hājī Bedmanī と友人関係にあった点である。ハーッジー・ベドマニーはモフマンド族の有力支族であるバーエザイ支族のミーロー・ヘール Mīlo Khel の出身であったため、同支族内で圧倒的支持を集めている人物であり、モッラー・ハリールがイギリスに対して極めて敵対的姿勢で臨んでいたのに対し、彼は極力武力を用いることを避ける傾向にあったと言われている。[74]

このように、モッラー・ハリールの部族部隊への対応が行われる最中において、ラールプーラのハーン位をアクバル・ハーンに移譲するための手続きが着々と進められていた。結局、サディーク・ハーンはイギリスの指定した1月11日午前11時までに回答をせず、また直接マークのもとに出頭しなかった。それどころか、11日朝にはカーブル川岸に配置されていたサディーク・ハーンの部隊がラールプーラへと引き上げ、正午になると彼自身が兄弟たちと二つの軍旗を掲げた約300名を伴ってモッラー・ハリールの部隊に合流すべく移動を開始している。[75] これに合わせる形で、モッラー・ハリールの部族部隊もカーブル川の渡河を開始し、約400名がシーンポーフへと至った。このように、サディーク・ハーンによる叛意がほぼ明確になった時点において、ペシャーワルの弁務官はパンジャーブ州政府に対して今後の行動についての以下のような報告を送っている。

私は（パンジャーブ州）政府の見解に期待をかけたため、政務官たちにサディーク・ハーンを安堵させるようあらゆる努力を尽くすように指令を発した。しかし、現在ダッカからの電報により私は彼が召集に応じなかったことを懸念したため、アクバル（・ハーン）が我々の命令の下で行動するという条件で、彼にハーン位とジャーギールを約束する権限を政務官に与えたい。（パンジャーブ州）政府からは、必要であればその印章が用いられた上で通常の文言による証書 Sanad によって、これを追認すべきである。我々はおそらくアクバル（・ハーン）を通じてモフマンド族全体との衝突をさけることができるであろう。[76]

この報告から、ペシャーワルの弁務官がダッカ駐在政務官であるカニンガムに対して、アクバル・ハーンをラールプーラのハーンとして正式にイギリスが承認するという言質を与える権限を委ねたことがわかる。そして、実際に11日午後にはアクバル・ハーンの腹心の部下がダッカ要塞を訪問し、同日午後11時にはカニンガムから書面でアクバル・ハーンのハーン位授与に関する証書を受領している。[77] さらに翌日の12日にはアクバル・ハーン自身がダッカのカニンガムのもとを訪れて、直接ハーン位の証書を受け取るとともに、モッラー・ハリールの部族部隊や叛意を示してイギリス側に敵対することとなったサディーク・ハーンたちの動きについての情報をもたらしている。[78] この12日の午前11時から午後5時までの間には約２５００名の兵士と20名の騎兵、さらに11の軍旗が船で川を渡り、カム・ダッカ Kam Dakka に至り、午後7時までに同地が占拠された。[79] ここで、翌日13日のカニンガムからの報告を確認してみる。

> サディーク・ハーンとモッラー・ハリールは本日モフマンド族の全ての部族に書状を送った。一方、アクバル・ハーンは自身の味方に書状を送った。私は１００名の武装兵員をガルディー Gardī からラールプーラにおいてハーンを守るために召喚した。そして、ジャラーラーバードに電報を打って、彼のハーン位（継承）について、ジャーギールとなっている村々で宣言を行うようにした。[80]

この報告から、モッラー・ハリールらが本格的にモフマンド族を大規模に召集してイギリスに対する反抗行動を実行しようとしていたこと、およびイギリス側がアクバル・ハーンのハーン位を着実に保護するべく行動を起こしていることが読み取れる。モッラー・ハリールらの部族部隊の数は召集の効果もあって飛躍的に増大し、イギリス側守備部隊の報告から13日午後5時時点で約５０００名が25もの軍旗を携えてカム・ダッカに押し寄せ、モッラー・ハリール自身もこの動きに合わせて渡河したとの記録が確認できる。[81] 14日の時点でイギリス側は少なくとも3000名が部族部隊の兵員として集結しており、その主力部族の構成についても明らかにされている。それによると、周辺のハーエザイ支族やバーエザイ支族の一部、さらにはハリームザイ支族などモフマンド族の主要部族集団に加え、バージャウル近郊に居住するモフマンド族も動員されていた。[82] これは前述の通り、モッラー・ハリールがバージャウル方面の出身であることとも関連していると考えられるが、同時にこのナンガルハール地域とバージャウルやスワートなどの地域との連絡・交通・人的交流の緊密性も一因であろう。これらの参集したモフマンド族に加えて、イギリス側から離反したサディーク・ハーンらラールプーラの前ハーンに味方する者たちも主力を構成しており、14日のうちに渡河してカム・ダッカに参集している。[83]

ここに至り、15日午前10時半にイギリス部隊がダッカ要塞から出撃し、午後1時には双方による本格的戦闘が開始された。その結果、午後3時までに部族部隊は逃走を始めたが、カーブル川を渡っての逃亡を避けるため、ランディー・コータルからイギリス側の別働隊が派遣されて川への逃走路を封鎖した。そのため、モッラー・ハリールも含めて逃亡する者たちは険しい山道を通ってシーンポーフまで撤退し、その後バージャウルへと逃走した。[84] サディーク・ハーンも逃亡し戦闘は終結した。イギリス側の損害は軽微であったが、カム・ダッカ周辺の道は血で染まるほどの激しい戦闘であった。[85] 両者衝突の後、17日と18日にかけてイギリス軍は部族部隊が展開した周辺の集落での焼き討ちを実施している。これにより、大規模な衝突に発展した1880年1月モフマンド騒乱は終結した。

ところで、この騒乱がなぜ生じたのかという点について考察する必要がある。モッラー・ハリールがなぜイギリスに対して強い叛意を示し、かつ実際にモフマンド族諸集団が大挙して彼に賛同し、大規模な部族部隊を作り上げることに成功したのかという点は大きな疑問である。この点については、モッラー・ハリールらが率いるモフマンド族の部族部隊との衝突間近の1月14日にカニンガムが示唆に富む報告をパンジャーブ州政府に対し行っている。

前アミール一家の女性たちの（インドへの）移送延期は単に一時的なものであり、彼らは間もなく出立すると報告されている。モフマンド族の状況とパシュトゥーン人の女性に対する感情、さらには愚かではあるもののモッラーによって広められたことで信憑性が高いと見なされているカーブルのハレムに恥辱を与えたとする噂を考慮すると、私は緊急に彼女たちはまだ移送されるべきではないと考える。もしすでにカーブルを出立してしまっていたならば彼らはジャラーラーバードにて留め置かれるべきであると進言する。なぜなら、彼女たちがハイバル峠を通過してインドに来訪することは、現状で最悪の影響を及ぼすであろう。[86]

つまり、カニンガムはモフマンド族の中には、その一部で強い支持を集めていた前アミールのヤァクーブ・ハーンをイギリスが強引に退位させた上で英領インドに移送した、という噂が拡散していることを指摘した上で、さらにヤァクーブ・ハーンの母、妻たちなど一家の女性たちをもインドに移送しようとしていることで、これまで以上に反英感情が高揚しかねないことを危惧する内容の報告を行なっている。同様に、これまでイギリスに協力姿勢を見せていたラールプーラのサディーク・ハーンがなぜ叛意を示

して、モッラー・ハリールらと合流してイギリスに対したのかという疑問については、マークが以下のような指摘を行っている。

サディーク・ハーンがイギリス政府の力と彼に委ねられた利益を忘却し、財力や地位を無為なものとするように導かれた理由に関しては、私も不明である。しかし、前アミールの（インド）移送以来、彼の態度や気質に変化があったことは一目瞭然であった。彼は機会があればイギリス人将校を高地に人質として拉致し、前アミールを解放しようとしていたことを私は確信している。継続的かつ連続しての前アミールの味方や信奉者たちの移送・追放が彼に警戒心を抱かせるに十分であるという状況を、カニンガム氏や私はとある機会に目撃した。捕縛方法や移送・追放された政治亡命者の待遇について、見当違いの噂が人々の間には流れている。近頃は、前アミールの母親や妻たちのインド移送が日々予想されている。このことはモフマンド族や他のアフガン人たち Afghans がヤァクーブ・ハーン移送よりも深刻に感じているようである。万事、我々の最近のカーブルにおける騒乱により、イギリスをアフガニスタンから駆逐する好機であると無知な者たちは考えたのであろう。このことが、（ラールプーラの）ハーンの母、彼の乳兄弟であるラール・モハンマド、彼の義父であるシンワーリー族のモハンマド・アフザル・ハーン Muḥammad Afẓal Khān Shinvārī、とりわけ彼の腹心の祐筆であるシャー・パサンド Shāh Pasand らによる恒常的な勧めを重視するようになり、信仰と「民族党」National Party[87] に加勢した。私が以前報告したように、サディーク・ハーンは愚かではないが弱々しく、怖がりで優柔不断な性格であるため、簡単に揺り動かされる。[88]

この報告内容からカニンガム同様に、マークの指摘からもヤァクーブ・ハーンをはじめとする前アミール一族を英領インドへと移送・追放したイギリス側の政策に対する根強い不満がモフマンド族の間で存在し、サディーク・ハーンらラールプーラのハーン周辺でもこのような考えが広く共有されていたことが窺える。また、アミールを復位させるためにイギリス人将校を拉致し、人質交換のような形でヤァクーブ・ハーンを奪還するという意図があったとの推測もなされている。しかし、ヤァクーブ・ハーンに対する深い忠誠心によりイギリスを好意的に捉えていなかったという観点から拉致や人質交換を行おうとしていたとの理解は可能ではあるものの、そもそも部族蜂起に際してイギリス側砲兵隊の誤射を機に突如協力的行動を翻し、それどころかモッラー・ハリールらの蜂起に参入することになった理由については不明確なままである。この点についてはマークがモフマンド族蜂起に関する分析報告の中で、サディーク・ハーン叛意の経緯と理由についても詳細に分析して記している。かなり長文となるが、この詳細な分析報告中でモフマンド族蜂起の実情が明らかとされているため、以下でこの内容を確認してみる。

サディーク・ハーンが造反した理由は表面的な事象の奥により根深いものが横たわっている。1月の第1週が人々の参集する場として選択された理由は、私が詳細にこの後述べる通り、カーブルにおける一連の事件が関係している。

私が折に触れて報告してきたように、サディーク・ハーンがインドに移送された前アミールの忠臣であり個人的友人であることは国中で周知のことである。従って、前アミールのインドへの移送は突然の災難であり、そのことを隠しえないほどに大変大きな影響を彼に与えた。前アミールがアフガニスタンを去った後、イギリス政府が彼をカーブルに帰還させ、アミールとして彼を復位させようとしているという噂が常に流布していた。彼の帰還とイギリス軍の撤退はドースト・モハンマド・ハーンが解放された1841年の出来事[89]の再来と信じる人々によって、期待されていることは疑いない。私はその時の一連の噂を報告したが、人々は常に否定していた。ただ、それらの噂はカーブルのみならず、アフガニスタンの各所で再び広がりを見せはじめていた。実際、その種の人々は、カーブルの王座に戻る前にペシャーワルへと前アミールが帰還する日付を決めるということにも言及しはじめていた。（1879年）12月末までに、カーブルでの戦闘の知らせが伝わったため、この噂は勢いを増した。さらに、イギリス政府がヤァクーブ・ハーンをアフガニスタンに帰還させることに合意の上、イギリスがカーブルから安全を確保しつつ撤退するということが絶えず噂されるようになっていた。

（……省略……）シェールプール包囲とカーブル近郊での状況が、誇張した形でモフマンド族たちの間に届けられると、1840年の災厄[90]が起こりうることとして、その再来に対する期待へ多くの者を導いたことは間違いなかった。人々は常に現在の戦いを一世代前の（第一次）アフガン戦争と比較している。すでに述べた通り、アミールの間もなくの帰還という考えは非常に一般的なものとなっており、その他の原因とともに、サディーク・ハーンがイギリス政府に対して敵対的になるようさらに促すことを下支えするものであった。

心から前アミールに忠誠を誓っているサディーク・ハーンがジャラーラーバードからカーブルへと逃亡したこと、つまりブラウン卿 Sir S. Browne の軍営からカーブル政府の（アミールとして）就任した前アミールの下へと向かったことを思い起こすと、彼は我々の目的に対する自らの恐れや疑念に我々が憤っていることを常に懸念している。個人的に彼は決してイギリス政府に好意的ではないと言われている。イギリス政府が彼に対してそのハーン位を保障した際に、彼の領土に対する献身は個人的な感情、性格、結びつき、さらには母親や義父といったとりわけ近親者による悪魔のような提案により生ずる力に抵抗するには十分な強さがないということが問題となった。ヤァクーブ・ハーンのインド移送までは、一時は全てが上手くいっていた。イギリス政府の意図に対する激しい衝撃は前アミールの一族や味方の相次ぐ追放によって、さらに追い討ちをかけられる形となった。サルダール・ヤフヤー・ハーン Sardār Yahyā Khān を除き、サディーク・ハーンほどにヤァクーブ・ハーンと近く密接な関係にある者はほとんど存在しなかった。なぜなら、サディーク・ハーンはヤァクーブ・ハーンとともにヘラートで数年を過ごし、叔母でもある前アミールの母親のお気に入りであったのである。しばらくの間、サディーク・ハーンは一人か二人のイギリス人将校を捕らえて、前アミールのための人質として高地に拉致することができるという機会を待っていたことを私は確信している。彼にこのような機会が与えられないことがわかり、カーブルからモハンマド・ジャーン Muhammad Jān によって率いられた集団のことを聞き、ヤァクーブ・ハーンがカーブルへと早期に帰還することを半分信じるようになり、数週間前から聖戦、ジハードを説いていた狂信的なモッラー・ハリールを通じて彼の部族を蜂起させることを決断した。同時に、彼は裏切りへの恐怖のため、モッラー・ハリールが人々を集めることを内密に支援する以上のことを行えなかった。そのため、彼はモッラー・ハリールを通じて事をなさなければならなかったが、あえて自らの密使をラールプーラから直接派遣することはなかった。人々が集結するとただちに彼は立ち去ってその集団に加わる口実を見つけようとした。その理由というのは、私が先日の報告で説明した通りであった。[91] 従って、1879年12月第2週末に彼は二名の腹心の部下をモッラー・ハリールのもとに派遣し、彼に部族を蜂起させることを伝達した。サディーク・ハーンの部下たちがモッラー・ハリールのいたベドマニーに向かったことを私は知っていたが、彼はモッラー・ハリールの行っていることに対抗するために人を派遣したと説明していた。しかし、（イギリスに対する）敵対姿勢を明らかにした日に、彼はその部下たちを通じて内密にモッラー・ハリールに人員を集めるように述べたと広く得意げに話していたという。彼はほぼ同時に、アミールのために人質としてイギリス人を捕らえることをハーンに要請するモッラー・ハリールからの書状を私に渡した。この書状はモッラー・ハリールによって記されたことに疑いなかった。（……省略……）サディーク・ハーンは12月最終週にモッラー・ハリールの密使たちとカマ・ラールプーラ Kam La'lpūrah[92] において秘密裏に面会した。[93]

この分析報告内容から、サディーク・ハーンがモッラー・ハリール率いる部族部隊に加わりイギリスに反抗することは秘密裏ながら事前に決せられていたことであり、両者が示し合わせた上で蜂起を開始したことが読み取れる。また、サディーク・ハーンは既述の通り、シェール・アリー統治期に王子として西部へラートを統治していたヤァクーブ・ハーンの下に、父であるノウルーズ・ハーンに同行して参集しその配下となっていた。また、血縁上彼と従兄弟の関係であったため、個人的に前アミールとの紐帯が強固であった点や彼への強い支持についても言及され、このことがヤァクーブ・ハーンのインド移送に対する強い反感と彼の一刻も早い復位を望む思考の醸成に影響していると分析されている。加えて、当時のアフガニスタン情勢が蜂起につながる要因として捉えられている点も重要である。前述の通り、ヤァクーブ・ハーンのインド移送が実施された１８７９年12月１日以降カーブルではシェールプール地区でのイギリスに対する激しい武装蜂起が生じたが、サディーク・ハーンは一連のカーブルでの騒乱に乗じつつこれと連携することで、インドからヤァクーブ・ハーンを帰還・復位させるためにモフマンド族蜂起をモッラー・ハリールと結託する形で引き起こしたというのである。実際に、12月第２週目からサディーク・ハーンがモッラー・ハリールと接触して部族部隊の構成員を大規模に召集すべく活動をしていたことが読み取れる。また同時に、イギリス側によりラールプーラのハーン位を正式に承認され、その財源である広大なジャーギールの保有と通行料の徴収権などについてもこれを保護されていたサディーク・ハーンは、イギリス側の警戒を招かぬように、モッラー・ハリールからの書状を自らマークに提示するなど、偽装工作も併せて実施していた。すなわち、１８８０年１月のモフマンド族蜂起は周到に準備された上で発生した反英武装反乱であったと言える。

しかし、それではなぜこの蜂起が短期間でかつ最小限の被害で鎮圧されたのであろうか。実はこの蜂起においては、モフマンド族全体が蜂起に参加したわけではなく、ラールプーラのハーンであったサディーク・ハーン陣営においても、兄弟であるアクバル・ハーンの行動に典型的に見られたように、蜂起の際に自らのハーン位就任を目処に積極的にイギリス側に協力する有力者たちが存在した。また当時モフマンド族たちの間でモッラー・ハリールと支持を二分する存在であったと言われる前述のハーッジー・ベドマニーをはじめとする高名な在地モッラーの一部もこの蜂起に批判的であり、蜂起から距離を置く者が数多く存在した。ハーッジー・ベドマニーがモフマンド族バーエザイ支族に属していたために、同支族の間で多大な崇敬を集めていたことについてはすでに言及したが、この点は蜂起がさらなる拡大を見せなかったことと関連している。上の表は当時のモフマンド族の有力4支族における兵員数について示したものである。

モフマンド族有力４支族の兵員数

支族名	概算での兵員数
バーエザイ	9,000
ハーエザイ	1,800
ハリームザイ	2,600
ターラクザイ	1,500

（［PA/ List of Inventories (Foreign Frontier Department), Bundle 9 Serial 55, “Report from W. Merk to the Political Officer, Lundi Kotal, dated Dakka, 21st January 1880, p. 14”］に基づいて筆者作成）

この表からわかる通り、ハーッジー・ベドマニーの属するバーエザイ支族が兵員の数としては他を圧倒する存在であった。ラールプーラのハーンが属するターラクザイ支族、さらには一定額の手当を受け取る対価としてハーンのために働き、その部族部隊への動員にも従うハリームザイ支族の兵員を合わせて４１００名である。バーエザイ、ハーエザイの両支族は直接ラールプーラのハーンに忠誠を誓うということはなかったため、ハーンは彼らに贈り物などで自らの陣営に取り込もうとしてきたが[94]、やはりその影響力は限定的であった。要するに、モフマンド族が一致団結して反英武装蜂起に至ることは、その内部の人的関係や利害関係のために不可能な状況であったため、モフマンド族による蜂起はこれまでにないほど大規模な蜂起ではあったものの、それ以上拡大することはなかったのである。しかし、イギリスにとっては今後のパシュトゥーン諸部族の統治政策について一石を投じる事件であったことは疑いない。

5 小括

本章ではアフガニスタン東部ナンガルハール州と英領インド北西部にまたがって居住するパシュトゥーン系モフマンド族に焦点を当てて、第二次アフガン戦争期のイギリスの統治政策と同部族との関連について検討した。モフマンド族は両国を結ぶ陸上交通の要衝であるハイバル峠を含む幹線道路や、カーブル川を利用した水上交通における通行料などを徴収することで莫大な利益を得てきた。とりわけ、ラールプーラのハーンはモフマンド族中で多大な影響力と権勢を有しており、カーブルのアミールとも密接な関係を築くことで、自らの地位やジャーギールに対する後ろ盾を得てさらにその権限を増大させていった。19世紀後半にはアミール、シェール・アリー・ハーンの外戚としてその権力は絶頂に達したが、翻ってカーブル政権による介入を招くことにもつながり、シェール・アリーによるラールプーラのハーンの交代やジャーギール地などの権益の接収などという事態も生じた。しかし、シェール・アリーとイギリスとの間で第二次アフガン戦争が勃発すると、イギリス側はモフマンド族を含めた国境地帯のパシュトゥーン諸部族からの支持を集めるために戦争の正当性主張と、戦後もこの地域の状況には一切干渉しないことを約する布告を発するなどした。ただ、実際にイギリスが勝利しアミール、ヤァクーブ・

ハーンとの間でガンダマク条約を締結することでアフガニスタンを保護国化することが決すると、イギリスは当初の約束に反する形でインド領防衛のため、パシュトゥーン諸部族の統治する国境地帯に対する介入を強めた。とりわけ、モフマンド族とは友好関係を構築することで交通・連絡手段の維持に努めたが、その際にイギリスが交渉相手として選択したのがラールプーラのハーンであった。加えて、ガンダマク条約締結直後からカーブルをはじめ国内各所において反英武装闘争が開始され、イギリスの大使として赴任したカヴァニャリの殺害、その後のヤァクーブ・ハーンの退位、さらにはカーブル市内におけるイギリス軍の包囲という事態が次々と生じたことにより、英領インドのペシャーワルとアフガニスタンの拠点都市であるジャラーラーバード、そしてカーブルを結ぶ交通路・補給路の安全性確保は尚一層の重要性を増した。そのため、イギリスは1879年12月にはラールプーラのハーンであったサディーク・ハーンのハーン位と保有するジャーギールなどの権益を公認し自らの影響下に直接置くことを企図した。しかし、カーブルにおける騒乱拡大の噂拡散とイギリスによるヤァクーブ・ハーンとその一族、家臣などのインドへの移送・追放という行いに対して、強く彼を支持し従兄弟という血縁関係によっても非常に近い関係にあったサディーク・ハーンは、国境地域で広大かつ密接なネットワークを有する在地モッラーでありモフマンド族の間で多大な崇敬を集めていたモッラー・ハリールと内応し、モフマンド族の部族部隊を大規模な形で参集させ1880年1月にイギリスに蜂起を決行したのであった。モフマンド族内部の分裂などの事情もあり、この蜂起は直ちに鎮圧されたが、その後のイギリスによるパシュトゥーン諸部族の統治政策に多大な影響を及ぼすこととなった。

【第三章　註】

1　アブドゥル・ラフマーンによる軍事的国内統合活動とこの時期に設立された統治機関とその活動については、いずれもカーカルが詳述している［Kakar 1978: 2006］。

2　この1855年締結のペシャーワル条約と1857年の改正ペシャーワル条約の内容については、資料編の拙訳を参照。

3　序章においても述べた通り、カーカルはアブドゥル・ラフマーンによる全土統一を肯定的に捉えるというカーブルを中心とした中央政府側からの視点に終始しており、ラールプーラについても、あくまでアミールによるアフガニスタン東部地域の「鎮圧」過程として捉えられている［Kakar 2006: 63-86］。

4　ノエルのラールプーラについての記述はほとんど専ら、後述するマーク Merk William の報告に基づいて概説的にその事情を解説している［Noelle 1997: 180-191］。

5　マークの「モフマンドに関する覚書」はノエルが用いた公刊版［Merk 1984］も存在するが、これは元々ハイバル峠を管理するためのイギリスの拠点であったダッカ Dakka の政務官補佐 Assistant Political Officer であったマークが作成・提出した報告書を基に出版されたものである。本章では、ペシャーワル文書館所蔵史料［PA/Foreign Frontier Dep. (List of Inventories), Bundle No.1, File No. 4, No. 2623 P., dated 1st July 1882, Notes on MOHMANDS］を参照する。

6　ここで言及した、いわゆる「部族地域」については数多くの論考が存在するが、基礎的な情報を取りまとめたものとしては［Mohmand [n.d.]］がよくまとめられている。

7　［Davis 1975: pp. 61-62］

8　近年のアフガニスタン・パキスタン間国境を正規の手続きなく通過する貿易路・往来路については、この「民の道」が発展・継続する形で用いられている可能性もある。

9　ニーラーブはウルドゥー語でインダス河を意味するため、「インダス河（出身）の者」を意味すると推測される。

10　ランズィート・スィング Ranjit Singh（在位1801―1839年）統治下で繁栄を極めたスィク王国（1799―1849年）は彼の死後内部分裂が激化したことでイギリス東インド会社による侵入を許し、結果としてスィク王国領はイギリスの支配下に組み込まれることとなった。スィク戦争は第一次スィク戦争（１８４５―１８４６年）、第二次スィク戦争（１８４８―１８４９年）の二度戦われたが、この結果として旧スィク王国領が英領インドのパンジャーブ州として組み込まれることとなった。

11 ガンダマク条約の条文については資料編の拙訳を参照。

12 モハンマド・アクバル・ハーンは１８３７年にスィク王国軍との戦闘で戦功をあげると、イギリスとの第一次アフガン戦争においてはカーブルからの撤退交渉の最中にイギリス特使のマクノーテン William Macnaghten を殺害するなどした人物である。イギリスからパンジャーブ地方を奪回することを望んでいたため、父であるドースト・モハンマドと対立したが、本格的反抗に至る直前に毒殺された［Adamec 2003: 254-255］。

13 １８６４年１月２日にシャブカダール近郊で生じたとされるモフマンド族によるイギリスに対する大規模襲撃事件について、アフガニスタン側史料［ST 2］中にはその詳細な日付は記載されていない。しかし、ヒジュラ暦１２８０年／１８６３年６月―１８６４年６月の間の出来事として記載されているため、当該事件を指すと推測される。以下、襲撃事件について記された箇所［ST2: 262-263］の記述に沿って議論を行う。

14 ［Ibid. 262］

15 イギリス史料中の記述ではレザー・ハーン Rizā Khān と記述されているが［PA/ Foreign Frontier Dep. (List of Inventories), Bundle No.1, File No. 4, dated 1st July 1882, "Notes on MOHMANDS," p.13］、ここでは［ST 2］の記述に依拠した。

16 ［ST 2］ではモフマンド族のハーンに任命したと記されているが［ST2: 263］、ここではラールプーラのハーンという意味であると推測される。

17 ［ST 2: 263］

18 パシュトゥーン系ギルザイ部族に属する遊牧民であるクーチー Kūchī、あるいはポーウィンダ Powindah と呼ばれる遊牧民は古くからインドなどを含む広域に及ぶ貿易に従事していたことで知られるが、パキスタン成立以降は徐々に国境を越えた形での交易活動が制限されていった［Adamec 2003: 309-310］。

19 19世紀から20世紀を中心とした世界規模でのヒンドゥー教徒の銀行家としての役割に着目した研究として、現

20 パキスタン・スィンド州に位置するハイデラバードを拠点としたヒンドゥー銀行家のネットワークに関するマルコビッツの研究が挙げられる［Markovits 2000］。

21 ［Davies 1975: 39-40］

22 １８７０年代のアフガニスタン全土でヒンドゥーとスィクが合計約10万世帯居住していたとする記録もある［Hayat: 311-312］。この数字の真偽は不明であるが、相当数の人数が各地に分布していたことを暗示していると考えられる。

23 １９１９年に数ヶ月間ラールプーラ近郊に滞在したデイヴィスは、この時点ではヒンドゥー教徒が縦縞のズボンを着用していることを確認できなかったと記しているが、同時に彼らがヒンドゥーとしての信仰を守る権利を享受している点についても言及している［Davies 1975: 40］。

24 ウィルソンによれば、スィンド地方Sindhiでは計量税は市場で販売される食料品に対して課せられる税を意味する［Wilson 1855(?): 512］。しかし、ラールプーラをはじめとするモフマンド族居住地域ではより広義に捉えられていたと考えられる。

25 パシュトゥーン居住地域における在地モッラーは、モスクにおける初等教育や宗教的儀礼などを執り行うなどしつつ社会全体において多大な影響力を有していた。詳細については本書序章の「先行研究」を参照。

26 布告内容については微妙な言い回しの差異は存在するものの、内容的には似通っている。しかし、冒頭に示した「辺境地域諸部族と民への告知のための布告」は現存する史料がウルドゥー語のみであるため、ウルドゥー語の布告のみを参照し、二番目に示した「ヤーギスターン、辺境地域、コーハート地区の善処部族住民に対する布告」についてはウルドゥー語・ペルシア語・パシュトー語の三言語で作成された布告をそれぞれ参照した。［PA/Political inventories Urdu, Persian (List of Inventories), Bundle No. 1, File No. 16, "Ishtihār barā-yi Iṭṭilāʻadihī-yi Aqvām-i Sarḥaddī va ʻAvām al-Nās."］

27 この時、インド総督リットンによってアフガニスタン派遣特使として任命された人物がチェンバレン将軍Neville Bowles Chamberlain（１８２０—１９０２年）であった。１８７８年11月21日に出立したが、アフガニスタン側によって入国が阻止されたことが「非礼」であるとされ、第二次アフガン戦争勃発の直接的引き金となった。

28 アリー・マスジドはハイバル峠に位置し、この峠の最も狭隘な箇所の地点を指す。

29 ハールーンによれば、ヤーギスターンとは、少なくとも19世紀中盤からイギリス側の記録において確認できる用語で、ヤーギ Yāgi とは「制御不能の」、「管理できない」といった意味があるため、アフガニスタンにおいては「反乱の地」を意味していたとされる［Haroon 2007: 30］。また、アブドゥル・ラフマーンはこの用語をアフガニスタンと英領インドの間で分断されている「手に負えない」東部地域のパシュトゥーン諸部族を示すものとして用いている［LA 159］。従って本書では、曖昧でありながらもアフガニスタンと英領インド国境地帯に跨って居住する東部地域のパシュトゥーン諸部族の分布する地域を示すものと解釈して論じる。

30 [PA/Political inventories Urdu, Persian (List of Inventories), Bundle No. 1, File No. 16, "Ishtihār Bih Nāmah-i Aqvām-i Sākinān-i Yāgistān Sarḥadd Kūhāṭ (In Urdu)," "Ishtihār bih Nāmah-i Kull-i Aqvām-i Sākinān-i Yāgistān Sarḥaddī Żil'a-yi Kūhāṭ (In Persian)," "Da 'Ām Ishtihār de luh pārah da Ṭolo Qomūno Astogo da Yāgistān da Sarḥadd da Kohāṭ (In Pashto)."]

31 シェール・アリー期のイギリスによる同盟関係強化と新たな条約締結の試みについては第二章で詳細に議論したため、そちらを参照。

32 現在のパキスタン連邦直轄地域ハイバル管区 Khybar Agency（同国ハイバル・パフトゥーンフワー州への併合が進行中）に位置し、アフガニスタン・パキスタン国境のトルハム南方に位置する。

33 [PA/ List of Inventories (Foreign Frontier Department), Bundle 9 Serial 55, July 1879, "Limits of the Territories of the Amir of Afghanistan which Border on the Michni and Khyber Passes," p.2]

34 [PA/Foreign Frontier Dep. (List of Inventories), Bundle No.1, File No. 4, dated 1st July 1882, "Notes on MOHMANDS," p.13]

35 [Ibid., p.14]

36 シェール・プールはヒジュラ暦１２８６年／１８６９―１８７０年にシェール・アリーによって建設推進が決定されたカーブル北方に建設された新しい街区で、居住地として建設された［ST 2: 318］。ヒジュラ暦１２８６―１８９１年／１８６９―１８７４年までの5年間に亘って、新街区建設のために数千人もの技術者や大工などが動員され、外壁や防護塔などの建設が進められ、兵員駐屯のための設備なども建設されたが、その建設は中断された［Ibid.］。現在カーブルにおける外国大使館などが建ち並ぶワズィール・アクバル・ハーン地区の西隣に位置する地区。

37 19世紀後半における英領インド・パンジャーブ州は旧スィク王国領を構成していた広大な地域が含まれており、ペシャーワルなどアフガニスタンとの国境地域もその管轄下に置かれていた。

38 [PA: Political dep. (List of Inventories), Bundle No. 16, File No. 325, dated, 4th August 1882, "Relations of the Amir of Kabul with the Khan of Lalpura and the Badshah of Kunar," p.1]

39 [Ibid., p.1]

40 1879年12月1日にイギリスは退位したヤァクーブ・ハーンをインドに連行し、イギリスによるアフガニスタンの事実上の直接統治が開始された。これに呼応する形で反英闘争が一気に拡大し、同月23日にはカーブル市内に駐留するイギリス軍に対する組織的攻勢が展開されたが、この攻撃の主体がパシュトゥーン系ギルザイ族と、「山岳の人々」を意味するコーヘスターン人 Kohistānī であった。コーヘスターン人とは、カーブル北方、現在のパルワーン州に位置するパンジシール渓谷やチャーリーカールといった地域を総称してコーヘスターン地方と言うが、この地方に居住するタジク人たちを指す［Adamec 2003: 225-226］。この時期の状況についての史料的記述としては［ST2: 355-359］に詳しいが、本書第二章および［Barfield 2010: 134-146］も参照。

41 ハーッジー・ベドマニーは当時のモフマンド族の間でモッラー・ハリールと並んで崇敬を二分していたが詳細については後述する。

42 ここでは、反英抵抗運動を展開したパシュトゥーン系ギルザイ族の集団を指す。彼らはシェール・アリーを支持しており、その一族がアミール位を継承することを強く要求していた［Barfield 2010: 142］［Kakar 2006: 40-41］。

43 [PA/ List of Inventories (Foreign Frontier Department), Bundle 9 Serial 55, January 1880, "Arrangements Entered into with Muhammad Sadik Khan of Lalpura," pp. 2-3]

44 [Ibid., p.1]

45 [Ibid., p.1]

46 [Ibid., p.5]

47 当初、パシュトゥーン系ユースフザイ族の周辺諸部族によるジルガ Jirgah を通じてスワート王国の統治者としての権限を承認された際には、Bādshāh を呼称したが1826年にイギリスによりその支配権が公認されるとワーリーの称号を用いるようになった。スワートにおける国家形成と同時期の諸状況については、[Sultan-i-Rome 2008: 37-128]［バルト 1998: 13-36］を参照。

48 [PA/ Foreign Frontier Dep. (List of Inventories), Bundle No.1, File No. 4, dated 1st July 1882, "Notes on MOHMANDS," p.5]

49 パシュトゥーン社会におけるナクシュバンディー・ムジャッディディーヤのネットワークと主要なモッラーたちについては以下を参照［Haroon 2007: 33-64］。

50 ハールーンは具体的なパシュトゥーンの村落社会、あるいは社会全体におけるナクシュバンディー・ムジャッディディーヤのネットワークの形成過程については19世紀までの状況を分析しているが［Haroon 2007: 33-64］、このネットワークに基づく在地モッラーの影響と役割について、20世紀初頭から前半を対象に検討している［Ibid., pp. 65-90］。

51 [PA/ List of Inventories (Foreign Frontier Department), Bundle 9 Serial 55, "Persian Letter: A, From Moḥammad Ṣadīq Khān, Khān-i Laʻalpūrah to W. Merk, dated 1297 A.H. Muḥarram 23"]

52 [PA/ List of Inventories (Foreign Frontier Department), Bundle 9 Serial 55, "Report from W. Merk to the Political Officer, Lundi Kotak, dated Dakka, 21st January 1880, p.4"]

53 [PA/ List of Inventories (Foreign Frontier Department), Bundle 9 Serial 55, "Persian Letter: B, From Moḥammad Ṣadīq Khān, Khān-i Laʻalpūrah to W. Merk, dated 1297 A.H. Muḥarram 24"]

54 パローサイはラールプーラとミチュニを結ぶカーブル川沿いに位置しており、対岸に位置するシーンポーフ Shīnpokh と合わせて、アフガニスタン・英領インド国境線上に位置していたため、既述の通りパシュトゥーン諸部族による「民の道」として水上交通の要であった。

55 ラールプーラとジャラーラーバードの中間に位置するカーブル川沿岸の土地で、現在の地名は Bayt Sāval。しかし、本章で用いたペルシア語書簡中においてバサワル Basaval と記されているため、こちらの表記を採用する。

56 [PA/ List of Inventories (Foreign Frontier Department), Bundle 9 Serial 55, "Persian Letter: C, From Moḥammad Ṣadīq Khān, Khān-i La'alpūrah to W. Merk, dated 1297 A.H. Muḥarram 26"]

57 [PA/ List of Inventories (Foreign Frontier Department), Bundle 9 Serial 55, "Report from W. Merk to the Political Officer, Lundi Kotak, dated Dakka, 21st January 1880, p.5"]

58 [PA/ List of Inventories (Foreign Frontier Department), Bundle 9 Serial 55, "Persian Letter: D, From W. Merk to Moḥammad Ṣadīq Khān, Khān-i La'alpūrah, dated 1880, January 10"]

59 [PA/ List of Inventories (Foreign Frontier Department), Bundle 9 Serial 55, "Report from W. Merk to the Political Officer, Lundi Kotak, dated Dakka, 21st January 1880, p.6"]

60 [PA/ List of Inventories (Foreign Frontier Department), Bundle 9 Serial 55, "Persian Letter:E, From Moḥammad Ṣadīq Khān, Khān-i La'alpūrah to W. Merk, dated 1297 A.H. Muḥarram 26"]

61 [PA/ List of Inventories (Foreign Frontier Department), Bundle 9 Serial 55, "Report from W. Merk to the Political Officer, Lundi Kotal, dated Dakka, 21st January 1880, p.6"]

62 [PA/ List of Inventories (Foreign Frontier Department), Bundle 9 Serial 55, "Telegram from Cunningham, Lundi Kotal to Commissioner, Peshawar, dated 10th January 1880"]

63 [PA/ List of Inventories (Foreign Frontier Department), Bundle 9 Serial 55, "Report from W. Merk to the Political Officer, Lundi Kotal, dated Dakka, 21st January 1880, p.6"]

64 [PA/ List of Inventories (Foreign Frontier Department), Bundle 9 Serial 55, "Persian Letter F, From Moḥammad Akbar Khān, La'alpūrah to W. Merk, (dated 1880, January 10")]

65 [PA/ List of Inventories (Foreign Frontier Department), Bundle 9 Serial 55, "Persian Letter: G, From Moḥammad Akbar Khān, La'alpūrah to W. Merk, (dated 1880, January 10)"]

66 [PA/ List of Inventories (Foreign Frontier Department), Bundle 9 Serial 55, "Telegram from Commissioner, Peshawar to

Punjab Secretary, Lahore, dated 10th January 1880”]

67 [PA/ List of Inventories (Foreign Frontier Department), Bundle 9 Serial 55, “Report from W. Merk to the Political Officer, Lundi Kotal, dated Dakka, 21st January 1880, p.6”]

68 [PA/ List of Inventories (Foreign Frontier Department), Bundle 9 Serial 55, “Telegram from Cunningham, Lundi Kotal to Punjab Secretary, Lahore, dated 11th January 1880”]

69 ラグマーンは現在のアフガニスタンのラグマーン州に相当する地域を指す。

70 現在のアフガニスタン東部ナンガルハール州に相当する地域で、現在のパキスタンと国境を接する。

71 [PA/ List of Inventories (Foreign Frontier Department), Bundle 9 Serial 55, “Persian Letter: H, From Moḥammad Akbar Khān, La‘alpūrah to W. Merk, (dated 1880, January 11)”]

72 [PA/ Foreign Frontier Dep. (List of Inventories), Bundle No.1, File No. 4, dated 1st July 1882, “Notes on MOHMANDS,” p.15]

73 [Ibid.]

74 [Ibid., p. 5]

75 [PA/ List of Inventories (Foreign Frontier Department), Bundle 9 Serial 55, “Report from W. Merk to the Political Officer, Lundi Kotal, dated Dakka, 21st January 1880, p.6”]

76 [PA/ List of Inventories (Foreign Frontier Department), Bundle 9 Serial 55, “Telegram from Commissioner, Peshawar to Punjab Secretary, Lahore, dated 11th January 1880”]

77 [PA/ List of Inventories (Foreign Frontier Department), Bundle 9 Serial 55, “Report from W. Merk to the Political Officer, Lundi Kotal, dated Dakka, 21st January 1880, p.6”]

78 [PA/ List of Inventories (Foreign Frontier Department), Bundle 9 Serial 55, “Telegram from Commissioner, Peshawar to Punjab Secretary, Lahore, dated 12th January 1880”]

79 [PA/ List of Inventories (Foreign Frontier Department), Bundle 9 Serial 55, “Report from W. Merk to the Political Officer, Lundi Kotal, dated Dakka, 21st January 1880, p.6”]

80　[PA/ List of Inventories (Foreign Frontier Department), Bundle 9 Serial 55, "Telegram from Cunningham, Lundi Kotal to Punjab Secretary, Lahore, dated 13th January 1880"]
81　[PA/ List of Inventories (Foreign Frontier Department), Bundle 9 Serial 55, "Telegram from Commissioner, Peshawar to Punjab Secretary, Lahore, dated 14th January 1880"]
82　[PA/ List of Inventories (Foreign Frontier Department), Bundle 9 Serial 55, "Report from W. Merk to the Political Officer, Lundi Kotal, dated Dakka, 21st January 1880, p.7"]
83　[Ibid.]
84　[PA/ List of Inventories (Foreign Frontier Department), Bundle 9 Serial 55, "Telegram from Cunningham, Lundi Kotal to Punjab Secretary, Lahore, dated 25th January 1880"]
85　[PA/ List of Inventories (Foreign Frontier Department), Bundle 9 Serial 55, "Report from W. Merk to the Political Officer, Lundi Kotal, dated Dakka, 21st January 1880, p.7"]
86　[PA/ List of Inventories (Foreign Frontier Department), Bundle 9 Serial 55, "Telegram from Cunningham, Lundi Kotal to Punjab Secretary, Lahore, dated 14th January 1880"]
87　ここで「民族党」とした集団は、第二次アフガン戦争期にガズニー方面からイギリスへの抵抗運動を組織した前述のパシュトゥーン系ギルザイ族を主体とする集団のこと。本章註40も合わせて参照。
88　[PA/ List of Inventories (Foreign Frontier Department), Bundle 9 Serial 55, "Report from W. Merk to the Political Officer, Lundi Kotal, dated Dakka, 21st January 1880, p.8"]
89　第一次アフガン戦争（１８３８—１８４２年）の時にイギリスは１８４０年11月５日に降伏したアミール、ドースト・モハンマド・ハーンを同月12日にインドへと追放した。しかし、状況が悪化するとドースト・モハンマド・ハーンを復位させた。この経緯と当時の状況については［Noelle 1997: 38-58］を参照。
90　第一次アフガン戦争中、カーブルから撤退する途中でイギリス軍はジャラーラーバードに到達するまでに壊滅的打撃を受けたことを示すが、正確には１８４２年１月に生じた事件である［前田・山根 2002: 62］。
91　前述の通り、当初サディーク・ハーンはイギリス側砲兵部隊が手違いによりイギリス側に向けて砲撃を行ったことを示す。しかし、その後の状況を考慮すると故意の砲撃であった可能性も考えられる。

92 ラールプーラの南方約３㎞に位置し、モフマンド族の間で聖域として知られていた。特にラールプーラの人々は身の危険が迫った際や、殺人など犯罪を犯した場合でも、この地に入った物は保護を受けることができ安全を保障されていた［PA/ Foreign Frontier Dep. (List of Inventories), Bundle No.1, File No. 4, dated 1st July 1882, "Notes on MOHMANDS," p.4］。

93 [PA/ List of Inventories (Foreign Frontier Department), Bundle 9 Serial 55, "Report from W. Merk to the Political Officer, Lundi Kotal, dated Dakka, 21st January 1880, pp.18-19"]

94 [PA/ List of Inventories (Foreign Frontier Department), Bundle 9 Serial 55, "Report from W. Merk to the Political Officer, Lundi Kotal, dated Dakka, 21st January 1880, p.14"]

第四章

デュアランド・ライン
合意の締結

ペシャーワルのイスラーミーヤ・カレッジ（2008年）

1 はじめに

アフガニスタンにおける隣国との間の最大の懸案とも言える課題が、現在のパキスタンとの国境線とその国境地帯の治安維持の問題である。現在の国境線は、パキスタンが成立する以前、英領インドとアフガニスタン間で1893年に取り交わされた国境線画定合意に基づいて設定されたものである。この国境線は当時の英領インド外務大臣であったデュアランド Sir Mortimer Durand と、アフガニスタンのアミール、アブドゥル・ラフマーン・ハーン Abd al-Raḥmān Khān との間で取り決められ、デュアランド・ラインと呼ばれている。また国境線画定合意そのものもデュアランド・ライン合意と呼称され、結果的に現在に至るまで、アフガニスタンと英領インド、そしてその後に成立したパキスタン間での諸問題の根源となる取り決めとなった。しかし、アブドゥル・ラフマーン治世である1880年代から90年代の期間、イギリスの保護国となっていたアフガニスタンはその強い影響下において、周辺諸国との間での国境画定のための調査委員会の立ち上げとともに、関連する条約を次々と締結していた。なぜ、このデュアランド・ライン合意によって線引きされた国境線が、他の国境線と比較して著しく多くの深刻な政治的・社会的諸問題を現在に至るまで抱え続けているのかという点について検討する上で、この合意締結前後のアフガニスタン、英領インド関係、および国境地帯の情勢を合わせて分析する必要があると考えられる。

デュアランド・ライン合意に基づいたアフガニスタン・英領インド間の国境線画定は、これまでも様々な分析が試みられた研究課題であった。これは、冒頭で述べたように、現在のアフガニスタン、パキスタン間の複雑な関係の源泉が、両国のデュアランド・ラインをめぐる認識の齟齬から生じていると捉えられてきたため、両国間関係の考察と各自の主張の歴史的正当性を証明するという政治的目的を帯びつつ、アフガニスタン側・パキスタン側のそれぞれの研究者たちが各々の主張を展開するという形で様々な研究を発表したためである。例えば、パキスタン側の研究の代表とも言えるアズマト・ハヤート・ハーンによる研究は、デュアランド・ライン合意の締結された時期にアフガニスタンがイラン、ロシア、英領インドなどと締結したその他の国境線画定過程についても検討しつつ、デュアランド・ライン周辺に居住するパシュトゥーン諸部族の動向とイギリスの対応などについて比較的長期間におよぶ歴史的視点からイギリス側外交文書を用いて分析を行っている。同時に20世紀以降のこの地域における独立国家「パシュトゥニスターン」建設運動との関連でデュアランド・ライン合意をめぐるアフガニスタン、パキスタン両国の姿勢について議論を行っている。[1] さらに、ペシャーワル大学地域研究センター発行の『デュアランド・ライン合意　1893』と題する特集は、デュアランド・ライン合意についての現在のパキスタン側の態度を正当化するために作成されたと言えよう。[2] この中では、合意文そのものに加えて合意締結前後の状況に関するイギリス側外交文書の原文を掲載している。一連のイギリス側外交文書の内容を実際に検討した上で、当時アブドゥル・ラフマーンを含めたアフガニスタン側が国境線の設定される地域を「完全に理解」した上で承認し、双方の合意締結に至った旨を外交文書に基づいて解説している。また、アフガニスタン側によるデュアランド・ライン合意を含む英領期に締結された合意や協定などの有効性の否認や、この合意が１００年間の有効期限付きの合意であるために更新が必要であるという噂[3]についても根拠がないとして否定するとともに、もし国境画定のための合意や条約に有効期限があり更新の必要があるとすれば、同時期に締結された他の国境線画定のための条約や合意などについても更新する必要があると主張している。[4] 一方、アフガニスタン側の見解を代表する研究としては、これまでもくり返し取り上げたカーカルの研究が挙げられる。カーカルの研究はアブドゥル・ラフマーン期の国内政治と外交関係双方に関する政治史研究であるが、その中においてもデュアランド・ラインはイギリスにより「強制的に締結させられた」、アミール個人の「合意」であって国家間の「条約」ではない点を強調するとともに、その不当性について歴史的観点からの主張を展開している。[5]

以上のように、デュアランド・ラインをめぐるアフガニスタン、英領インド間関係に関する研究は、アフガニスタン、パキスタン両国を中心として常に議論の的となってきたが、管見の限りアフガニスタン側による研究も含めて、その大半が当時のアフガニスタン側の見解や対応についてイギリス側外交文書史料のみに依拠しているという問題点が存在する。この点は、当時のアフガニスタン、英領インド間関係や国境地帯の情勢についての分析についても同様であるため、アフガニスタン側とイギリス側史料の比較検討を通じて、デュアランド・ライン合意をめぐる問題を再検討することは、現在まで続くアフガニスタン、パキスタン国境地帯の極めて不安定な政情を理解し、今後の安定化のためにも必須の作業であると考えられるのである。

そこで本章では、イギリス側外交文書に加えて、当時のアフガニスタン情勢についての豊富な情報が記録されたアフガニスタン側ペルシア語史料である『諸史の灯』の記述の分析を通じて、アブドゥル・

ラフマーンのアミール即位以降のアフガニスタン、英領インド関係と、国境地帯の諸部族とアフガニスタンとの関係について分析する。その上で、デュアランド・ライン合意が英領インド政府とどのような経緯に基づいて現行の形で締結されるに至り、それをアフガニスタン側がどのようにどのように受け止めたのかについて検討する。アブドゥル・ラフマーン期に推し進められた他の周辺諸国との国境線画定作業についても様々な困難を伴いつつ実行されていったが、デュアランド・ラインと比較すると現在ではそれほど大きな問題とはなっていない。そのため、アフガニスタンと英領インド双方がどのような経緯で両国間の国境画定を実施するに至ったのかという点、デュアランド・ライン合意を当時アフガニスタン側がどのように理解していたのかという点の二点に重点を置いて議論を行うことによって、デュアランド・ライン合意の持つ根本的問題点について明らかにする。

2 19世紀末のアフガニスタン、英領インド関係

2－1　1880年代のアフガニスタン、英領インド関係

第二次アフガン戦争（1878―1880年）によるイギリスとの戦争状態の中で、結果的にアフガニスタンのアミール位についたアブドゥル・ラフマーンであったが、当初国内には様々な勢力が割拠しており、主導権の確保のための戦いを繰り返すという状況であった。しかし、最大の敵対勢力であっ

たモハンマド・アイユーブ・ハーン Muhammad Ayūb Khān に勝利してその駆逐に成功した後は、[6] 各地の平定と反乱鎮圧に奔走させられるという事態は続いたものの、その勢力圏確定のための国境線の設定に対して関心を寄せることとなった。ヒジュラ暦１３０１年ズー・アルカーダ月６日／１８８４年８月28日には、境界画定のための指令がアブドゥル・ラフマーンにより発令され、国境地帯の州総督たちに対して14カ条の指令として発布された。[7] その指令は、イギリスを仲介としてロシアとカージャール朝との国境を画定する準備を行うという旨の内容であり、その後両国との間でアフガニスタン北方と西方の国境線画定作業がイギリスの協力を伴いつつ実施されていくことになる。[8]

このように、第二次アフガン戦争後のガンダマク条約[9]締結によってイギリスの保護国となっていたアフガニスタンは、イギリスを除く周辺諸国との国境画定においてもイギリスの仲介、およびその判断を必要としていた。実際に、アブドゥル・ラフマーンが国内で一定の影響力を確保したヒジュラ暦１３０２年／１８８５年には、友好条約締結のためとしてイギリスが彼をインドに招聘している。当時のインド総督ダファリン Lord Durfferin とアブドゥル・ラフマーンの会談は現パキスタン領のラーワルピンディーにおいて、ヒジュラ暦１３０２年ジュマーダー・アルアーヒラ月16日／１８８５年４月２日から七日間の間に五日間に亘って実施され様々な意見が交わされた。この時のアブドゥル・ラフマーンとダファリンの五度にも亘る会談時の質疑応答の内容について、後にアブドゥル・ラフマーンは自らの外交成果を強調する意味も含め、ペルシア語とパシュトー語の両言語で詳細な内容記録の発行を命じている。[10]

ラーワルピンディー会談の初日は、アブドゥル・ラフマーンとダファリンが初めてお互いに対面したということもあり相互の挨拶と友好関係の確認から開始された。まず、イギリス側からはロシアのコーカサスとメルヴへの進出についての懸念が表明された。しかし、アブドゥル・ラフマーンは、彼の即位から四年間、自由党と保守党間の対立関係によって生じたイギリス内部の対立関係がアフガニスタン政策の停滞を招いている点をさっそく指摘している。これに対して、ロシアの脅威が迫っている中で過去よりも未来について論じるべきであると応じたダファリンであったが、アブドゥル・ラフマーンは以下のように述べてイギリスの対応を批判している。

我が臣民たちは我が命に従属するが、しかし、その心は私の権限の及ぶところではない（……省略……）我々は味方同士であり私は信頼と友好の故に当地（インド）を訪問したのである。従って、私は率直に、アフガニスタンの人々が一致しているわけではなく、特に今日においては、不当に支配権を求める者たちが現れ、国境地域は不安定であり、国の辺境における我が軍は騒乱の原因となることを欲する者たちの同盟者であり保護者なのである。例えば、私がクナールに任命した軍団はサイィド・マフムードを保護することを決め、ペーシュボルダックの軍団はシンワーリー族と連帯し、そしてハイダル・ハーン司令官に伴われてマンガルに向かった軍団はそこで悪事を行う者たちを鎮圧したが、その我が敵対者たちを貴殿らがペシャーワルで匿っているため、臣民たちは私から離反した。イランにいる一連の悪事を働く者たちは貴殿らの管轄下にはない。そのため、王国は２０００年の統治経験を有するものの、これらの災難の原因によって無秩序状態へと陥っている。[11]

以上のように述べた上で、ロシアの脅威が迫る中、アフガニスタンへの軍事支援を強く要請している。ダファリンはロシアに対抗するため、アフガニスタンに軍隊を派遣して支援する案を提示しているが、アブドゥル・ラフマーンは二度に亘るイギリスとの戦争（第一次・第二次アフガン戦争）の経験から、アフガニスタンの人々がイギリス軍の進駐を望まない旨を述べた上で、さらに続けて以下のように述べている。

外交に関しては、そちらに諮ることなく行動するつもりはないが、我が統治下の内政に関しては貴殿らの意見は不要である。[12]

この初日の会談を受けて、ダファリンは会談の内容についてロンドンへ電報を通じて送って支持を仰ぎ、その上で二日目の会談が行われた。二日目の会談においては、イギリスがアフガニスタンに対し武具の支給と、常備軍維持のための補助金を年間120万ルピー支払うことに決した。[13] そして、三回目の会談では、インド総督官邸において相互の友好関係の確認と、これまでの会談で議論されなかったアフガニスタン側からの要求事項の提示が行われている。要求事項は以下の通りである。

1 イギリスからの武器・弾薬購入のための然るべき業者を紹介すること
2 アフガニスタンの発展に不可欠な技術習得のための技術者のロンドン派遣
3 イギリス側からの城塞建築のための技術者のカーブル派遣

4　鉱物資源の埋蔵状況調査のための鉱山学の知識を有する一団のカーブルへの派遣
5　城塞の防備強化のための大型大砲配備

この後の第四日目と第五日目は、イギリスの王子を含めた重鎮たちとの大規模な宴と、英領インド内の有力者たち多数を前にしての演説が催されるなどしたため、実質的な会談は最初の三日間のみであった。従って、この時期のアフガニスタン、英領インド両政府間の最優先課題は、イギリス側が認識していたロシアの脅威に対抗するためのアフガニスタンの防衛力強化であったことは明らかであり、この段階においては両国の国境線を画定するという動きは全く確認できない。しかし、アブドゥル・ラフマーンがイギリスの対応を非難していることに見られるように、両国の国境地帯においてはイギリス側がアブドゥル・ラフマーンによって排除された敵対勢力を保護して英領インド領内に匿うという事例が確認され、また、それらの諸勢力がイギリスと連絡を取り合っている事例も確認できる。[14]

2-2　クッラムのトゥーリー族をめぐって

前述のように、ラーワルピンディー会談の後、アブドゥル・ラフマーンはイギリスからの武器・弾薬、および資金援助を受けつつ、国内の反対諸勢力鎮圧による国内統一とイギリスを仲介者とする周辺諸国との国境画定を進めていく。しかし、徐々に英領インドとの国境地帯の状況が様々な懸案事項として浮上してくることとなる。例えば、既述のように、現在州への併合が進行中であるパキスタン連邦直轄部族地域の一管区クッラム管区に分布するパシュトゥーン系トゥーリー族の帰属問題が挙げられる。トゥーリー族はパシュトゥーン系であるものの、その大半がシーア派に属しているために周辺のスンナ派パシュトゥーン諸部族との軋轢が絶えなかった[15]。さらに、元々アフガニスタン側が管轄権を有していたクッラム地域は、第二次アフガン戦争時の混乱期にトゥーリー族たちがイギリスに支配権を委ねることを願い出た結果、1878年のガンダマク条約において、イギリス施政下に入ることとなった経緯があった。しかし同条約では、アフガニスタンのアミールに対して税収の一部が支払われる点、及び恒久的にアフガニスタンの領域から分離されない点についても明記されており、その帰属については曖昧なままであった[16]。このクッラム地域のトゥーリー族について、ヒジュラ暦1305年ラビー・アッサーニー月／1887年12月にトゥーリー族のサイィド（預言者ムハンマドの血統を引く高貴な人物たちに対する尊称）や指導者たちからの嘆願書がホースト州総督であったサルダール・シーリーンデル・ハーン Sardār Shīrīndil Khān[17] の下に送付されているが、その中に以下のような記述が確認できる。

ジャージー族 Jājī の男たちが我々から盗んだ財産の問題に関し議論の上解決するため、閣下がペシャーワルから派遣されたイギリス政府関係者を伴ってクッラムを訪問するということを耳にした。我々は喜ばしく、望ましく思う。我々は満足し、そして陛下に従うことを喜びとし、さらに我々は陛下の高貴なる御許より、陛下の命令と禁止事項を実行するためにクッラム地域へ総督が任命されることを望んでいる[18]。

この中では、アブドゥル・ラフマーンに対して明確にクッラム地域を統括する総督の派遣をアフガニスタン側に依頼していることが読み取れる。この嘆願書を受理したアブドゥル・ラフマーンは、シーリーンデル・ハーンに対し、本件に関する対処について以下のように書き送っている。

> イギリス政府がアミール・モハンマド・ヤァクーブ・ハーンのアミール在位中にクッラムをアフガニスタンの統治から切り離したため、我々が統治を開始した現在、本件に関する選択の余地はなく、沈黙を続けざるを得なかった（……省略……）従って、我々はクッラムをイギリス政府に対し要求することはないし、当地に干渉・介入することもない（……省略……）トゥーリー族はイギリス政府に対して「我々はアフガン Afghān[19] であり、太古よりアフガニスタンの統治者の従属者であり臣下であり、目下アフガンの政府に従うことを選択する。我々がクッラム地域をアフガニスタンから分離するように望んだ時は、故アミール・シェール・アリー・ハーンとその官吏たちの手により厳しく酷い扱いを受けていたため、それが（分離を望んだ）理由であった。我々はさらに悪い事象が彼の子孫・後継者たちによってもたらされると予期していた。しかし、そのような状況は消滅し、アフガニスタンは全ての臣民と部族に同情的であるアミールの権限の中にある。我々は喜んで彼に臣従する道を選択する」と伝達すべきである。[20]

つまり、クッラム住民が自ら望んで英領インド政府にアフガニスタンへの帰属を望む旨を伝達するのでなければ、アフガニスタン側からクッラムに干渉することはできないと記している。しかし、アブドゥル・ラフマーンが、クッラム地域はアフガニスタンが統治する権限を有するという見解を当然視していたことも明白である。結局、クッラム地域のトゥーリー族たちはイギリスに対してアブドゥル・ラフマーンが望んだような要求を突き付けることはなく、英領インド統治下に留まることとなった。そのため、数年後のヒジュラ暦1307年シャッワール月／1890年6月には以下の記述に見られるような問題も発生している。

> およそ300名のクッラムに居住するアフガン Afghān のトゥーリー族 Tūrī の男女が、彼らの長い習慣であるカーブルとヘラートを経由して、信頼の玉座のスルターンであるムーサー・レザーの息子アリー—両者の上に神の満足あれ—参詣を行うため、カーブルにやって来た。トゥーリー族はアフガニスタンの臣民であり、アフガンの部族であるが、自ら望んでイギリス政府に従属する道を選んだ。加えて、彼らがシーア派であるという理由により、アフガニスタンの人々は彼らに対し敵意を抱いており、彼らを殺害・略奪することすらも厭わない。状況は彼らにとって厳しく、高貴な皇子サルダール・ハビーブッラー・ハーンは彼らに被害が及ばないよう保障するため、アフガニスタンを経由しての全ての往来を禁止した。彼らはしばらくカーブルに留まったが、最終的に陛下からの勅令に基づいてカーブルからクッラムへと戻った。陛下は再びアフガニスタンを通ってマシュハドへと行き来しないように命じた。[21]

この中ではトゥーリー族の帰属については「アフガニスタンの臣民である」としながらも、実質的に自らの管轄権が及んでいないことと、彼らがシーア派であることによる危険性の回避のためとして、トゥーリー族が習慣的に実施してきたカーブル、ヘラートといったアフガニスタン領内を経由してのマシュハド参詣を禁じたことが記されている。クッラムの帰属問題については、ガンダマク条約の曖昧な取り決めがそのまま反映されているとも考えられ、アフガニスタン、イギリス両国が影響力を有していたことがわかる。このように、1890年代に入ると、徐々にアフガニスタン、英領インドの国境地帯における両国の管轄権を巡って様々な懸案が生じることとなったのである。

3 ワズィーリスターンをめぐるアフガニスタン、英領インド間関係

3-1 ワズィール族の帰属問題

アフガニスタンと英領インド間での国境地帯の管轄権をめぐる懸案が浮上する中で、現在ワズィーリスターンと呼ばれるパシュトゥーン系ワズィール族が多く居住する地域は両国の利害対立が表面化した地区であった。[22] そこで、アブドゥル・ラフマーン期のアフガニスタンとワズィール族との関係、および同地域をめぐるアフガニスタンと英領インドとの関係について検討する。

アブドゥル・ラフマーンはワズィール族居住地域を自らの勢力圏と見なし、影響力を拡大するためにワズィール族の部族長 Malik の一人であったラフマト・シャー・ハーン Raḥmat Shāh Khān の娘と婚約関係を結んでいた。実際にラフマト・シャーの娘が結婚適齢期に達したヒジュラ暦1308年ラビー・

アッサーニー月19日／1890年12月2日には、ホースト州総督シーリーンデル・ハーンに勅令を送付し、然るべき手続きに則った結婚契約や祝宴の手配を指示している。そして、ヒジュラ暦1308年ラビー・アッサーニー月28日／1890年12月11日には、シーリーンデル・ハーンによって婚姻契約を最終的に締結するための代理人vakīlが任命され、様々な賜衣Khil'ahや米、油、羊、さらには婚姻契約の砂糖菓子などが送られ、アブドゥル・ラフマーンからの贈答品である外套や衣類なども運ばれた。この婚姻は100名以上のワズィール族が花嫁の輿に付き従うほどの大規模なものであった[23]。このように、アブドゥル・ラフマーンはワズィール族の有力者の娘と婚姻関係を交わすとともに貴重な品々を授与することで、この地域における自らの存在の誇示と勢力圏への取り込みを意図していたと考えられる。

実は、同時期にこの地域をめぐって英領インドとの間で管轄権をめぐる懸案が生じていた。ヒジュラ暦1307年ラマザーン月／1890年5月に、イギリスはワズィーリスターンの中心都市であるワーナWānah[24]を軍事占領する計画を立ち上げた。イギリス側が軍隊動員のための補給物資を整えた後に、インド総督はアブドゥル・ラフマーンに対してワーナ侵攻と占領の許しを得るべく書状を書き送っている。しかし、アブドゥル・ラフマーンはワーナ軍事占領がもたらす結果についてイギリス側に、「アフガンの人々はワーナ地区へのイギリス政府の侵攻が間違いなく両国の友好関係を反抗の大鋏によって断ち切るものであると考え、抵抗の旗を掲げるであろう」と返信して警告を発している。さらに、支援を求めてホースト州総督のシーリーンデル・ハーンの下を訪れたワズィール族指導者たちの中から77名を選別させ、彼らにカーブルの宮廷を訪問させたうえで各人に対して国庫から資金援助を行い、さらにイギリス政府に対する不満とアフガニスタンの臣民となる点について議論を交わしている。しかし、同様にイギリス側もワズィール族指導者たちに対し、大量の資金を提供することによって自らの陣営へと取り込みを図ったため、一度はアフガニスタン政府への帰属を望んでいたワズィール族指導者たちは当初の考えを翻し、結果的にワズィーリスターンの帰属問題は未解決な状態となってしまった。[25]

以上のように、ワズィーリスターンにおいてはアブドゥル・ラフマーンがアフガニスタンの勢力圏として維持するように努め、イギリスに対抗するような動向も確認できる。その一方で、国境地帯において異なる対応を示した地域も存在する。ヒジュラ暦1309年ズー・アルヒッジャ月／1891年7月—8月には、地政学的要衝であるハイバル峠周辺に居住するアフリーディー族 Afrīdī のウラマーや部族指導者たち146人がカーブルを訪問し、宮廷に伺候した上でアブドゥル・ラフマーンに対してイギリス政府の防衛拠点襲撃の許可を求めるという事態が生じている。この時、アブドゥル・ラフマーンは賜衣と5513ルピーの現金を下賜した上で、「イギリス政府がアフガニスタン政府の味方である限りにおいて、どのような疑念も浮上しえない」と述べて、アフガニスタンと英領インドとの友好関係を強調しつつも、もしイギリス側がアフガニスタンの不利益になるような行動をとった場合には然るべき対応をとることを仄めかしている。[26] しかし、アフリーディー族の不満を受け止めつつも、基本的にアフガニスタンは英領インドとの友好関係を維持することを明言しており、彼らの行動を支援することはなかった。従って、英領インドとの国境地帯においてアブドゥル・ラフマーンは同一の対応をせず、クッラムやワズィーリスターン方面における勢力圏確保に固執した態度との間で差異が生じている。

3－2 アフガニスタン、英領インドによるワズィール族取り込み政策

このような状況の中、ヒジュラ暦1310年ムハッラム月／1892年8月頃には、ワズィール族と隣接した地域に居住するマスード族 Mas'ūd の指導者たちが、アブドゥル・ラフマーンからの書状を通じた説得により、臣従を誓うことを決断した誓約書を送付している。これを受けて、アブドゥル・ラフマーンは各々の部族から少数の指導者たちを選出し、彼らに俸給を支払っている。[27] しかし翌月には、ワズィール族の指導者二人がワズィール族はイギリスに服属すべきとの考えを説いてイギリス側に書簡を送付するという事態が生じたため、他のワズィール族指導者たちの一部がそれに反応する形でアブドゥル・ラフマーンに忠誠を誓うことを表明する書状を送り、合わせて状況を報告している。これを受けて、アブドゥル・ラフマーンは全ワズィール族に対して以下のような勅令を発布した。

他の者全員が自所に留まっている間に、マーニーという一人の者がイギリスに向かおうと試みるとともに、その者が人々を扇動している間、他の全ての者たちは事態が進むのに対し無力で彼を止めることもないのは奇妙なことである。実際に、アフガニスタン政府はワズィール族の人々の山々、谷、そして荒野を決して手放すことはなく、あらゆる手段でその臣民たちが居住する場所に配慮する。従って、生活状況に用心しつつ配慮し、さらに誰も人々を扇動することがないように努めることはワズィール族の責任である。もしそれが止められないのであれば、外国人たちの手による占領を回避するために軍を同地に派遣しなければならないだろう。[28]

この勅令の内容から、アブドゥル・ラフマーンが同地域をアフガニスタンの領域と認識して、自らの支配権に取り込もうとする意図が強く感じられる。しかし、イギリス側から多額の資金や贈答品を授与されたことによりイギリスへの臣従へと傾いた者たちの存在も明らかであり、実際に英領インド総督がこの点をアブドゥル・ラフマーンに対して通達する書状を書き送っている。これを受けて、アブドゥル・ラフマーンは現地情勢の対処に当たっていたサルダール・ゴル・モハンマド・ハーン Sardār Gul Muḥammad Khān に同年サファル月14日／9月7日に以下のような書状を書き送っている。

ワズィール族とマスウード族は全く信頼がおけないので、彼らの誓約、誓約書、そして協定について考慮すべきではない。なぜなら、彼らはわずかな金銭と銃器で協定や誓約を破り、神や預言者のことを全く考慮せずに自身の協定に違反し誓約を破るのである。彼らはこのような者たちでなかったのではなく、常にそのような人々である。我が政府から折に触れて繰り返し勧告や忠告を与えてきたものの、彼らは決して耳を貸さない。[29]

この後には続けて、過去に総督や裁判官 qāżī の派遣を要求しながら結局は実現していないという内容を含め、両部族が何度も臣従を誓いながら結局はアフガニスタンとイギリスとの間を行き来している状況を批判している。そして、ワーナに逗留していた前述のゴル・モハンマドに指令を下し、アフガニスタンと英領インド「両政府を分割する国境の設定を完了」させて両国の管轄する地域を設定し、それによってワズィール族たちの「悪徳や裏切りを終結させる」ことを命じた。さらに、インド総督から送付された書状の内容をパシュトー語 afghānī に翻訳して、自らの勅令に添付して現地の「愚かな」部族たちに送付している。[30] 勅令の内容は以下のとおりである。[31]

ワズィール族とマスウード族の部族長たちの数名はイギリスの総督から受け取った書簡について陛下 Sarkār-i Vālā と議論する権限を与えられた。その書状は彼らが理解できるという理由でパシュトー語 paṣhto に翻訳された。翻訳は彼らが読んで理解するために行われたのである。

要するに、ヒンドゥースターン（インドのこと）の総督は陛下によって要請されたアフガニスタン辺境設定のための使節と呼ぶところの、信頼できる代理人の一団を選び出した。インド総督はアフガニスタンとイギリス政府の辺境地域は未だに分割されず明確ではなく、認識もされていないと書いている。陛下は勅令によってこの問題について言及され、サルダール・ゴル・モハンマド・ハーンに対して、ワーズ・フワー Wāz khwāh[32] からパルマル Parmal[33]、あるいはカタ・ワーズ Katah Wāz へ[34] 移動し、辺境地域の分割のための決定がなされ、アフガニスタンの領土がイギリス政府の使節によって周知されるまで同地に留まるように命じた。境界が設定された後は、（領域）内に居住している、あるいはアフガニスタン領域へ入り自ら進んでアフガニスタンへの臣従を受け入れた者たち、彼らの保護は陛下の責任となり、そして命じられたサルダール（・ゴル・モハンマド・ハーン）によってそれは実効されるであろう。さらに、インド政府の領域に居住する者たち、あるいは同政府に満足している者たちは、高貴なインド政府によって統治されるであろう。誠意ある存在たる陛下は、ワズィール族とマスウード族の者たちに、境界が設定されるまで、サルダール・ゴル・モハンマド・ハーンによってもたらされる俸給が彼らに支払われるということに同意したこと、およびイスラームの政府によって減額や遅延がないことを通達する。[35]

この勅令の内容から、アブドゥル・ラフマーンがワズィール族たちの居住する国境地帯におけるアフガニスタンと英領インドとの勢力圏を明確に区分しようとしていたことが読み取れる。また、国境地帯のパシュトゥーン諸部族との連絡を密にするために、パシュトー語による公文書作成を行う書記官Afghānī Navīsであるモッラー・モハンマド・ハーンMullā Muḥammad Khānというラムカーンのサーフィー族Qawm-i Ṣāfī-yi Lamqān の人物がアブドゥル・ラフマーンの下で仕えて、「辺境地帯のアフガンたち（パシュトゥーンたち）Mardum-i Afghānān-i Sarḥadīyah」にパシュトー語で書状を送付していたという記述が確認できる。[36] このように、アブドゥル・ラフマーンが国境地帯のパシュトゥーン諸部族を自らの勢力圏の確立のために極めて重視していたことがわかる。

勅令ではこの地域におけるアフガニスタン、英領インド間の境界設定の協議が間近に迫っているということを暗示する記述が確認できるが、実際にはその後もワズィーリスターンの帰属問題は解決しなかった。例えば、ヒジュラ暦1310年ラビーⅠ・アルアッワル月／1892年9月頃に、アフガニスタンとイギリス双方に臣従を誓ったワズィール族と、アフガニスタンに従属していたスレイマーン・ヘール支族Sulaymān Khel 間で争いが生じた際には、サルダール・ゴル・モハンマド・ハーンが両者和解のために奔走し、スレイマーン・ヘール支族が捕縛したワズィール族の捕虜を解放する代わりにワズィール族はスレイマーン・ヘール支族から奪った家畜を返還するという和解案を成立させた。しかし、イギリス官吏がワズィール族と接触してこの和解案を破綻させた上で、部族間の対立関係を煽ったという記述がアフガニスタン側史料には記されている。[37] さらにこの後、イギリスが領域内で城塞の防衛力を強化したことによって、アフガニスタン側住民の不安が増大したため、ゴル・モハンマドはワーナ住民の同意によってアフガニスタン側の古い城塞の防衛力強化を行うことを計画した。しかし、イギリス側の調略によって、現地住民がゴル・モハンマドによるアフガニスタン側城塞の防備力強化に反対し始めるという事態にまで陥ってしまう。この時、ゴル・モハンマドはアブドゥル・ラフマーンに対して、イギリス官吏が「イスラームを信仰する人々」を統制することや境界問題に関与することを許さないということを伝達している。それに対して、アブドゥル・ラフマーンは以下のように返答する書状を記している。

アフガニスタン政府はその土地の手のひらVajab（親指から小指までの長さ）の広ささえも放棄することはない。境界の設定と画定、そして境界線による分割の後、両政府側ともにどの場所がどちらに帰属するのかを理解するであろう。その際に、イギリス人の計略は何ら利益を生じさせないであろう。もし国境線の人々がムスリムでクルアーンに従う者たちであるなら、クルアーンに「ユダヤ人やキリスト教徒を仲間にするでないぞ」[38] とあるように、彼らはそれに相応しくふるまい、その後に恥や当惑のふちに彼らの足をかけるべきである。[39]

この書状の内容から、アブドゥル・ラフマーンのワズィーリスターン地域の帰属に関する姿勢が明確に理解できる。クルアーンを引用しつつ、圧倒的多数がムスリム住民である同地域がアフガニスタンに帰属することが当然であると考えており、国境画定のためにイギリスと交渉を行う意図は有していたものの、その帰属に関しては一歩も妥協する考えはないことを明言している。

この同時期には、イギリスに帰属するという意思を翻し、アフガニスタンに臣従することを申し出る書状がクッラム地域の指導者たちによって認められ、宮廷に奏上されている。この書状に対して、アブドゥル・ラフマーンはクッラムの指導者たちに対して以下のような勅令を発布している。

アフガニスタン政府とイギリスとの間の友好関係が結ばれ、条約の締結によってそのことは規定されているが、しかしイギリス政府の官吏は境域において継続的に我が政府の臣民たちを扇動している。ただ、アミール・モハンマド・ヤァクーブ・ハーンがクッラム地域を条約においてイギリスに割譲したため、当方政府により（クッラム地域の）人々を唆すことを適当とは考えるべきではない。[40]

既述のように、クッラム地域についてもアフガニスタンと英領インド間での管轄権が曖昧な状態であった。しかし、この勅令の内容から、ガンダマク条約によってあいまいな条件ながら統治権がイギリス側に正式に譲渡されたクッラム地域については、ワズィーリスターンへの対応とは全く異なり、自らの直接的な統治下に置く考えを有していなかったと考えられる。

3－3　ワズィール族をめぐるアフガニスタン、英領インド間の対立

前述のような情勢下、英領インド側からワズィール族居住地域における働きかけが新たに開始された。ヒジュラ暦1310年ラジャブ月―シャッワール月／1893年1月―2月頃、英領インド政府は同地域における軍事拠点や道路建設に着手した。これは、英領インド官吏であったマーク Merk がワズィール族カーブル・ヘール支族 Kābul Khel とボランド・ヘール支族 Buland Khel の指導者たちに呼びかけたもので、彼は両支族に対して英領インドによる軍事基地と道路建設に際して護衛を勤めることを求めるとともに、見返りとして報酬を支払うことで合意に至った。状況について報告を受けたホースト州総督シーリーンデル・ハーンはアブドゥル・ラフマーンに対して以下のように報告を行うとともに自らの意見を奏上している。

もし彼らの言うことが真実であり、部族全体を代表しているのであれば、彼らはイスラームの政府に心と魂を服従させることを真に望んでいる。ワズィール族の各部族・支族は（忠誠の）誓約書を記し各自の印章を押印した上で、当方に手渡されるべきである。その誓約に従って、イギリス政府との会談が行われ、臣民の生活と彼らの臣従に関して合意条約を結ぶことができるだろう。そうしなければ、前例の如く彼らは我々皆が知るように、金銭と賜衣を得るために両者を欺いて欺瞞の種をまこうとするだろう。しかし、次第に彼ら自身が自らの生活を危機的状況に追い込み、自滅の原因となっている。その場合、彼らが行動したいように行動するべきである。当方政府は彼らの事情に自ら関わるという権利は全く有していない。[41]

この奏上文では、これまでワズィール族がアフガニスタンと英領インド側のそれぞれに対して服従し、その臣民となることを誓約しながら、結局は他方へと鞍替えするということを繰り返し、両国から多額の資金や贈物を獲得してきたことに触れるとともに、このような状況を打開するため、最終的にはワズィール族指導者たちによるアフガニスタンへの帰属と臣従を誓う旨の誓約書提出を促すべきであるという意見具申が行われている。さらに、部族指導者たちがアフガニスタンへの服従を最終的に誓約しない場合、これ以上ワズィール族の状況に振り回されるべきではないとして、アフガニスタン政府として同部族の事情への関わり合いを停止することも検討するよう奏上している。この点はこれまでの一貫した当該地域の統治権維持に対する執着という政策からの変化が確認できる。

以後、ワズィール族が再度英領インド側の軍事拠点と道路建設に協力することになったが、再び態度を変化させてアフガニスタンに帰属する意思を表明するという事態が生じている。具体的にはヒジュラ暦1310年ラマダーン月／1893年4月頃、ワーナのワズィール族指導者たちが、前年に一定額の金銭を受給することを条件に英領インド政府への従属を約していたが、突如アフガニスタンへの服属を選択するという方向に方針を転換したため、ワズィール族指導者たちが拘束されてしまうという事態に発展してしまった。そのため、他の部族指導者たちが英領インド・デーラジャート[42]弁務官 Commissioner のブルース Bruce に対して解放を求めて嘆願を行っている[43]。その嘆願を行ったワズィール族の指導者たちの一人であるバヌーチー・ハーン Banūchī Khān とブルースは本件について直接会談を行っているが、両者の折衝の中でもアフガニスタンと英領インドとの間で帰属が確定しない当地の管轄権をめぐる問題が浮き彫りになっている。以下で両者の会談でのやり取りの記録を確認する。

弁務官ブルースは以下のように答えた。「昨年、ワズィール族の指導者たちは英領インド政府から1万2000ルピーを受給することを条件に服従を受け入れて忠誠の首飾りを身に着けることを約束した。しかるに、彼らはその約束を反故にした。なぜ彼らはアフガン政府 Dawlat-i Afghānī と友好関係の道を開き、カーブルへと赴いてアミール陛下 ḥazrat-i vālā に従うことに同意したのか？」。ブルースからの叱責の言葉を聞いて、バヌーチー・ハーンは以下のように答えた。「昨年、アンワリー Anwarī の地での会談 Majlis において、彼らはワーナに居住するワズィール族はイギリス政府からの給金を受け入れないであろうということを面前で述べた。彼らは貴国政府に土地を譲渡することも、服従することもないであろう。ワズィール族たちによるこの拒絶の前に、貴殿らは、この1万2000ルピーはワズィール族が将来的に行う奉仕のための給付金であり、服従と忠誠のための見返りや利益としてではないと述べていた。もしイギリス政府がワーナの統制を望むのであれば、別途話し合いを開催し、合意に至らなければならない[44]」。

ここでは、ワズィール族が給付金受給によって、英領インドに所属することになったとイギリス側が見なしているのに対し、ワズィール族の側は資金提供と所属の問題を切り分けて考えていることが読み取れる。さらに、両者の会談は続き、ブルースはイギリス政府にワーナ地域の統治権を委ねることに同意すれば拘束した部族指導者たちを解放することと、英領インド統治下に入った後にはアフガニスタンのアミールからの全ての給付金受給、及び事前に許可を得ることなくカーブルを訪問することを禁ずる旨を通達されている。

ブルースによるイギリスへの従属要求に対して、ワズィール族指導者の一人であるバヌーチー・ハーンは、先述のアブドゥル・ラフマーンによって作成され送付されたパシュトー語の勅令に基づいて以下のように回答している。

以前、ワーナの指導者たちは服従のためカーブルに赴いて謁見を許され、ワーナの土地を完全なる誠意をもってイスラームの政府へと引き渡した。陛下の命令によって、彼らはサルダール・ゴル・モハンマド・ハーンを伴ってワーナに帰還した。84名の指導者たちが帰還し、彼らは高い地位と毎月給付金を受給することとなった。彼らは政府によって授与された馬同様、これらの栄誉を授与されたことを証明する証拠文書を伴って帰還した。

ここでバヌーチー・ハーンは、ワーナ地域がアフガニスタン側に所属している点に言及しつつ、アブドゥル・ラフマーンから授与された給付金や地位、それに馬などとそれを授与された際に受領した文書を実際に持参してブルースに確認させている。これを受けてのブルースの発言と、それに続く両者の応答は以下通りである。

「辺境の人々に関しては全般的に、とりわけワーナの人々はイギリス政府によって大いに厚く遇されており、インド総督 lārd はかくの如き厚遇を維持し無益な状態で放棄するべきではないと述べている。これは、彼らが1万2000ルピーを受け取ったのだから、ワーナ地域がイギリス政府の領域に併合されていると見なすべきであり、その勅令の権威の下に頭を垂れるべきである。なぜなら、カーブルのアミールからの給付金は恒久的なものではなく、長くは続かない。しかし、イギリス政府からのものは決して中断されることはない」

これに答えて、バヌーチー・ハーンは以下のような言葉をブルースに対して発した。

「ワーナの土地はアフガニスタンに所属するものである。ワズィール族の人々はそれ以外に発言する立場にない。さらに、アフガニスタンに対する反抗や忠誠心の欠如ということについて考えることは大変困難である。しかし、彼らはイギリス政府に対しても敵意を有していない」

これに対してブルースは述べた。

「イギリス官吏は、ドゥール Dūr 地域[45]とともに、マスウード族とワズィール族の人々が居住する地域を要求している。それらの土地が（イギリス側に）譲渡されることが我々の望むところである。さもなければ、それらの三地域は武力によって獲得されるであろう」

バヌーチー・ハーンは答えた。

「アミール陛下とイギリスの統治者は偉大な支配者であり、両者はお互いに土地を引き渡す裁量を有している[46]」

以上の両者の応答から、イギリス側のワーナ地域への統治権確立に向けた強い意思と、現地のワズィール族指導者によるアフガニスタン側への帰属意識、あるいはアフガニスタン、英領インド双方への配慮を読み取ることができる。また、イギリスがワーナ地域の統治権を委譲しない場合の武力による強制的

な併合についても直接言及していることは、アフガニスタンとの間の統治権・管轄権をめぐる懸案が新たな段階に発展したことを意味している。

加えて、同時期にはトゥーリー族の分布するクッラム地域に隣接するガルカリー地域 Gharkarī に分布するムクビル族 Muqbil 数名がホースト周辺の山岳部の人々を唆して扇動した後、英領インド側に逃亡し保護を求めるという事件が発生している。この際にクッラム地域担当であった前述のイギリス官吏マークに対し、アフガニスタン側の責任者サルダール・シーリーンデル・ハーンは逃亡者たちの逮捕を要求したが、その要求に対するマークからの返答は以下の通りであった。

> ガルカリーのムクビル族の家屋と居住地域はトゥーリー族に隣接している。長きに亘って彼らは年間100ルピーの税をクッラム地域の徴税官に納めていたため、彼らがクッラムに属していると言える。従って、その住民はイギリス政府の臣民である。[47]

このように、イギリス側はムクビル族が元々クッラムの徴税官に税を納めていたことを理由として、彼らがクッラムに所属していること、およびクッラムを管轄している英領インドに属するとの見解を表明している。これを受けたシーリーンデル・ハーンは宮廷に状況を報告したため、アブドゥル・ラフマーンはマークの見解に対して以下のような意見を提示している。

> 彼（マーク）が記したように、ガルカリーに居住しているムクビル族はトゥーリー族の隣人でも

なければ、クッラムの徴税管轄下に入ってはいない。実際は、トゥーリー族の悪事や腐敗の故に、彼らはトゥーリー族による略奪や殺害から逃れ安全を維持するために様々な方法を試みてきた。[48]

さらにこの後に、アブドゥル・ラフマーンはマークが述べたことを逆用して、イギリスが管轄している地域のうち、過去に徴税管轄権がアフガニスタンに属していた地域が多数あることを指摘し、彼の指摘を一蹴している。

以上のように、当時のアフガニスタン、英領インド国境地帯の帰属問題は現地の部族民たちに対する対応を含め、次第に両国関係にも多大な影響を及ぼす可能性が浮上するなど、深刻な局面に入りつつあった。ここまで確認してきたように、国境地帯の部族諸勢力に対する対応は、アフガニスタン、英領インドのそれぞれが現地の部族指導者たちに働きかけた上で、両国ともに自らへの従属を促しつつ金銭や地位、さらには様々な奢侈品を授与することによって取り込みを図るという方法であった。しかし、両国間が互いに相争う形で現地の部族指導者たちの取り込みを図ったことによって、結局は当該地域の帰属が曖昧な状態で維持されるという結果を生むこととなった。このような状況を打開するため、両国政府同士が国境地帯の帰属をめぐって直接交渉を行うことになった。

4 デュアランド・ライン合意締結とその後のアフガニスタン側の対応

国境地帯をめぐるアフガニスタン、英領インド間の対立が深まる中、アブドゥル・ラフマーンはカルカッタのインド総督ランズダウンに対して、国境問題解決にむけた交渉のため英領インド側からカーブルへ使節を派遣することを要請する書状を送付した。幾度かの書状のやり取りの後、デュアランドがカーブルを訪問して国境線設定について会談を行い、後日その内容を両国が承認して署名することが確認された[49]。アブドゥル・ラフマーンはインド総督に対して、両国間の広範囲に亘る国境線について議論し、かつその場での政策判断と責任ある応答が可能な政策担当者のカーブル派遣を要請したため、インド外務大臣であったデュアランドがその任に当たることに決したのであった[50]。

ただ、この当時のアフガニスタン側にとっての最重要課題が英領インドとの国境地帯の問題解決であったのに対し、英領インド側はこの問題をそれ程重視していなかった。使節団を率いたデュアランドはカーブル派遣とその任務について以下のように記している。

私の第一の任務は、ロシア政府がアフガン領北東境界を定めた1872―1873年の合意を正しく遂行すると主張しているということ、およびイギリス政府 Her Majesty's Government はこの主張に反対することが困難であると考えている事をアミールに告げるということであった。(……省略……)第二に、(アミール)閣下が私のカーブル滞在を、彼が幾度もインド政府との間で見解の相違が生じている他の問題を直接議論する機会と捉えた場合についてである。その場合、私はこれらの諸問題を吟味することに同意し、それらの問題について友好的な理解に至るように努める[51]。

デュアランドのカーブル派遣任務についての認識においては、ロシア、アフガニスタン間の領土紛争についてアブドゥル・ラフマーンに譲歩を迫るということが最重要任務であり、英領インドとの間の国境画定に関する問題への対処は副次的な任務にすぎなかったのである。従って、両国間の問題について議論する意思を有していたことは読み取れるものの、イギリス側がカーブル派遣前には具体的な国境問題解決策を提示しようとは考えていなかったことは明らかである。

両国の思惑の隔たりあったものの、取り決めに従ってデュアランドは八名の交渉を行う関係者[52]と324名の随員、および大量の荷とそれを運ぶラクダや騾馬、牛や馬などを引き連れてカーブルへと出立した[53]。アフガニスタン側では軍総司令官 Sipahsālār であったゴラーム・ハイダル・ハーン Ghulām Ḥaydar Khān Tūkhī が護衛責任者として任命され、ハイバル峠を越えたアフガニスタン側の要衝であるダッカ Dakkah においてデュアランド一行を出迎えて、ヒジュラ暦1311年ラビー・アルアッワル月13日／1893年9月24日には東部の都市で冬の離宮でもあったジャラーラーバード Jalālābād に逗留した[54]。そして、同年ラビー・アルアッワル月21日／10月2日にはカーブルの宮廷に到着し、祝砲が打ち鳴らされるなどの歓迎を受けた。カーブルでのイギリス使節団の滞在に関しては、次代アミールのサルダール・ハビーブッラー・ハーン Sardār Ḥabīb Allāh Khān が各種歓待の総責任者を務め、使節団は厚遇を受けていた。アミールであったアブドゥル・ラフマーンも使節団への贈り物として皿を銀貨で満たすように命じている。

イギリス側の記録によれば、10月5日にはアミールの別邸において友好的な歓談が催され、その日の内にイギリス側最大の懸念事項であったアフガニスタンとロシアとの領土問題解決のための会談が実施されている。アブドゥル・ラフマーンはアム河を越えた北側に領有していた領土を全て放棄する代わりに、アム側南部に位置していながらロシア領とされていた地域を譲渡されることを受け入れたため、デュアランド自身もこの時点で「私が委ねられた第一の任務は達成された」と記している。[55] その後、同年のラビー・アッサーニー月／10月12日には、ハビーブッラーがデュアランド一行歓迎の宴を催すため、カーブルに位置するムガル朝初代皇帝バーブルの墓所の庭園の飾りつけを命じて盛大な歓迎式典が挙行されている。このような対応から、アフガニスタン側が使節を重視しつつ、配慮していた様子がうかがい知れる。[56]

このような歓迎ムードの中、アフガニスタンと英領インド間の国境線画定のための折衝が行われた。そして、ヒジュラ暦1311年ジュマダー・アルアッワル月3日／1893年11月12日に両者よる国境画定の合意に「署名」がなされた。その後、アブドゥル・ラフマーンはデュアランドらを伴い、一般謁見の間 Salāmkhānah-yi ʻĀm において「招待した部族指導者、軍将校、そして貴人や重要人物たち」に対してどのようなことで合意し署名したのかという点に関する演説を行っている。この中でワズィール族に関しては以下のように言及している。

――私は服従することを望まないワズィール族に対する従来の主張を放棄することとした。[57]

これに対して招待者たちもその演説に対しての返答を行っている。[58] さらに、『諸史の灯』には、この後の状況に関して以下のような記述が確認できる。

陛下は全ての交渉と、政府および高官たちの素晴らしき言葉、さらにはデュアランドの応答を覚書 Risālah として印刷するように命じた。それが印刷されると、多くの布告と複写とともに全ての州に送付された。[59]

この記述から、アブドゥル・ラフマーンがいわゆるデュアランド・ライン合意の内容を印刷した上で、それをアフガニスタン全土に配布しようとしていたことがわかる。実際に、ヒジュラ暦1311年ラジャブ月17日／1894年1月24日には全ての州に配布が行われたが、以下のような布告が同時に発せられた。

今回、多くのイギリス政府の高位の官吏たち、彼らの国の言葉ではそのような集団は「Commission（Kumīshun）」と呼ばれているが、彼らは使節として派遣されて高貴な宮廷において敬意を示す栄誉に浴した。彼らが謁見の特権を得た際、自らの訪問の目的を表明した。すなわち、アフガニスタンとイギリス両政府間の友好関係と連帯の在り方を強化し、このことを条約として最終的に承認するためであった。従って、双方の偉大な政府へ服従し、このことを支持をする者たちは、親睦と協力の原理原則に基づいて継続的に親和的連携と友好関係の輪を維持し強化するであろう。[60]

デュアランド・ライン合意の内容に関する覚書の印刷・配布と同時に発布されたこの布告においては、アフガニスタンと英領インド政府との友好関係が強固であることを表明している。また、具体的に合意に基づいて両国国境画定のための担当官が任命された際のヒジュラ暦1311年ラマダーン月9日／

1894年3月16日には新たな布告を発しているが、その内容は以下の通りである。

今回、両国政府の間に位置する国境を明確に規定する作業の開始は、すでに少し前、パシュトー語Afghānīとペルシア語両言語で印刷の上配布された短い覚書によって、一般アフガン民衆が知るところとなっているが、目下この事業に取組むための人員の選別と任命について布告する。軍司令官のゴラーム・ハイダル・ハーン、サルダール・ゴル・モハンマド・ハーン、そしてサルダール・シーリーンデル・ハーンが以上の任に当たるべく任命された。各々は一連の指示と命令書Manshūrを携えているため、彼らは境界近くの現地の全指導者や有力者を完全に知り尽くしており、全ての平野、山、谷、荒野、沙漠、荒地、窪地、耕作地、牧草地、水路を熟知している。そして署名した地図から、彼らは内と外に分けられる領域を理解している。各々はそれぞれが担当する地区へと向かい、そこでこの事業を監督し実行するイギリス官吏とともに、国境を定めて画定することを進めるであろう。任命した三名に与えた一連の指示は、部族や人々の高きも低きも双方の全ての人々によって読まれ理解されるべく別途送付されるだろう。その中で、国境線の設定状況と現状について知るべきことは、全ての者に知らされるだろう。そして、国境や近隣に居住する部族、人々、個人が心の平安を享受し、発生した事柄を不安に感じることなく、また自らの土地、耕地、荒野、山、放牧地、牧草地の境界を適切に理解するために、アフガニスタンに属する領域を完全に把握するだろう。双方の臣民たちが両国政府を分割する線を示すため市場を設立し、それらを恒久的なものとし、さらに一方から他方へ侵入できないようにするであろう。[61]

この布告から、アブドゥル・ラフマーンがデュアランド・ライン合意に完全に同意した上で、本章の中での幾度か言及され、国境地帯の案件処理に当たってきた三名を、その履行のための実行者として任命している。また、広く人々に合意内容を周知させることにも非常に力を入れていたことが読み取れる。さらに、デュアランド・ライン合意の内容、つまりこの合意による国境画定の内容そのものについての布告も発布している。この布告は非常に長いため、ここでは検討対象となる一部を以下に記すこととする。

イギリスはワハーン Wakhān、チトラール Chitrār、カーフィリスターン Kāfiristān、バージャウル Bājawur、クナール Kunār、モフマンド Muhmand をお互いに分割するつもりである。私の決定に従って、上述のように、軍司令官のゴラーム・ハイダル・ハーンはイギリス官吏と合同でカーフィリスターン、チトラール、クナール、バージャウル、モフマンド、ハイバル Khaybar、シンワール Shinwār をサピード・コーフ山 Sapīd Kūh とローワリー峠 Lawārkī までの地域を分割するであろう。サルダール・シーリーンデル・ハーンはパイワル峠 Paywar からタルワ Tarwah 地域までの国境を解決し整え、そしてサルダール・ゴル・モハンマド・ハーンは同地域の補佐であり協力者となる。そして、タルワからチャマンまではサルダール・ゴル・モハンマド・ハーンのみが国境画定事業に携わる。[62]

この中では、前述の布告において、アフガニスタン側で実際に英領インドとの国境画定に当たる担当者三名の担当地域について記されているが、それぞれが英領インドとの国境線を北から三つに分けた上で、担当地域を割り当てられていることがわかる。

このように、デュアランド・ライン合意は、それ以前のアフガニスタン側国境地帯における諸部族との関係や所属の問題を転換させることとなった。例えば、ワズィール族分布地域については、中心拠点であるワーナの帰属問題についてアフガニスタン側は当初から自らに帰属するべきであると主張していた。しかし、長年に亘るワズィール族指導者たちのアフガニスタン、英領インド双方からの金品や地位獲得を目的とした駆け引きにより、同地域をアフガニスタンに帰属させるべきとの思考が徐々に薄れつつある状況となっていた。そして最終的に、デュアランド・ライン合意を受けて、ワズィール族分布地域の内、ワーナを含めた地域におけるイギリス側統治権を承認したのであった。

具体的に、デュアランド・ライン合意直後、ヒジュラ暦1311年ジュマーダー・ウーラー月末日／1893年12月9日にはワーナ地域でアフガニスタン政府より給付金を受け取っていたワズィール族の全指導者たちがサルダール・ゴル・モハンマド・ハーンに対して、以下のような書状を書き送っている。

イギリス政府の支持者たちはカーブルを訪問したデュアランドの要求によって、陛下がワーナをイギリスに与えたと話している。もしこれが本当であれば、ワズィール族はイギリス政府への服従の誓約を拒絶するであろう。そして、閣下には彼らに自らの状況を検討させ、正しい道を選択するべく、このことが事実か否かを通達することを願う。[63]

これを受けて、ゴル・モハンマドは国境画定作業に関してのみをアブドゥル・ラフマーンから伝え聞いていると返答している。この状況がアブドゥル・ラフマーンに伝えられると彼は勅令を送付して以下のように述べている。

マルガMarghahとパルマルの地を除く、ワズィール族、ドゥーリス族Dūris、マスウード族が分布する他の地域はイギリス政府に所属するものとする。なぜなら、14年間それらの諸部族は悩みの種以外の何物でもなく、連帯と共通の宗教や民族について繰り返し言及しても、彼らはその幸運の徴である言葉に全く注意を払ってこなかった。どのような助言や良き忠告を与えても彼らは聞き入れなかった。従って、彼らの管轄権をイギリス政府に引き渡す以外に手段はない。[64]

このように、アブドゥル・ラフマーンは過去に幾度も服従を誓約しながら欺かれたとの考えと、イギリスとの国境地域をめぐる懸案の解決、および、本章では言及しなかったが、自らの手による国内の中央集権化政策推進[65]のための国境線画定という三つの理由から、ワーナを含むワズィール族居住地域の統治権を英領インド側に譲渡することを決断したのであった。

以上のように、カーブルにおいてアブドゥル・ラフマーンとデュアランドを筆頭とする使節団の会談については、アフガニスタンと英領インド政府双方の間で解決すべき最重要課題が異なっていた。そのため、いわゆるデュアランド・ライン合意はデュアランドらイギリス使節団が最重要課題に位置付けていたアフガニスタン、ロシア間の領土問題解決案に関する合意と、アフガニスタン・英領インド間の国境問題解決のための合意の二つの合意文が存在する。[66] しかし、この使節団との折衝に関するアフガニスタン側史料の記述においては、アフガニスタン北方の領土問題解決のための合意についてはほとんど触れられておらず、アフガニスタン側にとっては英領インドとの国境地帯をめぐる問題のみが記述されている。ワズィーリスターンなどを含めた両国の領土係争地に関する相互認識の差異が、その後デュアランド・ラインをめぐって様々な問題が生じるに至った根源と考えられる。

5 小括

本章では、アブドゥル・ラフマーンが即位した1880年代からデュアランド・ライン合意の締結された1893年までの期間に焦点を当てて、国境地帯の統治をめぐるアフガニスタンと英領インド間関係、および国境地帯の部族諸勢力と両政府との関係を特にワズィール族を中心に分析を行った。これまでのイギリス本国所蔵史料のみに依拠した研究においては、現地情勢に関する視点がほとんど欠如していた。つまり、イギリス植民地政策の枠組みのみで現地情勢が着目されるか、もしくは単純にアフガニスタンと英領インドとの外交関係の枠組みで国境画定の問題が議論され、英露の対立関係という伝統的なイギリス帝国史研究の枠組み内でのみ現地の政情が検討されてきた。また、本章ではデュアランド・ライン合意の締結過程に国境地帯をめぐるアフガニスタンと英領インド間関係がどのように影響を及ぼしたのかという点についての議論を行ったが、これまでのデュアランド・ライン合意に関する研究においては、合意内容そのものの内容検討や前述のイギリス帝国史研究の枠組みでの議論が繰り返されてきた。

本章においては、該当時期のアフガニスタンや英領インドとの国境地帯の情勢について『諸史の灯』の記述の分析を行い、アフガニスタン側の見解やこれまでのイギリス側史料からは明らかにされてこなかった、当時の国境地帯をめぐる両国の懸案事項や具体的な対応について明らかにした。その結果、デュアランド・ライン合意締結直前には、ワズィール族居住地域を中心とした国境地帯の帰属をめぐって、アフガニスタン、英領インド両国が対立関係を抱える状況となっていた点が明らかとなった。このような両国間の国境地域に関わる問題解決を重視した当時のアミール、アブドゥル・ラフマーンの提案に基づき、英領インド側使節団が外務大臣デュアランドを長としてカーブルへと派遣されて議論が行われた結果、国境画定のためのデュアランド・ライン合意が交わされた。しかし、イギリス側は当時北部の領土を巡るロシア、アフガニスタン間の領土問題解決とアフガニスタン側の譲歩を迫ることが最重要課題と認識し、この問題解決のためにカーブルに使節団を派遣していた。そのため、アフガニスタン、英領インド国境地帯については使節派遣前に具体的な解決策を用意しておらず、アフガニスタン側が両国国境地帯の問題を極めて重要な政治的案件と捉えていたこととの間で大きな認識の差異が存在していた。それゆえ、デュアランドとアブドゥル・ラフマーンとの間の合意により成立したデュアランド・ラインは、イギリスの仲介と綿密な調査の下で国境画定を行った他の周辺諸国との国境画定の過程とは大幅に異なる性格を有していたのである。特に、国境地帯の部族諸勢力がワズィール族の例に典型的に確認できるように、両国間で帰属変更を繰り返し変えながら自らの利益を確保する場合が多々見られたため、アフガニスタンと英領インド双方が現地有力者たちの意向や利益を全く無視する形で綿密な事前調査などを実施することなく境界線を定めたデュアランド・ライン合意が、その後様々な問題を誘発することになったことは必然と言える。この合意締結後の20世紀初頭においては、両国は分割した国境地帯の様々な問題に関して共同でその解決に当たる場合もあった。今後は国境地帯の現地情勢を詳細に検討するために、現地に収蔵されている文書史料などの分析を通じて個別の事例を検討していくことによって、より研究を深化させていくことが必要である。

【第四章　註】

1　パシュトゥニスターンとは、デュアランド・ラインによって分断されたパシュトゥーンが同一民族として団結した上で建設される想像上の独立国家であり、パシュトゥーンを頂点とする支配体制の構築を推進していたアフガニスタンによって支持された。詳細については、［Fayyāẓ 2008/1387 A.H.S.］を参照。

2　［Azmat Hayat Khan 2005］

3　BBCウルドゥー語放送において「デュアランド・ライン合意100年期限説」が唱えられたとされているが［Yunas (ed.) 2005: 21］、筆者も管見の限り史料的にこの説を裏付ける根拠は発見できていない。しかし、筆者自身も現地においてこの説が実際に広く流布している場面に幾度となく遭遇しており、人口に膾炙していると考えられる。

4　「デュアランド・ライン合意100年期限説」の否定のため、ユーヌスはアフガニスタンと周辺国との間での国境画定合意などの内、100年以上が経過しているものについてリストを提示している［Yunas (ed.) 2005: 42］。［Kakar 2006: 177-192］。また、カーカルはデュアランド・ライン合意に関するパキスタン側研究者の批判も展開しているが、この中で真っ先に批判を受けているのは上記のアズマト・ハヤート・ハーンによる研究である［Kakar 2006: 183］。加えて、デュアランド・ライン合意を当時のアフガニスタンが「納得」の上で受諾したとされる認識を示す歴史資料的根拠として数多く引用される、アブドゥル・ラフマーンによる自伝の第二巻についても言及し、この第二巻がアミールの書記官であったソルターン・モハンマド・ハーン Sulṭān Muḥammad Khān による創作物である点から、史料的根拠とはならないと断言している［Kakar 2006: 185］。このアブドゥル・ラフマーンの自伝第二巻をめぐる問題については、［LA Vol.1: v-xxii］を参照。

6 第二次アフガン戦争中に没するまでアフガニスタンのアミール位にあったシェール・アリー・ハーン Sher ʻAlī Khān（在位１８６３—１８７９年）の息子であり、シェール・アリーの次代のアミールとなったモハンマド・ヤァクーブ・ハーン Muḥammad Yaʻqūb Khān（在位１８７９年）の弟。１８８０年7月にアフガニスタン南部・マイワンドにおいてイギリス軍を破った人物として現在でも著名な人物であるが、その後アブドゥル・ラフマーンに敗れてカージャール朝と英領インドに亡命した。この間の状況については、［Kakar 2006: 45-62］を参照。

7 ［ST 3: 434-436］

8 ロシアとカージャール朝などとの間での国境画定については、国境画定委員会 Boundary Commission が設立されてアフガニスタンとの間の領域設定の作業に当たったが、基本的に仲介役のイギリスの意向が多大に反映されることとなった。アフガニスタンとロシア、およびカージャール朝との国境画定については実際に様々な国境画定委員会の一員として任に当たった地理学者のホルディッチ Holdich による著作を参照［Holdich 1909: 94-179,314-337］。

9 第二章で論じたように、第二次アフガン戦争の事実上の降伏条約としてアミール・モハンマド・ヤァクーブ・ハーンとイギリスとの間で締結された条約。この条約によって、アフガニスタンはそれまで勢力圏としていた国境地帯の一部を英領インドの勢力圏として認め、さらにイギリス以外と外交関係を結ぶことを事実上禁じられるなど、イギリスの保護国としてその強い影響下に置かれることとなった。ガンダマク条約については巻末の「資料編」を参照。

10 この時のアブドゥル・ラフマーンとインド総督ダファリンとの会談内容について記された冊子はパシュトー語とペルシア語の二言語で同一の内容のものが出版されているが、パシュトー語のものは、パシュトー語書記 Paṣhto Navīs のモッラー・ゴラーム・ジャーン Mullā Ghulām Jān Lamqānī が記し、ペルシア語のものは、書記官長 Dabīr al-Mulk のミールザー・モハンマド・ナビー・ハーン Mīrzā Muḥammad Nabī Khān が記しているため、著者は異なる［SB-Pashto; SS-Persian］。パシュトー語書記については後述する。

11 ［ST 3: 457］

12 ［Ibid. 459］

13 ［Ibid. 459-462］

14 アブドゥル・ラフマーンがアミール位に就いた段階において、アフガニスタンは地方に様々な小勢力が乱立している状況であった。特に英領インドとの国境地帯には独立した小国家群とも呼べる様々な部族勢力が存在しており、第三章で論じたラールプーラのハーンのように英領インド政府がその地位や領地を保障するとともに、資金援助を実施して影響力を行使していた事例も確認できる［Yunas & Taizi 2007: 90; Hussain 2005: 77-83］。

15 クッラム地域とトゥーリー族に関する基本情報と概要については、［Gazetteer: 236-243; Mohmand [n.d.]: 198-250］を参照。

16 ガンダマク条約の内容については資料編を参照。クッラム地域は最終的にはトゥーリー族が英領インド統治下に入ることを希望したことにより、１８９２年にイギリスの直接統治下に入ることとなった［Tripodi 2011: 72-74］。

17 ヒジュラ暦１３０１年ラマザーン月／１８８４年7月頃にホースト州総督に就任し、その後の国境地帯の現地情勢の調整を担当することになる人物［ST 3: 431］。

18 ［Ibid. 581］

19 ペルシア語史料中ではアフガン Afghān と記載されているが、これは現在のアフガニスタン国民を意味する「アフガン人」という意味ではなく、パシュトゥーンのことを指すペルシア語である。ヒジュラ暦１３３９年／１９２０―１９２１年にパシュトー語教育のために執筆された文法書においても、パシュトー語のことを「アフガン語 Afghānī」と記述している［Avval Kitāb］。しかし、アブドゥル・ラフマーンの治世において本格的に出版が開始されたパシュトー語の書籍類中においては、パシュトー語やパシュトゥーンという表現が確認できるため［SB-Pashto］、ペルシア語とパシュトー語で異なる表現を用いていたと考えられる。

20 ［ST 3: 582］

21 ［Ibid. 688-689］

22 ワズィール族に関する基本情報については［Husain 2005: 113-153］を参照。

23 ［ST 3: 702-703］

24 現在のパキスタン領内に位置し、ハイバル・パフトゥーンフワー州への併合が進行中の連邦直轄部族地域の一管区を構成する南ワズィーリスターン管区の中心都市。ワーナとその周辺地域、および同地域に居住するワズィール族については［Gazetteer: 243-255; Mohmand: 299-248］を参照。

25 ［Ibid. 685］

26 ［Ibid. 733］

27 ［Ibid. 803-804］

28 ［Ibid. 813-814］

29 ［Ibid. 814］

30 ［Ibid.］

31 この勅令書簡については、『諸史の灯』にはパシュトー語とペルシア語の双方が記録されているが、本書ではパシュトー語のものを扱う。なお、アフガニスタンにおいては公用語として用いられてきたペルシア語が文語として強い影響力を有してきたが、国境地帯の諸部族に対して、彼らが理解できる言語としてパシュトー語による勅令を発布するという事例は、パシュトー語の地位を検討する上で極めて興味深い。『諸史の灯』では、後述する通り、パシュトー語による公文書作成を行う書記官Afghānī Navīs（パシュトー語ではPaṣhto Nawīs）であるモッラー・モハンマド・ハーン Mullā Muḥammad Khān というラムカーンのサーフィー部族 Qawm-i Ṣāfī-yi Lamqān の人物や、前述の［SB-Pashto］の著者であるパシュトー語書記モッラー・ゴラーム・ジャーン Mullā Ghulām Jān Lamqānī という人物がアブドゥル・ラフマーンの下で仕えていたことも確認できるため、この時期に複数のパシュトー語書記官が存在したと推測される。

32 アフガニスタン・パクティカー州のワーザ・フワー Wāzah Khwā 地区のこと。しかし、既述のように、ゴル・

モハンマドがワーナから出立する指令をアブドゥル・ラフマーンから受け取ったという記述が確認できるため、内容に齟齬が生じている。

33 アフガニスタンのパクティカー州に位置するバルマル地区のこと。原文はパルマル Parmal となっているが、ペルシア語ではファルマル Farmal と記述されている。これは、パシュトー語の口語においてはFの音がPに転化してしまうという特徴があるため、正書法などが整えられる以前であったために、そのままPの音を採用したものと考えられる。

34 アフガニスタン東部パクティカー州に位置する地域。

35 ［ST 3: 814-815］

36 ［Ibid. 815］

37 ［Ibid. 825］

38 クルアーン食卓章51節からの引用で、訳文は［井筒 １９５７: １５５］に依拠した。

39 ［ST 3: 826］

40 ［Ibid. 826］

41 ［Ibid. 865-867］

42 前述の通り、ワズィーリスターンに隣接する地域で、現パキスタン領のデーラ・ガーズィー・ハーンとデーラ・イスマーイール・ハーンといった都市を含めた地域。

43 この時、デーラジャート弁務官のブルースに加えて、その副官のキング King とドナルド Donald という別のイギリス人官吏も同行して会談に参加していた［ST 3: 882］。このうち、ドナルド John Stuart Donald はインド生まれのインド高等文官であり、パンジャービー語やパシュトー語などの現地語を駆使する能力も有していたため、後に北西辺境州高等弁務官 Chief Commissioner などの英領インド国境地帯における要職を歴任した人物。後にデュアランドに同行してカーブルを訪問した際には、クッラム地域で任に当たっていたドナルドのパシュトー語の能力にアブドゥル・ラフマーンが感銘を受けたために、交渉が順調に進展したと記録されている［IOR/R/2/1075/21-4, Item 2. "Durand's Report on his Mission to Kabul: 8］。

44 ［ST 3: 882］

45 現在のパキスタン・（ハイバル・パフトゥーンフワー州への併合が進行中である）直轄部族地域の北ワズィーリスターン管区に位置する地域で、住民はパシュトゥーンのダウリィー族。詳細については［Gazetteer: 246-248］を参照。

46 ［ST 3: 882-883］

47 ［Ibid. 886］

48 ［Ibid. 886-887］

49 ［Ibid. 887］

50 ［Ibid. 927-928］

51 ［IOR/R/2/1075/21-4, Item 2. “Durand’s Report on his Mission to Kabul: 1］

52 カーブル訪問の後にデュアランドとアブドゥル・ラフマーンの交渉、およびその旅程について記したイギリス側の機密外交文書によると、この時に召使い以外に同行した随員については、使節副代表、医療担当軍医、第一政務官兼個人秘書官、第二政務官、第三政務官、英語通信担当政務秘書官補、ペルシア語通信担当政務官補、政務官補の八名が任務遂行のための随員としてデュアランドに同行したとの記録が残されていることからも、使節団が本格的な交渉を実施しようとしていたことが窺える［IOR/R/2/1075/21-4, Item 2. “Durand’s Report on his Mission to Kabul: 3-4］。

53 ［ST 3: 938］

54 ［Ibid.］

55 ［IOR/R/2/1075/21-4, Item 2. “Durand’s Report on his Mission to Kabul: 6］

56 ［ST 3: 939-940］

57 ［Ibid. 948］

58 この時アブドゥル・ラフマーンが行った演説の内容のアフガニスタン側の記録については、［ST 3: 946-950］を参照。なお、イギリス側も同席していたことによりイギリス側の記録にも残されているがこちらは［Yunas (ed.) 2005: 73-79］を参照。

59 ［ST 3: 950］

60 ［Ibid. 962］

61 ［Ibid. 970］

62 ［Ibid. 971］

63 ［Ibid. 955］

64 ［Ibid.］

65 第二章においても言及したが、アブドゥル・ラフマーンのアフガニスタン国内における制度改革については、［Kakar 1979］において全般的な議論が行われており、また、当時の司法制度改革の一環としての裁判官 qāzī の任務規定の制定に焦点を当てた研究として［Tarzi 2003］がある。しかし、この時期の具体的な中央集権化政策についての研究は不十分と言わざるをえず、今後の研究の進展が望まれる。

66 デュアランド・ライン合意の原文については、［Yunas (ed.) 2005: 69-71］を参照。なお、アフガニスタンと英領インド間の国境についての合意においては、国境地帯の地図を示した上での議論と合意がなされたとされるが、この時用いられた地図については［Ali 1990: 56A, B, C, D, E, F, G］にて確認できる。

結論

本書では近代アフガニスタンにおける「国家の輪郭」の形成過程について、様々な角度から分析を行った。以下で各章の議論を振り返ることとし、本書冒頭で提示した論点についての結論を述べることとする。

第一章ではアフガニスタンにおける近代史の幕開けと認識され、現代にまで直接的に連結する「近代国家の建国」とも認識されているドゥッラーニー朝の成立過程について、その歴史叙述の変遷を分析することにより考察した。ドゥッラーニー朝を建国したアフマド・シャーの命により編纂された『アフマド・シャー史』の記述からは、彼が権力獲得の過程において同じパシュトゥーン系ドゥッラーニー族を含めた様々な敵対勢力を実力で排除した上で即位したことが読み取れる。しかし、その後のインド、イランなどにおけるペルシア語史料中の記述において少しずつ内容変化が生じたことが明らかとなった。特に19世紀にイランで記された『アフガニスタン諸事情』においては、アフマド・シャー即位に関して人々の合意と、後にバーラクザイ朝を建国するバーラクザイ族有力者による同意により達成されたという叙述が確認され、アフガニスタン側ペルシア語史書である『ソルターン史』においては、それまで北インドなどで編纂されていたパシュトゥーンの歴史や系譜の流れの中にドゥッラーニー朝史を位置付けるなどの大きな動きが見られた。同じく19世紀にはイギリスがアフガニスタンと密接な関係を有することになったため、イギリス側でもアフガニスタンの歴史に関する様々な叙述が展開され、それらの記述はペルシア語史書と相互に影響しあうこともあった。そして、一連の歴史叙述の影響を受ける形で近代アフガニスタンにおける「正史」として位置付けられる『諸史の灯』が編纂され、現在も通説化している「アフガニスタンの人々全体による合意形成に基づくアフマド・シャー即位とドゥッラーニー朝成立による近代アフガニスタンの幕開け」と認識される歴史認識が生まれることとなった。

第二章では第二次アフガン戦争期、つまりシェール・アリー治世後期からアブドゥル・ラフマーン即位に至るまでの期間における英領インド、そしてロシアとの関係についてアフガニスタンを中心にした分析を試みた。シェール・アリーは父であるドースト・モハンマドの死後に勃発した後継者争いにおいて、中立的立場を堅持して自らを支持することのなかった英領インド側に強い不信感を抱くようになっていた。ロシアと秘密裏に同盟関係を構築することを目指したシェール・アリーであったが、これを察知したイギリス軍の軍事侵攻、すなわち第二次アフガン戦争を引き起こす結果を招いてしまった。イギリスは彼の死後、後継のアミール位に就いたヤァクーブ・ハーンとガンダマク条約を締結してアフガニスタンを保護国化するとともに国内の安定を図ったが、混乱状態は深刻化し結局ヤァクーブ・ハーンは退位の上インドへと移送された。イギリスは混乱収拾のためにアフガニスタンを解体・分割するという統治政策を構想し、実際に南部カンダハールを「独立公国」として扱った。さらに、「北部アフガニスタン」のアミールとしてアブドゥル・ラフマーンを選出して彼はイギリスの後援を得てアミールに即位した。しかし、西部ヘラートで独立化していたモハンマド・アイユーブ・ハーンがカンダハールに侵攻したことでイギリスの分割統治政策は失敗に終わり、さらに、アブドゥル・ラフマーンがアイユーブ・ハーンを破ったことで彼の覇権が確立することになる。つまり、当初はイギリスによる分割統治政策の中で「北部アフガニスタン」の統治者として承認されていたアブドゥル・ラフマーンが、アフガニスタン国内情勢の変化により結果的に全土の支配権を獲得したのであった。同時にイギリスは外交権のみならず、アフガニスタンの国内情勢に関与する一定の権限を保持し続けたことが明らかとなった。

第三章ではアフガニスタン東部と英領インド北西部にまたがって分布するパシュトゥーン系モフマンド族に焦点を当てて、第二次アフガン戦争期のイギリスの統治政策と同部族との関連について検討した。モフマンド族はハイバル峠につながる幹線道路や、カーブル川を利用した水上交通における通行料などを徴収することで莫大な利益を得てきた。とりわけ、ラールプーラのハーンはモフマンド族中で多大な影響力と権勢を有しており、カーブルのアミールとも密接な関係を築くことで、自らの地位やジャーギールに対する後ろ盾を得てさらにその権限を増大させていった。第二次アフガン戦争が勃発すると、イギリス側はモフマンド族を含めた国境地帯のパシュトゥーン諸部族から支持を集めるため、戦争の正当性の主張と当該地域における現状維持を約する布告を発令した。しかしガンダマク条約締結によりアフガニスタンが保護国化されると、イギリスはパシュトゥーン諸部族の統治する国境地帯に対する介入を強めた。モフマンド族とは友好関係を構築することで交通・連絡手段の維持に努めたが、その際にイギリスがその相手として選択したのがラールプーラのハーンであった。イギリスは1879年12月にはラールプーラのサディーク・ハーンに対し、ハーンとしての地位と保有するジャーギールを含めた権益を公認し自らの影響下に直接置くことを企図した。しかし、カーブルにおける騒乱拡大の噂の拡散と、イギリスによるヤァクーブ・ハーンとその一族・家臣などのインドへの移送・追放という行いに対して、強く彼を支持し従兄弟という血縁関係によっても非常に近い関係にあったサディーク・ハーンは、国境地域で広大かつ密接なネットワークを有する在地モッラーでありモフマンド族の間で多大な崇敬を集めていたモッラー・ハリールと内応し、モフマンド族の部族部隊を大規模な形で参集させ1880年1月にイギリスに蜂起を決行した。この蜂起は直ちに鎮圧されたが、その後のイギリスによるパシュトゥーン諸部族の統治政策に多大な影響を及ぼすこととなった。

第四章では、アブドゥル・ラフマーンが即位した1880年代からデュアランド・ライン合意の締結された1893年までの期間に焦点を当てて、国境地帯の統治をめぐるアフガニスタンと英領インド間関係、および国境地帯の部族諸勢力と両政府との関係について特にワズィール族を中心に分析を行った。主に『諸史の灯』の分析を通じて、当時の国境地帯をめぐる両国の懸案事項や具体的な対応について明らかにした。その結果、そもそもデュアランド・ライン合意とは、両国間の国境地域に関わる問題解決を極めて重視していた当時のアフガニスタンのアミール、アブドゥル・ラフマーンの提案により英領インド側使節団が外務大臣デュアランドを長としてカーブルへと派遣されて議論が行われた上で承認された、国境画定のための合意であったという点が明らかとなった。しかし、イギリス側は当時北部の領土をめぐるロシア、アフガニスタン間の領土問題解決とアフガニスタン側の譲歩を迫ることが最重要課題と認識し、この問題解決のためにカーブルに使節団を派遣していた。そのため、アフガニスタンと英領インド国境地帯については使節派遣前に具体的な解決策を用意していなかった。それゆえ、デュアランドとアブドゥル・ラフマーンとの間の合意により成立したデュアランド・ラインは、イギリスの仲介と綿密な調査の下で国境画定を行った他の周辺諸国との国境画定の過程とは大幅に異なる性格を有していたのである。特に、国境地帯の部族諸勢力がワズィール族の例に典型的に確認できるように、アフガニスタンと英領インド双方により現地の有力者たちの意向や利益を全く無視する形で綿密な事前調査などを実施することなく境界線を定めたデュアランド・ライン合意が、その後様々な問題を誘発することになったことは必然と言える。

以上が本書で論じた内容の要約である。

それでは、以上の議論からアフガニスタンがどのような形で一定のまとまりを持つ統合体として形成されていったのか、そして近代アフガニスタンの国家として有り様はどのようなものであったのか、という点に立ち返って検討していきたい。第一に18世紀中盤から20世紀初頭にかけての歴史叙述の分析を通じて、アフガニスタンの成り立ちに関する歴史認識は、イギリスを含めた周辺国における歴史叙述を含め相互に連関しつつ、徐々に形成されていったことが明らかとなった。当然ながら、過去に遡ってアフガニスタンを「中央集権的近代国家」として位置付けることを望む中央政府やアミールなどの意向に沿う形による歴史叙述が存在していたことも確かであり、ホプキンスが述べるようなイギリスにより一方的に下された形での「イギリス植民地主義による構築物」として現在のアフガニスタンが形成されたわけではない[1]。また、ジャミール・ハニーフィーが述べるようなイギリス側の歴史叙述によりアフガニスタンの「建国説話」が創造されたとする思考も一面的理解であり、アフガニスタン側の歴史叙述も様々な言説を徐々に取り込んでいったことは明らかである[2]。

第二にアフガニスタンが統一的政体を維持し続けたことに関しては、第二次アフガン戦争期におけるイギリスによる場当たり的とも言える統治政策の変遷が大きな影響を与えたと言える。当初はガンダマク条約の締結によって、自らの傀儡政権を置くことでアフガニスタンを安定化させる方針であったが、その後の騒乱状態の発生により、アフガニスタン各地を分割統治する政策へと移行し、実際にその担い手を探索・指名するなどの行動も確認された。しかし、アイユーブ・ハーンによるカンダハール侵攻によりこの政策実行は不可能となり、結果的に北部地域の統治を委ねていたアブドゥル・ラフマーンをアフガニスタンの統治者として認めるに至った。

第三に、第二次アフガン戦争に至るまでカーブルの中央政府の権威を認めつつも自主独立状態にあった東部地域のパシュトゥーン諸部族は、英領インドとの連絡・交通手段の確保というイギリス側にとっての死活問題と密接に関連していたため、ラールプーラのハーンなどに典型的に確認できるように、その地位・領土、さらには経済的利権などをイギリスが承認するというような状況が生まれた。しかし、その後の情勢変化の中でアブドゥル・ラフマーンがイギリスによりアミールとして公認され、アフガニスタンと英領インドの管轄権が明確に定められる事態が進行していくと、カーブル中央政府の力が相対的に増大し、パシュトゥーン諸部族の権限は縮小することとなった。これには、両者に強い影響力を有するイギリスという存在の意向も大きく影響していた。

第四に、アブドゥル・ラフマーン期に中央集権的基盤形成が進み、周辺国との国境画定もイギリスによる外交交渉により急速に進められたが、デュアランド・ライン合意の締結過程において論じたように、未だにアミールとパシュトゥーン部族諸勢力とは部族や個人的信頼関係、さらには血縁関係などに基づく関係により結びついていた。そのため、アブドゥル・ラフマーンも旧来通りに彼らの地位や権限を自ら承認することで支持を集め、権力基盤を維持していたと考えられる。つまり、以前と比較すると中央集権化が進展はしたものの、特に英領インドとの国境地帯パシュトゥーン諸部族との関係においては、直接支配を行うことが可能な状況とは言えなかったこのように、19世紀末のアフガニスタンはいわゆる「近代的中央集権国家」としての体裁を整えつつあったものの、従来通り、パシュトゥーンの部族諸勢力などをはじめとする地方勢力による自治は継続していた。また、極めて曖昧な形でありながらも、アフガニスタンの領域が画定された後も、国境地帯のパシュトゥーン諸部族はアフガニスタン・英領インド間において自由かつ活発な往来を継続したため、多大な影響を被り変容しながらも従来からの、いわゆる「部族社会体制」は基本的に維持された。ただ、この19世紀後半における一連の政治環境の影響を被る形で、地方においてもカーブルを中心とした近代的国家体制の整備が進められた中央政府の影響力が飛躍的に増すこととなった。これに伴い、各地で自立的に存在していた地方社会の統治体制にも大きな変化が生じた。このように、19世紀を通じて地方勢力がある程度の自治権を保有しながらも、ゆるやかながらも中央政府の影響力が全土へ拡大したことを通じて、一定のまとまりを持つ統合体としてのアフガニスタンが徐々に形成されていったと考えられる。

【結論　註】

1 ［Hopkins 2008］

2 ［Hanifi, M. Jamil 2004］

あとがき

筆者がアフガニスタンの言語・歴史・文化などに本格的な関心を持つようになったのは、２００１年9月11日のアメリカ同時多発テロ事件が発生し、アフガニスタンに注目が集まる少し前のことであった。その後、当時アフガニスタンの大半を統治していた「ターリバーン政権」や戦争の様子、国家再建のための復興支援と「テロとの戦い」をめぐる問題、あるいは麻薬の問題など様々な情報が飛び交った。また、その後もいわゆるアフガニスタンにおける国家再建と復興支援プロセスに注目が集まるとともに、一時的とはいえ、１９７９年のソビエトによるアフガニスタン侵攻以降における戦争や内戦状況など、同国をとりまく事情に関する情報が氾濫した。他方、同国における仏教やイスラームを中心とした諸宗教の発展、それら諸宗教などの影響により成熟した文化についての言及は、ターリバーンによるバーミヤーンの石仏破壊などの仏像や文化財の破壊という問題を例外として、ほとんど話題となることはなかった。このような状況の中、筆者は様々な先達の方々による研究成果を紐解き、むしろアフガニスタンの歴史や言語・文化に関してより深く学びたいと考え、このことが、現在の研究への出発点となった。

その後研究を実施する上で様々な方々から研究上の刺激を得ると同時に、大変お世話になった。本書はその成果の一部であり、２０１６年9月に上智大学グローバル・スタディーズ研究科に提出された博士論文「近代アフガニスタンにおける国家の輪郭の形成過程―歴史叙述と第二次アフガン戦争前後の政治動向を中心に―」をもとに再構成し、加筆・修正したものである。また、本書は科学研究費補助金

（若手研究(B)「アフガニスタン近代改革運動とインド・ムスリム知識人の相互連関とその動態」、研究代表者＝登利谷正人）の成果の一部である。本書の出版をお引き受けいただいた明石書店の大江道雅様、編集作業をご担当いただいた金野博様には改めて感謝の意をお伝えしたい。

本書出版に至るまでに筆者自身が最もお世話になったのが上智大学の小牧昌平先生である。小牧先生はイラン史を専門にされながら、アフガニスタン近代史研究の意義と重要性をいち早く指摘した先駆者である。小牧先生からは、アフガニスタン近代史研究を行う難しさと一次資料文献の重要性など様々なことを学ぶと同時に、研究の魅力や奥深さというものをお伝えいただいた。また、その時々に応じた様々な助言をいただき、心から感謝してもし尽くせない。また、アフガニスタンと様々な側面で関わりが深く、言語・文化から社会・経済のあらゆる側面で不可分の存在と言えるパキスタンに関する研究の第一人者である大阪大学の山根聡先生にも大変お世話になった。特にパキスタンやウルドゥー語に関する情報や知見など、筆者に南アジアのムスリムとの連関という視座を与えていただき、広域的視座の重要性をご教示いただいた。研究のきっかけとなるアフガニスタンの言語・文化を研究する重要性、およびその魅力についてはじめて本格的に学ぶ機会を与えてくださったのは、故・縄田鉄男先生であった。縄田先生からはアフガニスタンの公用語の一つであり、パキスタンにも多数の話者が存在するパシュトー語を学ぶことを通じて、その言語学的位置付けとパシュトゥーン文化の魅力、さらにはアフガニスタンそのものに関する研究の面白さを学ばせていただいた。縄田先生の立ち上げられたアフガン研究会において、長期にわたって研究会代表をご担当いただいた上岡弘二先生（東京外国語大学名誉教授）にも厚く御礼申し上げたい。

また、アジア経済研究所の鈴木均先生には、ご自身が主催するアフガニスタン関連の様々な研究会に参加させていただき、研究視座を大きく広げる機会をいただいたことに大変感謝している。上智大学の私市正年先生、赤堀雅幸先生にはゼミや研究プロジェクトなどを通じて、様々な観点からの貴重なご指摘をいただいた。ここで改めて感謝の意をお伝えしたい。

アフガニスタン研究の大先輩である前田耕作先生（和光大学名誉教授）には、常日頃から文化について学ぶことの重要性をご教示いただくとともに、本書の出版機会をご提供いただき、心より感謝申し上げたい。長年の蓄積と現在も積極的に現場に向かう姿勢とともに、さらに新たな研究の裾野を広げていこうと奮闘されている前田先生の姿勢には常に刺激を受けている。

そのほか、一人一人のお名前をあげることはかなわないが、これまでお世話になった方々にも感謝したい。

現在の政治・社会について研究するためには、その土台となる現地の言語・文化について深く学ぶことの重要性は自明であると言えよう。そのためには、現地に赴いて様々な情報に触れる中で研究を続けることは必須であるが、治安情勢の問題もありアフガニスタンへの留学は実現しなかった。そこで、隣国でありアフガニスタン国境と隣接するペシャーワルで学ぶことを選択したが、これは研究関心の幅を広げ、広域的な視座を養う転機となった。ペシャーワルは、アフガニスタンで多数派のエスニシティ集団と位置付けられ支配的地位を占めてきたパシュトゥーンの代表的都市の一つであるため、ダリー語（アフガニスタン方言のペルシア語）と並ぶアフガニスタンの公用語であるパシュトー語を身につける機会に恵まれた。さらに、現地での生活や経験、資料文献・文書の収集などを通じて、自らの地域研究の土台を形成することができたと実感している。

このような貴重な機会であったパキスタン・ペシャーワル大学留学中には同大学地域研究センターの教員やスタッフ、ともに学んだ大学院生からは、学問的刺激を大いに受けるとともに、日々の生活、さらには現地の言語・文化に関する「先生」として大変お世話になった。合わせて、同大学のパシュトー・アカデミーのスタッフの方々からは直接パシュトー語の指導や文化・歴史など様々な知見をご教示いただくともに、生活・学術など多方面での情報を直接伺うことができた。改めて厚くお礼を申し上げたい。今後の研究活動にこの経験を大いに活かしていかなければならないと考えている。

ここで、これまで様々な点で支えてくれた家族にも感謝したい。一体何を研究しているのかも曖昧な中で筆者の研究をいつも変わらず支えてくれた父・昭昌、母・克代には幾度感謝してもしきれない。また、研究や留学をはじめあらゆる事柄について、最も親身かつ身近な相談相手となってくれた妹・智子にも心からの感謝を伝えたい。最後に、いつも暖かく見守ってくれている妻と娘にも心からの謝辞を伝えたい。

2019年4月　自宅にて

登利谷正人

資料編

1　アフガニスタン、イギリス間で締結された条約文（筆者訳）

①　1855年ペシャーワル条約

イギリス政府と、現在カーブルとアフガニスタンに属する諸国を領有する統治者 Walī たるドースト・モハンマド・ハーン陛下の間での条約が、最も高貴なインド総督ダルフーズィー侯ジェイムズ・アンドリュー James Andrew, Marquis of Dalhousie によって全権が委ねられた、パンジャーブ地方高等弁務官 Chief Commissioner ジョン・ローレンス John Lawrence をイギリス政府側代表として、また、ドースト・モハンマド・ハーン陛下によって全権を与えられたサルダール・ゴラーム・ハイダル・ハーン Sardār Ghulām Muḥammad Khān をカーブルのアミール側代表として締結された。

第一条
栄誉ある東インド会社と、現在カーブルとアフガニスタンに属する諸国を領有する統治者たるアミール・ドースト・モハンマド・ハーン陛下、そしてアミール陛下の後継者たちの間で恒久的な平和と友好を継続すべし。

第二条
栄誉ある東インド会社は現在陛下が領有するアフガニスタンの領土を尊重し、決して侵害しないことを約す。

第三条
現在カーブルとアフガニスタンに属する諸国を領有する統治者たるアミール・ドースト・モハンマド・ハーン陛下は、自身とその後継者たちの側として、栄誉ある東インド会社の領土を尊重し、決して侵害しないこと、および、東インド会社の友人の中の友人、その敵対者たちの敵対者となることを約す。

② 1857年改正ペシャーワル条約

現在カーブルとアフガニスタンに属する諸国を領有する統治者たるドースト・モハンマド・ハーンと、評議会におけるインド総督たるカニング子爵チャールズ・ジョン閣下の権威の下、パンジャーブ地方高等弁務官Chief Commissionerジョン・ローレンス卿Sir John Lawrence、およびペシャーワルの弁務官Commissioner of Peshawarエドワーズ中佐H.B. Edwardesとの間で1857年1月26日、ヒジュラ暦1273年ジュマーダー・アッワル29日にペシャーワルにおいて合意した条文は以下の通り。

1　ペルシアのシャーがイギリスとの約定に背いて、ヘラートを領有し、そしてアミール・ドースト・モハンマド・ハーンの現在の領有権に干渉する意図を明確にしたが、イギリスとペルシア政府との間では目下戦闘状態が生じているため、栄誉ある東インド会社はアミール・ドースト・モハンマド・ハーンを支援し、バルフ・カーブル、そしてカンダハールにおけるペルシアに対する現状の領有権を保護・維持するために、以下の条件においてペルシアとの戦争の間、アミールに対して毎月10万ルピーを与えるための友好関係に同意するものである。

2　アミールは現在の騎兵数を維持し、1万8000名を上限として歩兵を維持し、その内1万3000名は13連隊に分割される常備軍とすること。

3　アミールはイギリスの国庫からの給付金を受領し、自らの国に運ぶように取りはかること。

4　イギリス将校が、適切な現地の制度と秩序に適合するよう、イギリス政府の意向によって、カーブル、あるいはカンダハール、あるいはバルフ、あるいはアフガンの軍隊がペルシアに対する行動を起こすために集結するあらゆる場所に駐在するであろう。彼らの任務は、アミールに与えられた給付金が供与目的である軍事面に当てられているのかを広く確認すること、そしてあらゆる状況を政府に継続して伝達することである。彼らは軍隊への支払いや、カーブル政府へ助言を行うことには一切関わりは持たない。さらに、彼らは国の内務行政にはいかなることにおいても干渉しない。アミールは彼らの安全を保護しつつ厚遇し、国内における戦争に関連するあらゆる軍事的、政治的事柄を彼らに伝達し続ける責任を有する。

5　カーブルのアミールはペシャーワルにおける代理人Vakeelを任命し、維持するように。

6　月に10万ルピーの給付金はイギリスとペルシア政府間で和平が締結された日、もしくは、インド総督の意思と意向によりそれ以前の時期に停止される。

7　給付金が停止すればいつでも、イギリス将校はアミールの領土から撤退する。しかし、イギリス政府の意向により、非ヨーロッパ人の将校である代理人Vakeelは、カーブルにイギリス政府側（代理人）として、ペシャーワルにはカーブル政府側（代理人）として残る。

8　アミールは、イギリス将校のために十分な護衛を従わせ、帰還の際にはイギリス国境まで護送するように。

9　給付金は1857年1月1日から開始し、一月《ひとつき》遅れにてイギリス国庫において支払可能である。

10　すでにアミールに送付された50万ルピー（30万がカンダハール、20万がカーブル）はこの取り決めでは勘定に入れられない。それらは、東インド会社からの自由で別個の贈り物である。しかし、別の目的のために送付された、現在カーブルの銀行家Mahajanの手元にある60万ルピーは本協定の下での給付金の一部である。

11　本協定は、カーブルのアミールが東インド会社の友の中の友、敵対者たちの敵であることを約した1855年3月30日、ヒジュラ暦1271年ラジャブ月11日のペシャーワルにおいて締結された条約に取って代わるものでは決してない。カーブルのアミールは条約の精神の下、ペルシア、あるいは戦争中にペルシアの同盟者たちから受けたあらゆる申し出をイギリス政府に伝達すること。その一方でカーブルとイギリス政府間に友好関係が存在することに合意する。

12　イギリス政府とアミール・ドースト・モハンマドの間に存在する友好関係を考慮して、イギリス政府はアフガニスタンに属する全ての諸部族の敵対行為を見過ごし、決して懲罰のために彼らの下を訪問しないことを約す。

13　アミールはすでに与えられた4000丁に加えて、4000丁のマスケット銃を所有する希望を表明したので、アミールの臣下たちが車両でそこから（アミールの領内に）運搬する（地点である）タール Tull へイギリス政府により4000丁のマスケット銃が送付される。

③　1879年ガンダマク条約

以下の条約がイギリス政府とアフガニスタンとそれに属する諸国のアミールであるモハンマド・ヤァクーブ・ハーン陛下との間で、平和と親和的関係の回復のために合意したものである。

1　本条約の批准交換の日より、イギリス政府側と、アフガニスタンとそれに属する諸国のアミール陛下とその後継者たちの側との間の恒久的平和と友好関係が存続する。

2　アフガニスタンとそれに属する諸国のアミール陛下は本条約の批准交換において完全な大赦を公にして、戦争期間中のイギリス軍との交戦におけるあらゆる責任からその臣下を赦免し、関連するあらゆる刑罰や妨害から全ての者を保護すること。

3　アフガニスタンとそれに属する諸国のアミール陛下は、イギリス政府の助言と願いに応じて諸外国との関係に対処することに合意する。アミール陛下は、イギリス政府の同意がある場合を除き、諸外国との条約締結に踏み込むことなく、さらに全ての諸外国に対して武器を用いることはない。以上の条件下で、イギリス政府は外国の侵攻に対して、イギリス政府がこの目的のために最良と判断するあらゆる手段が用いられるように、アミールを資金、武器、あるいは軍隊によって支援する。外国の侵攻を撃退するという目的のために、イギリス軍が常にアフガニスタンに入国することは必然となるが、軍は入国目的を達成し次第、できるだけ早期にイギリス領内の基地へと帰還する。

4　イギリス政府とアフガニスタンのアミール陛下との間で現在構築された直接的かつ親密な関係の維持という観点、

および、より良い陛下の領土の国境防衛のため、イギリスの大使 representative が、適切な護衛を伴わせるとともにその地位と宣言にふさわしい居住地においてカーブルに駐在することに合意する。さらに、何か重要な外的事象の発生により、両国の利益上イギリス政府によって必要と判断される時は、いつでもイギリスの代理人 Agent を適切な護衛を伴わせるとともにアフガン国境地帯に駐在させる権利をイギリス政府が有することに合意する。アフガニスタンのアミール陛下はインド副王兼総督閣下の宮廷、あるいは、合意した場合は英領インドの他の場所に自身の代理人を駐在させる。

5　アフガニスタンとそれに属する諸国のアミール陛下は個人の安全と、その管轄内におけるイギリスの代理人たちの適切な待遇を保障する。そして、イギリス政府の側は代理人たちが陛下の領土の内政にどのような手段でも干渉しないということを約束する。

6　アフガニスタンとそれに属する諸国のアミール陛下は、イギリス政府の許可、あるいは両国間で時折相互に合意される条件に応じて、イギリス臣民が平和的にその領土内で交易を行うことを、自身とその後継者たちとして妨害しないことを保証する。

7　イギリス政府とアフガニスタンのアミール陛下の領土間の交易移動は開かれており妨害されないため、アフガニスタンのアミール陛下は最大限の努力を貿易商人の安全確保とアフガニスタンの街道における適切な通行を促すことに合意する。これらの街道は、両国政府が一般の交通の便宜にとって最も好都合と判断する方法において、両者間で相互に決定される財政的協定の下、改善・維持される。前述の街道の維持と安全のために取り交わされるこの協定は、これらの街道を通過する商品に対して課す関税の設定、及び陛下の領土内とそれを越えた交易の全般的保護と発展のため、一年以内に締結される別個の貿易条約において提示される。

8　同盟国間の連絡を促し、両国間の通商と貿易を支援・発展させるという観点から、イギリス政府の負担で建設されるクッラムからカーブルまでの電信線（の敷設）に合意し、アフガニスタンのアミールはこの電信線の保護を行うことを約する。

9　既述の条文によって確認された両国間の友好的同盟関係の更新を考慮して、イギリス政府はアフガニスタンとそれに属する諸国のアミール陛下にカンダハールとジャラーラーバードを、クッラム、ピシン、そしてスィビを除いたイギリス軍が現在保有している全ての領土とともに返還する。アフガニスタンとそれに属する諸国のアミール陛下は、併合した際に設定された期日に応じてクッラム、ピシン、そしてスィビがイギリス政府の施政と保護下に留まることに合意する。つまり、それらの地域は譲渡された土地として扱われ、アフガニスタンの境界から恒久的に分離されたとは見なされない。これらの地域の税は地方行政の支払いを差し引いた後アミール陛下に支払われる。イギリス政府は、ペシャーワルとジャラーラーバードの間に位置するハイバル峠、およびミチュニ峠と、直接的にこれらの峠と関係する独立諸部族に対する全ての関係を自らの手に保持する。

10　アミール陛下の正当的権威の回復と維持に対するさらなる支援のため、さらには前述の条文によって明記された取り決めの完全なる効果的な履行ということを考慮して、イギリス政府は60万ルピーの年間給付金をアミール陛下とその後継者たちに支払うことに合意する。

１８７９年５月26日／１２９６年ジュマーダーウ・サーニー月４日

＊各条約文については［Kakar 2006: 231-236］を参照した。

2　アフガニスタン関係年表

年	アフガニスタン	インド(英領インド)
1709	カンダハールでパシュトゥーン系ギルザイ族ホタキー支族のミール・ワイス・ハーンがサファヴィー朝総督に反抗、実権を掌握（ホタキー朝〈～1738年〉の成立）	
1713	ミール・ワイス・ハーンがサファヴィー朝の派遣軍を撃退	
1716	ヘラートのパシュトゥーン系アブダーリー族（後のドゥッラーニー族）がサファヴィー朝に反抗、同地域周辺を掌握	
1720	ホタキー朝のマフムードがサファヴィー朝領内、イラン東部に侵攻	
1722	ホタキー朝のマフムードによりサファヴィー朝の首都イスファハーン陥落	
1729	ホタキー朝のアシュラフがイラン東北部ダームガーンにおいて大敗	
1738	ナーデル・シャーによりカンダハール陥落、ホタキー朝滅亡	
1747	ホラーサーンの陣中においてナーデル・シャー暗殺 アフマド・シャーがカンダハールにおいて即位しドゥッラーニー朝(サドザイ朝)成立(1747年～) アフマド・シャーによりカーブル・ペシャーワルが占領	
1748	ドゥッラーニー朝軍がラーホールを占領	
1756	アフマド・シャーによるデリー占領、即時撤退	
1757		プラッシーの戦い
1761	パーニーパットの戦い、ドゥッラーニー朝軍がマラータ同盟を撃破	
1763		シャー・ワリーウッラー死去
1764		バクサールの戦い
1767	ラーホールがスィク教徒により占領	
1772	アフマド・シャー死去、息子のテイムール・シャーが即位（在位1772～1793年）	
1774		ウォーレン・ヘースティングスが初代ベンガル総督就任
1793	テイムール・シャー死去、後継者争いの末、バーラクザイ支族のパーヤンダ・ハーンの支持を受けたザマーン・シャー即位	

年	アフガニスタン	インド(英領インド)
1799	ザマーン・シャーがパーヤンダ・ハーンを処刑、息子ファトフ・ハーンはイラン亡命中であったザマーン・シャーの政敵である兄弟のマフムードを支援	第4次マイソール戦争
1800	マフムードがザマーン・シャーを退位させ即位	
1801		ランジート・スィングが即位、スィク王国創設
1803	シャー・シュジャーがマフムードを退位させ即位	イギリス、デリー占領
1809	エルフィンストン率いるイギリス東インド会社の使節団がシャー・シュジャーに謁見するため来訪 シャー・マフムードがシャー・シュジャーをニムラの戦いで破り復位し、ファトフ・ハーンを宰相に任命	イギリス、スィク王国間でアムリトサル条約締結
1816	イランのカージャール朝軍がヘラートに侵攻し、太守がシャー・マフムードに支援を要請。ファトフ・ハーンがヘラートへ入城	
1817	サドザイ朝において内部対立激化、地方勢力が割拠	
1818	シャー・マフムードが息子カームラーン・ミールザーを盲目に処す。シャー・マフムードがファトフ・ハーンを殺害	
1819		スィク王国がカシミールを領有
1822	スィク王国がペシャーワルを占領（1934年まではパシュトゥーン系パーヤンダ・ヘール支族のサルダールたちによる統治が継続）	
1823		スィク王国軍がバローチスターンとデーラジャートを占領
1826	バーラクザイ支族のドースト・モハンマドがカーブルを掌握	アフマド・バレールヴィーによるムジャーヒディーン運動開始
1833	カージャール朝がヘラートを占領	
1834	ドースト・モハンマドがシャー・シュジャーを破りカンダハールを占領	
1835	ドースト・モハンマドによりバーラクザイ朝統治が開始	
1838	イギリス東インド会社、スィク王国のランジート・スィング、シャー・シュジャーの三者間合意締結、シャー・シュジャーの復位で合意 第一次アフガン戦争が勃発（～1842年）	

年	アフガニスタン	インド(英領インド)
1839	ドースト・モハンマドが逃亡し、イギリスがカーブルを占領、シャー・シュジャーが復位	ランジート・スィング死去
1840	ドースト・モハンマドがイギリス側に降伏しインドに追放	
1841	11月　カーブルで反英蜂起発生、アレクサンダー・バーンズ殺害 12月　イギリスのマクノーテン卿、アフガニスタン側との交渉の席上で殺害	
1842	1月　イギリス軍がカーブルを放棄し撤退を開始するも、ジャラーラーバードに至るまでの間に全滅 2月　シャー・シュジャーが殺害され、内乱が勃発	
1843	ドースト・モハンマドがカーブルに帰還し復位	8月　イギリスがスィンド地方を併合
1845		12月　第一次スィク戦争(～1846年)
1846	皇太子モハンマド・アクバル・ハーン死去	
1847	ギルザイ族の大反乱（～1848年）	
1848		5月　第二次スィク戦争(～1849年)イギリス、パンジャーブ地方併合
1855	ペシャーワル条約締結	
1856	イラン・カージャール朝によりヘーラト占領	
1857	1月　ドースト・モハンマドがペシャーワル訪問、改正ペシャーワル条約締結 5月　イギリス、カージャール朝間でパリ条約締結、ヘラートがアフガニスタンへ帰属確定	インド大反乱
1858		11月　イギリス、インド統治改善法により東インド会社廃止、直接統治開始。ムガル朝滅亡
1859		パンジャーブ州設置
1863	5月　ドースト・モハンマドがヘラートを制圧 6月　ドースト・モハンマドが死去、シェール・アリーがアミールに即位し敵対する兄弟たちを破る	
1866	モハンマド・アフザル・ハーンがアミールに即位し、シェール・アリーはカンダハールに逃亡	
1867	モハンマド・アフザル・ハーンが死去	5月　デーオバンド学院開学
1868	モハンマド・アァザム・ハーンがアミールに即位	

年	アフガニスタン	インド(英領インド)
1869	シェール・アリーがモハンマド・アァザム・ハーンを破る。アンバーラでインド総督メイヨーと会談	
1871	シェール・アリーがアブドッラー・ジャーンを皇太子に指名。他の息子であるモハンマド・ヤァクーブ・ハーン、モハンマド・アイユーブ・ハーンが叛旗を翻す	
1873	アフガニスタンと英領インド政府間の会談がスィムラで開催	
1874	シェール・アリーが息子のモハンマド・ヤァクーブ・ハーンを投獄。これを受けて、その兄弟であるモハンマド・アイユーブ・ハーンが蜂起するも失敗しイランに亡命	
1875		5月　サイィド・アフマド・ハーン、アリーガルにムハンマダン＝アングロ＝オリエンタル＝カレッジ開設
1877	アフガニスタン、英領インド政府間の会談がペシャーワルで開催	1月　ヴィクトリア女王がインド皇帝即位、インド帝国成立
1878	7月　ロシアのストリーテフがカーブル来訪 8月　インド総督リットンがイギリス使節団を受け入れるようシェール・アリーに要求も、イギリス使節団のアフガニスタン領内立ち入りを拒否、皇太子アブドゥッラー・ジャーン死去 11月　第二次アフガン戦争勃発、イギリス軍がアフガニスタンに侵攻。シェール・アリーは投獄していた息子ヤァクーブ・ハーンを後継者に任じ逃亡	
1879	2月　シェール・アリーがマザーレ・シャリーフで死去 5月26日　ヤァクーブ・ハーンとイギリス間でガンダマク条約締結 7月　カヴァニャリがカーブル駐在イギリス公使として着任 9月3日　イギリス公使館が襲撃され公使など多数が殺害 10月　イギリス軍がカーブルに再侵攻しヤァクーブ・ハーンを退位させる 12月　各地でイギリスに対する一斉蜂起が発生、モハンマド・アイユーブ・ハーンがヘラートを奪取	

年	アフガニスタン	インド(英領インド)
1880	2 月　アブドゥル・ラフマーンがアム川を渡りアフガニスタン北部へ 7 月　マイワンドの戦いにおいてモハンマド・アイユーブ・ハーンがイギリス軍を破りカンダハールを占領、イギリスがアブドゥル・ラフマーン・ハーンを「北部アフガニスタン」のアミールとして公認 9 月　モハンマド・アイユーブ・ハーンがイギリス軍に敗れる。イギリスがカンダハールを除くアフガニスタン領から撤退	
1881	4 月　イギリス軍がカンダハールから撤退 7 月　アブドゥル・ラフマーンがカンダハールに進軍したモハンマド・アイユーブ・ハーンを破る 9 月　アブドゥル・ラフマーンがヘラートを占領 ◉各地方勢力に対する軍事行動開始（北部地域〈～1884 年まで〉、ギルザイ族〈～ 1882 年まで〉、シンワーリー族〈～ 1892 年まで〉）	
1882	英領インドの代理人がカーブルに到着	
1883	マンガル族、ゾルマト族に対する軍事行動（～ 1884 年まで）	
1884	ロシア帝国がメルヴを併合。英露両政府によりアフガニスタン北西地域国境画定のための担当官が任命	
1885	ラグマーンにおける軍事行動（～ 1886 年まで）	
1885	4 月　アブドゥル・ラフマーンがラーワルピンディーでインド総督ダファリンと会談 ロシア軍が北部パンジデフのアフガン軍を駆逐し占領 国境委員会により北西地域国境（リッジウェイ・ライン）が設定（～ 1888 年まで）	12 月　インド国民会議結成
1886	ギルザイ族に対する軍事行動（～ 1888 年まで）	
1889	東部クナールのパシュトゥーン諸部族に対する軍事行動、および北部バダフシャーン地方遠征	
1891	ロシア調査団がアフガニスタン北東部を含むパミール地方に入る 英露間協議によりアム河をアフガニスタン、ロシア間の境界とすることに合意 ワハーン回廊がアミールの領域に追加 ハザーラジャート反乱に対する軍事行動（～ 1893 年まで）	
1893	11 月 12 日　デュアランド・ライン合意締結	
1894	後のインド総督カーゾン卿がアブドゥル・ラフマーンの元に来訪	

年	アフガニスタン	インド(英領インド)
1895	カーフィリスターン(現在のヌーリスターン)遠征(~1896年まで) アブドゥル・ラフマーンがイギリスとの直接的外交関係構築のため、ナスルッラー・ハーン王子を代表としてロンドンに派遣	
1901	10月　アブドゥル・ラフマーン死去、ハビーブッラー・ハーンがアミールに就任	10月　パンジャーブ州から分離し北西辺境州成立
1903	カーブルにハビービーヤ学院が開校	
1904	デーン卿を長とする英領インド使節団がカーブルに来訪	
1905	3月　英領インドとアフガニスタン間で前アミール、アブドゥル・ラフマーン期の両国間の合意を再確認し、カーブルにおいて署名	10月　ベンガル分割令発令
1906		12月　インド・ムスリム連盟がダッカで設立
1907	1月　ハビーブッラーがインドを訪問 8月　英露協商により英露間でアフガニスタン、ペルシア、チベットにおける勢力圏を規定	
1909		5月　インド参事会法改正(モーリー・ミントー改革)
1911	マフムード・タルズィーが隔週新聞「報道の灯火 Sirāj al-Akhbār」を発行	12月　イギリス国王ジョージ5世がデリーで謁見式。ベンガル分割令取り消しとデリー遷都を宣言
1914	モハンマド・ナーデル・ハーンが軍最高司令官に就任 ハビーブッラー、第一次世界大戦における中立を宣言	7月　第一次世界体制勃発
1915	9月　ドイツ使節団がカーブルに来訪し、9ヶ月間滞在 10月　カーブルでインド臨時政府樹立宣言	
1918	カーブル美術館が開館	

年	アフガニスタン	インド(英領インド)
1919	2月　ハビーブッラー暗殺、ナスルッラー・ハーン王子がジャラーラーバードで、アマーヌッラー・ハーンがカーブルでそれぞれアミールを称す 4月　アマーヌッラーがアフガニスタンの独立を宣言 5月　アフガニスタン軍が英領インド領に侵攻し第三次アフガン戦争勃発 8月　ラーワルピンディー条約により第三次アフガン戦争終結 10月　アフガニスタン使節団がモスクワに到着	3月　ローラット法成立。4月　アムリットサル虐殺事件。11月全インド・ヒラーファト会議開催。12月インド統治法（モンタギュー＝チェルムスフォード改革）制定
1920	4月　北インド・ムスーリーにおいてアマーヌッラーの義父マフムード・タルズィーを団長とするアフガニスタン代表団と英領インド政府との和平協議開催（～7月18日まで）	8月　ヒラーファト会議、対英非協力運動開始。アフガニスタンへ移住者殺到
1921	1月　カーブルでのアフガニスタン、イギリス和平協議（～12月2日まで）により、イギリス側がアフガニスタンを独立国と承認の上、国交樹立 2月　アフガニスタン、ソビエト友好条約締結 3月　アフガニスタン、トルコ友好条約締結 6月　アフガニスタン・イタリア友好条約締結、アフガニスタン、ペルシア友好条約締結	1919年インド統治法発効
1922	4月　アフガニスタン、フランス間で外交・通商条約締結 9月　フランスにアフガニスタン国内における考古学調査権を付与	
1923	1月　エステクラール学院開校 4月　「基本綱領 Niẓām Namah-yi Asāsī」（憲法に相当）が制定される 6月　アフガニスタン・イギリス間貿易協定締結 9月　フランス公使館開設 12月　ドイツ公使館開設	
1924	1月　アマーニー高等学院開校 3月　ホーストでモッラー・アブドゥッラー率いる大規模蜂起発生（1925年1月まで継続）	
1925	1月　モハンマド・ナーデル・ハーンが駐パリのアフガニスタン大使に任命（事実上の国外亡命）	
1926	通貨単位としてアフガーニーを導入 3月　アフガニスタン、ドイツ友好条約締結 6月　アマーヌッラー呼称をアミールから「シャー」へ変更 8月　アフガニスタン、ソビエト中立・相互不可侵条約締結	

年	アフガニスタン	インド(英領インド)
1927	11月　アフガニスタン、ペルシア中立・相互不可侵条約締結 12月　アマーヌッラー、王妃を伴いインド、エジプト、ヨーロッパ諸国訪問旅行へ出発	
1928	5月　アフガニスタン、トルコ友好協力条約締結 6月　カーブルで日刊紙「アニース」刊行開始 7月　アマーヌッラー帰国、西洋化政策を推進 8月　カーブル近郊の保養地パグマーンでロヤ・ジルガ開催（9月5日まで） 11月　ジャラーラーバードでシンワーリー族の反乱発生、カーブルにハビーブッラー・ハーン・カラカーニー（通称バッチャ・サカーオ）率いるタジク人勢力が侵入	
1929	1月　アマーヌッラーが退位、兄弟イナーヤトゥッラーに譲位も三日後に退位、ハビーブッラー・カラカーニーがカーブルを占拠し即位 2月　ナーデル・ハーンと兄弟たちがムンバイ経由でペシャーワルへ到る 4月　カンダハールに拠るアマーヌッラーとハビーブッラー・カラカーニー間で激戦 5月　アマーヌッラーがアフガニスタンから脱出 10月　ナーデル・ハーンがカーブルを占領し即位 11月　ハビーブッラー・カラカーニー処刑	9月　北西辺境州にてアブドゥル・ガッファール・ハーンが神の奉仕団運動を開始
1930	5月　イギリス公使館再開、ナーデル・シャーが過去のイギリスとの合意事項を承認	3月　ガンディーによる「塩の行進」。11月　第1回イギリス、インド円卓会議。12月　イクバールが「ムスリム国家」設立を提唱
1931	6月　新たにアフガニスタン、ソビエト中立・相互不可侵条約締結 7月　ナーデル・シャーが国民議会開設、カーブル文学協会設立 10月　新憲法制定	9月　第2回ロンドン円卓会議
1932	5月　アフガニスタン、サウディアラビア友好条約締結 8月　新行政区分の設置により大州4州・小州4州に区分 10月　ホースト反乱勃発	11月　第3回ロンドン円卓会議
1933	11月　ナーデル・シャー暗殺、息子ザーヒル・シャーが即位	

3　ラールプーラのハーン（モフマンド族モールチャ・ヘール支族）系譜図

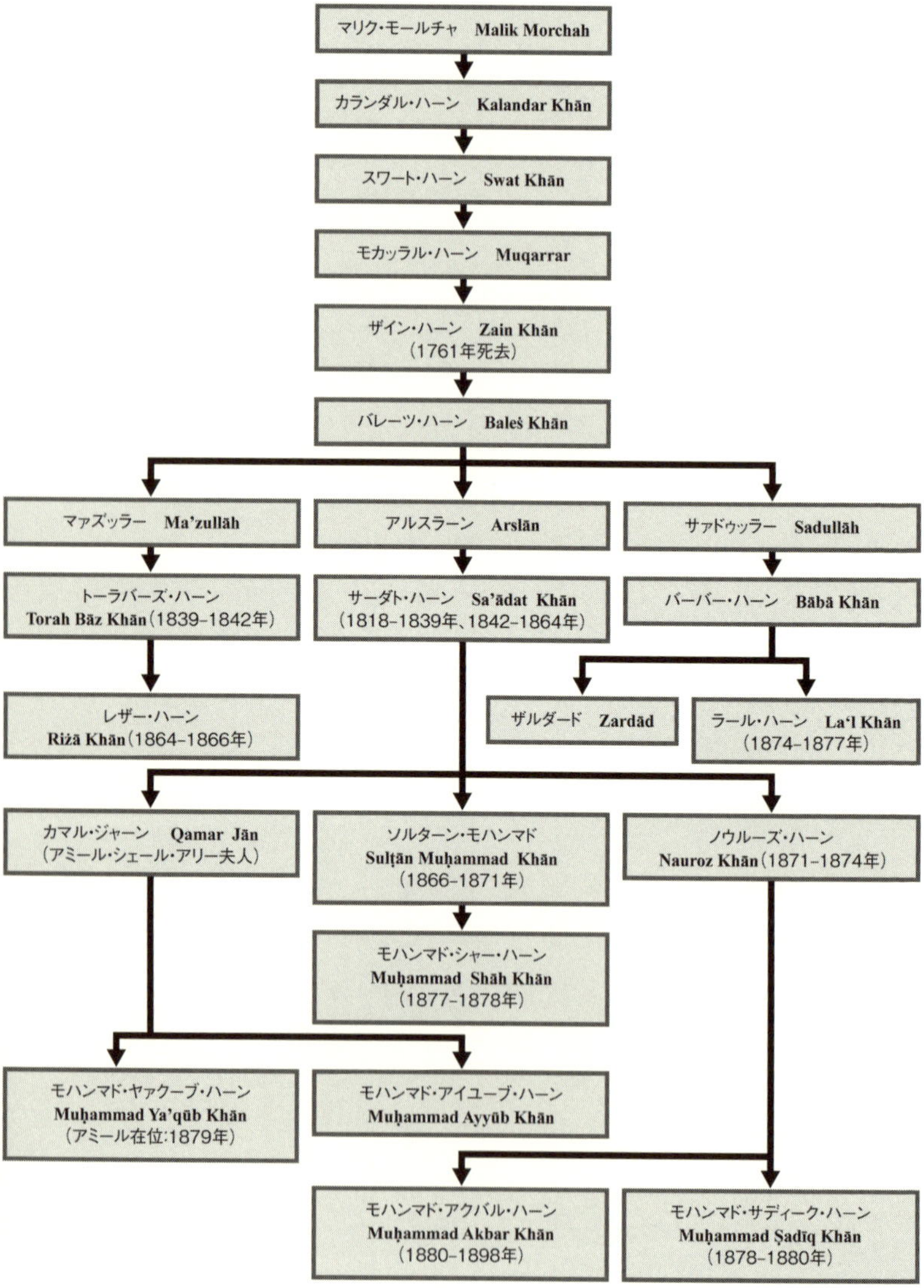

（　）内はラールプーラのハーン在位年。

（［Noelle 1997: 390］に基づき筆者作成）

タン』(世界現代史 11)、山川出版社.
八尾師誠 2002.「近現代のアフガニスタン」『西アジア史II　イラン・トルコ』(新版世界各国史 9)、453–476 頁、山川出版社.
———2010.「国号「アフガニスタン」再考―〈前編〉―」『史朋』43、1–17 頁.
バルト、フレドリック 1998.『スワート最後の支配者』、勁草書房.
前田耕作・山根聡 2002.『アフガニスタン史』、河出書房新社.
前田弘毅 2006.「忘れられた歴史と二つの系図が交差するところ―アフガニスタンのグルジア人―」『カフカース―二つの文明が交差する境界の交差―』(木村崇・鈴木董・篠野志郎・早坂眞理編)、57–80 頁、彩流社.

アンダーソン、ベネディクト 1997.『想像の共同体―ナショナリズムの起源と流行―』、白石さや・白石隆訳、NTT 出版.
ゲルナー、アーネスト 2000.『民族とナショナリズム』、加藤節監訳、岩波書店.
小牧昌平 1987.「ザンド朝の成立過程について―18 世紀イラン政治史上の諸問題―」『上智アジア学』5、27–48 頁.
―――1998.「18 世紀中期のホラーサーン―ドッラーニー朝とナーデル・シャー没後のアフシャール朝―」『東洋史研究』56(2)、176–200 頁.
―――2005.「『セラージュ・アッ・タワーリーフ』とファイズ・モハンマド―アフガニスタン近代史に関する一史料をめぐる諸問題―」『現代イスラーム地域のおける民衆と宗教運動の総合的比較研究―歴史的背景と社会的実態の調査、分析―』(平成 14 年度～平成 16 年度科学研究費補助金(基盤研究 B-2)研究成果報告書)、77–87 頁.
―――2006.「ヘラートのヤール・モハンマド・ハーン―十九世紀中期のイラン・アフガニスタン關係史―」『東洋史研究』、78–103 頁.
近藤信彰 2014.「アフガニスタンの司法改革―イスラーム法裁判制度を中心に―」『シャリーアとロシア帝国―近代中央ユーラシアの法と社会―』、188–208 頁、臨川書店.
鈴木均 2003.「アフガニスタン近現代史―史的展開と現状―」『現代の中東』34、64–80 頁.
鈴木均編 2005.『ハンドブック現代アフガニスタン』、明石書店.
―――2007.『アフガニスタン国家再建への展望―国家統合をめぐる諸問題―』、明石書店.
田中於菟彌・荒松雄・中村平治・小谷汪之 1978.『変貌のインド亜大陸』(世界の歴史 24)、講談社.
田鍋安之助 1930.『亜富汗斯坦』、東亜同文会調査部.
登利谷正人 2012.『アフガニスタン・英領インドにおけるパシュトゥーン基礎資料―アブドゥル・ガッファール・ハーンの回想録『わが人生と奮闘』―』、上智大学イスラーム研究センター.
―――2014-1.『19 世紀後半におけるアフガニスタン情勢と英領インド関係―第二次アフガン戦争期を中心に―』、上智大学アジア文化研究所.
―――2014-2.『19 世紀末のアフガニスタン・英領インド国境地帯―デュアランド・ライン合意締結過程の再検討―』、富士ゼロックス小林節太郎記念基金.
永田雄三・加賀谷寛・勝藤猛 1982.『中東現代史　トルコ・イラン・アフガニス

Swinson, Arthur. 1967. *North-West Frontier: people and Events 1839–1947*, New York & Washington: Frederick A. Praeger.

Tapper, Richard. 1983. *The Conflict of tribe and state in Iran and Afghanistan*, New York: St. Martin's Press.

Tarzi, Amin. 2003. *The Judicial State: Evolution and Centralization of the Courts in Afghanistan, 1883–1896*, New York University (PhD Dissertation).

Tripodi, Christian. 2011. *Edge of Empire: The British Political Officer and Tribal Administration on the North-West Frontier 1877–1947*, Surrey: Ashgate.

Tuer, Ernest S., 2006. *Nadir Shah's Quest for Legitimacy in Post-Safavid Iran*, Gainesville: University Press of Florida.

Whitehead, R. B., 1934. *Catalogue of Coins in the Lahore Museum, Lahore, Vol. III: Coins of Nādir Shāh and the Durrānī Dynasty*, Lahore. (repr., 1977).

Wilson, H. H., (1855?). *A Glossary of Judicial and Revenue Terms and of Useful Words Occurring in Official Documents Relating to the Administration of the Government of British India*, New Delhi: Munshiram Manoharlal.

Yunas, Fida (ed.), 2005. *The Durand Line Boarder Agreement 1893 Special Issue (Second)*, Peshawar : Area Study Centre (Russia & Central Asia) University of Peshawar.

Yunas, Fida & Taizi, Sher Zaman (eds.), (2007?). *Treaties, Engagements and Sanads Relating to The North West Frontier Province (Covering the Period up to1930 based on the Mr. C. W. Aitchisons compilation (Reprint of Relevant portions))*, Peshawar : Area Study Centre (Russia & Central Asia) University of Peshawar.

④ ロシア語文献

Ганковский, Ю. В., 1958. *Империя Дуррани*, Москва.

Жигалина, О. Н., 1983., “Английская Историография Канца 19 в. о Политике Великоъритании в Иране и Афганистане,” *Ближний и Средний Восток: Есономика и История*, pp. 224–265 Москва.

Ромодин, В. А., 1990., *Афганистан во втолой половине 19-начале20 в. Официалъная история и историография*, Москва.

⑤ 日本語文献

阿部尚史 2004.「ナーデル・シャーとアフガン軍団」『東洋学報』85(4)、27–55 頁 .

in *The History of Afghanistan: Fayż Muḥammad Kātib Hazārah's Sirāj al-tawārīkh Vol. 1 The Sadūzā'ī Era 1747–1843*, Leiden & Boston: Brill, pp. XV–cXiV.

Merk, W. R. 1984. *The Mohmands*, Lahore: Sang-e-Meel. (Reprint)

Metcalf, Barbara Daly, 1982. *Islamic Revival in British India Deoband*, 1860–1900, Princeton: Princeton University Press (repr. New Delhi: Oxford University Press, 2011).

Misdaq, Nabi. 2006. *Afghanistan: Political Frailty and External Interference*, London & New York: Routledge.

Mohammad Anwar Khan. 1962. *England, Russia and Central Asia (A Study in Diplomacy) 1857–1878*, Peshawar: University Book Agency.

Mohmand, Sher Muhammad. [n.d.] *FATA (Federally Administered Tribal Areas of Pakistan): A Socio-Cultural and Geo-Political History*, [n.p.].

Mojtahed-Zadeh, Pirouz. 2004. *Small Players of the Great Game: The Settlement of Iran's Eastern Borderlands and the Creation of Afghanistan*, London & New York: Routledge.

Nabī Khān, A., 1977. *A History of the Saddozai Afghāns of Multān*, Lahore.

Noelle, Christine. 1997. *State and Tribe in Nineteenth-Century Afghanistan : The Reign of Amir Dost Muhammad Khan (1826–1863)*, Surrey : Curzon.

Noelle-Karimi, Chiristine, 2002. "The Loya Jirga—An Effective Political Tool? A Historical Overview," in *Afghanistan A Country without a State (Schrifenreihe der Mediothek für Afghanistan, Band 2)*, Frankfurt, London : IKO-Verlag für Interkulturelle Kommunikation, pp. 37–50.

Pearson, Harlan, O., 2008. *Islamic Reform and Revival in Nineteenth-Century India: The Tarīqah-i Muhammadīyah*, with a Foreword by David Lelyveld, New Delhi: Yoda Press.

Rome, Sultan-i, 2008. *Swat State (1915–1969) From Genesis to Merger: An Analysis of Political, Administrative, Socio-Political, and Economic Developments*, Karachi: Oxford University Press.

Salim, Ahmad, 2006. *Loya Jirga: The Afghan Grand Assembly*, Lahore: Sang-e-Meel.

Sarkar, J., 1964. *Fall of the Mughal Empire*, Vol. 1, (3 ed.) Bombay, Calcutta, Madras, New Dehli. (repr., 1971).

Sultan Mohammad Khan, 1900. *The Constitution and Laws of Afghanistan*, London: John Murray.

Macmillan.

Hopkins, Benjamin D. & Marsden, Magnus, 2011. *Fragments of the Afghan Frontier*, London: Hurst & Company.

Husain, I., 1994. *The Ruhela Chieftaincies: The Rise and Fall of Ruhela Power in India in the Eighteenth Century*, Delhi: Oxford University Press.

Hussain, S. Iftikhar. 2005. *Some Major Pukhtoon Tribes along the Pak-Afghan Border* (3rd and revised ed.), Peshawar: Area Study Centre University of Peshawar.

Jaffar, S. M., 2008. "The Records of the North-West Frontier Province (1849–99)," in *Peshawar: City on the Frontier*, Karachi: Oxford University Press, pp. 167–192.

Kakar, Muhammad Hassan. 2006. *A Political and Diplomatic History of Afghanistan 1863–1901*, Leiden & Boston : Brill.

———, 1979. *Government and Society in Afghanistan: The Reign of Amir Abd al-Rahman Khan*, Austin & London : University of Texas Press.

Komaki, Shohei, 1995. "Khorasan in the early 19th Century," *The Journal of Sophia Asian Studies* No. 13, pp. 80–108.

Kushwant Singh, 1963. *A History of the Sikhs vol. 1: 1469–1839*, Princeton, New Jersey.

Lee, J. L., 1996. *The 'Ancient Supremacy'—Bukhara, Afghanistan & The Battle for Balkh, 1731–1901*, Leiden.

Lockhart, L., 1938. *Nadir Shah*, London.

———, 1958. *The Fall of the Safavi Dynasty and The Afghan Occupation of Persia*, Cambridge.

Markovits, Claud, 2000. *The Global World of Indian Merchants, 1750–1947: Traders from Sind to Bukhara to Patna*, New York: Cambridge University Press.

McChesney, R. D., 1991. *Waqf in Central Asia : Four Hundred Years in the History of a Muslim Shrine, 1480–1889*, Princeton, New Jersey : Princeton University Press.

———, 1996. Central Asia : Foundations of Change, Princeton : Darwing Press.

———, 1999. Kabul under siege : Fayz Muhammad's account of the 1929 Uprising, Princeton : Markus Wiener Publishers.

———, 2012. "Historiography in Afghanistan," in *A History of Persian Literature Vol. X: Persian Historiography*, ed. by Charles Melville, London, New York: I. B. Tauris, pp. 532–564.

———, 2013. "Introduction: The Life and Works of Fayz Muhammad Khan "Katib","

———, 1983. "Disputes in a Court of Sharia, Kunar Valley, Afghanistan, 1885–1890," *International Journal of Middle Eastern Studies* 15 (3), pp. 353–367.

Gohar, Ali, (2009?). *Who learns from whom? Pukhtoon Traditions in Modern Perspective*, (Peshawar?): Just Peace International.

Gommans, J. J. L., 1995. *The Rise of the Indo-Afghan Empire, c.1710–1780*, Leiden.

———, 2001. "Indian Warfare and Afghan Innovation During the Eighteenth Century" Gommans, J. J. L & Kolff, Dirk. H. A. (ed.), . *Warfare and Weaponry in South Asia 1000–1800*, New Delhi: Oxford University Press.

Green, Nile. 2013. "Introduction: Afghan Literature between Diaspora and Nation," in *Afghanistan in Ink: Literature between Diaspora and Nation*, Nile Green & Nushin Arbabzadah (eds.), London: Hurst & Company.

Gregorian, Vartan. 1969. *The Emergence of Modern Afghanistan: Politics of Reform and Modernization, 1880–1946*, Stanford, California : Stanford University Press.

Grover, B. G., 1990. "An Analysis of the Contemporary Durrani Revenue Documents and Correspondence Pertaining to the Patiala Chieftainship (Zamindari) during the Later Half of the 18th Century," *The Panjab Past and Present*, Vol. XXVI-I, pp. 196–233.

Gulzad, Zalmay A., 1994. *External Influences and the Development of the Afghan State in the Nineteenth Century*, New York: Peter Lang.

Gupta, H. R., 1944. *Studies in Later Mughal History of the Punjab 1707–1793*, Lahore: Sang-e-Meel.

Habibi, 'A., "Paxto Literature at a Glance," *Afghanistan*, 1/1, pp. 51–64.

Hanifi, M. Jamil., 2004. "Editing the Past: Colonial Production of Hegemony Through the "*Loya Jerga*" in Afghanistan," *Iranian studies*, 37 (2), pp. 295–322.

Hanifi, Shah Mahmoud. 2011. *Connecting Histories in Afghanistan: Market Relations and State Formation on a Colonial Frontier*, Stanford: Stanford University Press.

———, 2012. "Quandaries of the Afghan Nation," in *Under the Drones: Modern Lives in the Afghanistan-Pakistan Borderlands*, edited by Shahzad Bashir & Robert D. Crews, Cambridge, Massachusetts, London: Harvard University Press.

Haroon, Sana. 2007. *Frontier of Faith—Islam in the Indo-Afghan Borderland—*, London: Hurst & Company.

Holdich, T. Hungerford. 1909. *The Indian Borderland 1880–1900*, London: Methuen.

Hopkins, Benjamin D., 2008. *The Making of Modern Afghanistan*, New York: Palgrave

Studies, 37 (2), pp. 26–293.

———, 2010. *Afghanistan: A Cultural and Political History*, Princeton & Oxford: Princeton University Press.

Barth, Fredrik, 1959. *Poltical Leadership among Swat Pathans*, London: The Athlone Press. (repr. Oxford, New York: Berg, 2004).

———, 1981. *Features of Person and Society in Swat Collected Essays on Pathans: Selected Essays of Fredrik Barth Vol. 2*, London, Boston, Henley: Routledge & Kegan Paul.

Beattie, Hugh. 2002. *Imperial Frontier: Tribe and State in Waziristan*, Surrey: Curzon.

Caroe, Olaf. 1958. *The Pathans 550 B.C.–A.D. 1957*, New York: St. Martin's Press.

Coen, Terence Creagh, 1971. *The Indian Political Service: A Study in Indirect Rule*, London: Chatto & Windus.

Davies, Collin. 1932. *The Problem of the North-West Frontier 1890–1908 with a Survey of Policy since 1849*, London : Curzon Press. (2nd, revised and enlarged ed., 1975).

Dupree, Louis, 1937. *Afghanistan*, Princeton: Princeton University Press.

Durrani, A. M. K., 1981. *Multān Under the Afghāns 1752–1818*, Multan.

———, 1991. *History of Multan (From the early period to 1849 A.D.)*, Lahore.

Ewans, Martin., 2001. *Afghanistan : A New History*, Surrey.（邦訳：マーティン・ユアンズ著・金子民雄監修，2002.『アフガニスタンの歴史　旧石器時代から現在まで』，明石書店 .）

Farhang, M. M. S., 1371Kh/1992–1993. *Afghānistān dar Panj Qarn-i Akhīr, Vol. 1*, Mashhad : 'Irfān.

Floor, W. M. (ed. and trans) 1998. *The Afghan Occupation of Safavid Persia 1721–1729*, Paris.

Ganda Singh., 1953. "Ahmad Shah. The man and his achievements," *Afghanistan*, 8/1, pp. 1–19.

———, 1959. *Ahmad Shah Durrani: Father of Modern Afghanistan*, London: Asia Publishing House. (repr., Quetta, 1977).

Gankovsky, Yu. V., 1982. "The Durrani Empire," *Afghanistan: Past and Present Oriental Studies in the USSR,3*, pp. 76–98.

———, ed., 1985. *A History of Afghanistan*, Moscow.

Ghani, Ashraf. 1978. "Islam and State-Building in a Tribal Society Afghanistan: 1880–1901," *Modern Asian Studies* 12 (2), pp. 269–284.

Khān, Lahore: Afghān Rīsarch Sinṭar.

Haravī, M. A. N., 1348Kh/1969. *Lashkarkashīhā-yi Ahmad Shāh Durrānī*, Kabul.

Ḥasan, A., 1378Kh/1999–2000. *Dānish-nāmah-yi Adab-i Fārsī: Adab-i Fārsī dar Afghānistān*, Tehran. (repr. 1381Kh/2002–3)

Kuhzād, Aḥmad 'Alī, *Rijāl va Rūydādhā-yi Tārīkhī-yi Afghānistān*, Kabul: Anjuman-i Tārīkh-i Afghānistān, 1331Kh/1952–1953. (repr. 1376Kh/1997, Peshawar: Dānish.)

Maḥmūd, Shāh, 1382Kh/2003. *Tārīkhnivīsī dar Afghānistān*, Kabul.

Mutavallī Haqīqī, Y.,1383Sh/2004–2005. *Afghānistān va Īrān : Pazhūhishī-yi Pīrāmūn-i Ravābaṭ-i Siyāsī-o-Chālishhā-yi Marzī az Aḥmad Shāh Durrānī tā Aḥmad Shāh Qājār*, Mashhad.

Sharar, Alif Muḥammad, 1386Kh/2007–2008. *Afghānistān dar Zamān-i Sulṭanat-i Amīr Dost Muḥammad Khān*, Kabul: Bangāh Intishārāt-i Mayvand.

Sīstānī, A'aẓam, 2007. *Ẓuhūr-i Afghānistān-i Mu'āṣir va Aḥmad Shāh Abdālī*, Peshawar: Dānish Khparandawīyah Ṭolanah.

③ 英語文献

Abdul Latif et al. 2007. "Codification of the Islamic Law in Afghanistan," *Central Asia 61*, Peshawar: Area Study Centre, University of Peshawar.

Adamec, Ludwig W. 1967. *Afghanistan 1900–1923: A Diplomatic History*, Berkeley and Los Angeles: University of California Press.

———, 2003. *Historical Dictionary of Afghanistan Third Edition*, Lanham, Maryland, Oxford: The Scarecrow Press.

Ahmed, Akbar, S., 1980. *Pukhtun Economy and Society: Traditional Structure and Economic Development in a Tribal Society*, London, Boston: Routledge & Kegan Paul. (repr. 2011).

———, 1976. *Millennium and Charisma among Pathans: A Critical Essay in Social Anthropology*, London, Henley, Boston: Routledge & Kegan Paul.

Ali, Mehrnnisa. 1990. *Pak-Afghan Discord A Historical Perspective (Documents 1855–1979)*, Karachi: Pakistan Study Centre University of Karachi.

Azmat Hayat Khan. 2005. *The Durand Line—Its Geo-Strategic Importance*, Peshawar : Area Study Centre (Russia & Central Asia) University of Peshawar.

Barfield, Thomas, 2004. "Problems in Establishing Legitimacy in Afghanistan," *Iranian*

3　参考文献

①　アフガニスタンの歴史教科書(ペルシア語〈ダリー語〉)(7-12学年)

VMA (Vizārat-i M'ārif Afghānistān), Tārīkh: Ṣinf-i 7, Kabul: Vizārat-i M'ārif, 1390Kh/2011–12.

———, Tārīkh: Ṣinf-i 8, Kabul: Vizārat-i M'ārif, 1390Kh/2011–12.

———, Tārīkh: Ṣinf-i 9, Kabul: Vizārat-i M'ārif, 1390Kh/2011–12.

———, Tārīkh: Ṣinf-i 10, Kabul: Vizārat-i M'ārif, 1390Kh/2011–12.

———, Tārīkh: Ṣinf-i 11, Kabul: Vizārat-i M'ārif, 1390Kh/2011–12.

———, Tārīkh: Ṣinf-i 12, Kabul: Vizārat-i M'ārif, 1390Kh/2011–12.

②　ペルシア語・ウルドゥー語・パシュトー語文献

Durrani, A. M. K., 1999. *Tārīkh-i Afghānistān: Bah Ḥavālah-yi Tārīkh-i Sadozaī*, Lahore: Sang-e-Meel.

Fayyāż, Muḥammad Isḥāq, 1387Kh/2008. *Pashtūnistān: Chālish-i Siyāsī-yi Afghānistān va Pākistān*, Qum: Intishārāt-i Ma'ṣūmīn.

Fayżzād, Muḥammad 'Alam, 1368Kh/1989. *Jirgahhā-yi Buzurg-i Millī-yi Afghānistān (Lūy Jirgahhā) va Jirgahhā-yi Nām Nihād-i Taḥt-i Tasalluṭ-i Kumūnisthā va Rūshā*, Lahore.

Fofalzā'ī, 'Azīz al-Dīn Vakīlī, 1337Kh/1958. *Durrat al-Zamān fī Tārīkh-i Zamān Shāh*, Kabul.

———,1346Kh/1967. *Tīmūr Shāh Durrānī* (2 vols., repr.), Kabul.

———,1359Kh/1967. *Aḥmad Shāh: Vāris va Mujaddad-i Impirātūrī-yi Afghānistān, Vol. 1*, Kabul.

Ganḍāpūrā Ibrāhīmza'ī, Sher Muḥammad Khān, 1977. *Tārīkh-i Pashtūn*, translated into Urdu by Sirāj Aḥmad 'Alvī, Lahore: Shaykh Shawkat 'Alī.

Ganda Singh., 1366Kh/1987–1988. *Durrānī Aḥmad Shāh: Da Osanī Afghānistān Pulār*, translated into Pashto by Naṣr Allāh Sūbaman Mangal, Kabul: Da Afghānistān 'Ulūmo Alāḍemī. (repr. Peshawar: Adad Dānish, 1388Kh/2009–2010)

Ghubār, M. G. M., 1322Kh/1943–1944. *Aḥmad Shāh Bābā-yi Afghān*, Kabul.

———,1968. *Afghānistān dar Masīr-i Tārīkh*, Kabul. (2 vols., repr., Tehran, 1378Kh/1999–2000)

Ḥāfiẓ Raḥmat Khān, 2002. *Khulāṣat al-Ansāb*, translated into Urdu by Sa'ūd al-Ḥasan

Tehran, 1328Kh/1949–50.

Muḥammad ʻAbd al- Raḥmān b. Ḥājjī Muḥammad Rūshan Khān, *Tārīkh-i Aḥmad Shāh Durrānī*, BM. Or. 3550.

Sardār Ḥabīb Allāh, *Tārīkh-i Afghānistān: Muṭābiq-i Puroghrām-i Chahārum-i Rashdīyah*, Lahore: Mufīd-i ʻĀm, 1306Kh/1927–28

Sayyd Abū al-Ḥasan Qandahārī, *Guzārish-i Sifārat-i Kābul: Safar Nāmah-yi Sayyd Abū al-Ḥasan Qandahārī dar 1286 va Asnād Marbūṭ bah Ān*, Bah Kūshish-i Muḥammad Āṡif Fikrat, Tehran: Dānishgāh-i Tihrān, 1368Kh/1989–1990.

Sayyd Jamāl al-Dīn Afghānī, *Tārīkh-i Afghānistān: Tarjumah-yi Tatimmah al-Bayān fī Tārīkh al-Afghān*, trans. by Muḥammad Amīn Khūgiyānī, (Kabul ?): Fayṡal, 1375Kh/1997.

Ḥusayn Shīrāzī, *Tārīkh-i Durrāniyān*, Tehran: Markaz-i Asnād va Tārīkh-i Dīprumāsī, 1379Kh/2000–2001.

Ṭahmās Beg Khān Rūmī, *Ṭahmās Namah*, Lahore: University of Punjab, 1986.

③ 英語史料

Bellew, H. W., *Afghanistan and the Afghans, Being a Brief Review of the History of the Country and Account of its People with a Special Reference to the Present Crisis and War with the Amir Sher Ali Khan*, London: Sampson Low, Marston, 1879.

———, *The races of Afghanistan, being a brief account of the principal nations inhabiting that country*, Calcutta: Thacker, Spink, 1880.

Burnes, Alexander., *Travel into Bokhara Being the Account of a Journey from, India to Cabool, Tartary and Persia also, Narrative of a Voyage on the Indus from the Sea to Lahore Vol. 2*, London, 1834. (repr., New Delhi, 1992).

Lal, Mohan., *Life of the Amir Dost Mohammed Khan with his Political Proceedings towards the English, Russian, and Persian Governments, including the Victory and Disasters of the British Army in Afghanistan*, London, 1846. (repr., New Delhi, 2004).

Warburton, Robert, *Eighteen Years in the Khyber 1879–1898*, London, 1898. (repr., Lahore : Sang-e Mir, 2007)

Woosnam, H. Mills, The Pathan Revolt in North-West India, Lahore: The Civil and Military Gazette Press, 1897. (Repr., Lahore: Sang-e-Meel, 2009)

'Ayn: Muḥammad Yūsuf Riyāż Harawī, *'Ayn al-Vaqāyi': Tārīkh-i Afghānistān dar Sālhā-yi 1207–1324*, Tehran: Dānishgāh-i Tihrān, 1369Kh/1990–91.

SB-Pashto: Mullā Ghulām Jān Lamqānī, *Suvāl-o-Javāb-i Daulatī va Band-o-Bast-i Sulṭanatī*, Kabul, 1303 A.H./1885–1886.

Avval Kitāb: Qāżī Gul Aḥmad, *Avval Kitāb-i Afghānī*, Kabul, 1339 A.H./1920–1921.

Khurshīd: Sher Muḥammad Khān Ganḍāpūrā Ibrāhīmza'ī, *Tavārīkh-i Khurshīd-i Jahān*, (Lahore?), 1311 A.H. /1894.

Sulṭānī: Sulṭān Muḥammad Khān b. Mūsā Khān Durrānī, *Tārīkh-i Sulṭānī*, Bombay, 1881.

英語

LA: Abdur Rahman Khan, *The Life of Abdur Rahman: Amir of Afghanistan Vol. 1-2*, Edited by Mir Munshi Sultan Mahomed Khan, London: John Murray, 1900.

Elphinston: Mountstuart Elphinston, *An Account of the Kingdom of Caubul*, London, 1815. (repr., New Dehli, 1998).

Ferrier: J. P. Ferrier, *History of the Afghans*, trans. by William Jesse, London, 1858.

Gazetteer: H. A. Rose, *Imperial Gazetteer of India Provincial Series: North-West Frontier Province*, Culcutta, 1908. (Reprint, Lahore: Sang-e-Meel, 2002)

Hayat: Muhammad Hayat Khan, *Afghanistan and its Inhabitants, Translated from the Hayat-i-Afghani*, trans. by Henry Priestley, Lahore: Indian Public Opinion Press, 1874. (Reprint, Lahore: Sang-e-Meel, 1999)

Tate: G. P. Tate, *The Kingdom of Afghanistan*, London, 1911. (repr. New Delhi, 2001.)

② ペルシア語・パシュトー語史料

'Abd al-Ghaffār Khān, *Zmā Zhwand aw Jidd-o-Jahd*, Peshwar: Danish Press, 1387Kh/2008.

Fayż Muḥammad Kātib Hazārah, *Nizhād Nāmah-yi Afghānistān*, Kabul: Amīrī, 1372Kh/1993–94.

Gholām Ḥasan Samīn Bilgrāmī, "Ahmad Shah Abdali and the Indian Wazir Imad-ul-Mulk (1756–7)," *Indian Antiquary*, Vol. XXXIV, pp. 10-18, 43-51, 55-70, 1907.

Ghulām Ḥuseyn Khān Tabātabā'ī, *Seir Mutaqherin (Siyar al-Muta'khkherīn)*, English tr., by Hājjī Mustafa, 4 vols., Calcutta, 1789 (repr., Lahore, 2006).

Maḥmūd al-Mūsavī, *Aḥvāl-i Firqah-yi Afghānī*, BM. Or. 1861.

Mīrzā Muḥammad Khalīl Mar'ashī Ṣafavī, *Majma' al-Tavārīkh*, ed. 'Abbās Iqbāl, *années du règne de Nadir Chah, 1153, jusqu'en 1233 de l'hégire, 1740–1818 A. D: texte persan, publié d'après un manuscrit unique, avec une traduction française accompagnée d'une introduction, des notes et appendices* / Carles, Schefer, Paris: 1876. (repr. Amsterdam: Philo Press, 1970)

Gulistānah: Abū al-Ḥasan b. Muḥammad Amīn Gulistānah, *Mujmal al-Tavārīkh*, ed. Muhaddis Riżavī, Tehran, 1369Kh/1990–1991.

Nāmah: Aḥmad Shāh Durrānī, *Nāmah-yi Aḥmad Shāh Bābā bah Nām-i Sulṭān Musṭafā Sālis-i 'Usmānī*, ed. Ghulām Jīlānī Jalālī, Kabul, 1346Kh/1967–1968.

Vaqāyi': 'Alī Qūlī Mīrzā Qājār I'timād al-Salṭana, *Tārīkh-i Vaqāyi' va Svāniḥah-i Afghānistān*, Tehran, 1365Kh/1986–1987.

Badāyi': Anand Rām Mukhliṣ, "Badāyi' Vaqāyi'", in *Maqālāt-i Maulavī Muḥammad Shafī', Vol. 5*, ed. Aḥmad Rabbānī, pp. 279–488, Lahore, 1981.

Kūh-i Nūr: Faqīr Sayyd Nūr al-Dīn Muḥammad Bukhārī, *Tārīkh-i Kūh-i Nūr*, Lahore: The Punjabi Adabi Academy, 1958.

ST 2: Fayż Muḥammad Kātib Hazārah, *Sirāj al-Tavārīkh Vol. 1-2*, Kabul, 1331 A. H./1912–13.

ST 3: Fayż Muḥammad Kātib Hazārah, *Sirāj al-Tavārīkh Vol. 3*, Kabul, 1333 A. H./1914–15.

ST 4: Fayż Muḥammad Kātib Hazārah, *Sirāj al-Tavārīkh, tatamah-yi Jild-i 3 va Jild-i 4*, Kabul: Amīrī, 1390Kh/2011-12.

Khulāṣat: Ḥāfiẓ Raḥmat Khān, *Khulāṣat al-Ansāb*, BM. Egerton. 1104.

Bayān: Khvājah 'Abd al-Karīm Ibn-i Khvājah 'Āqibat Maḥmūd Kashmīrī, *Bayān-i Vāqi'*, ed. by K. B. Nasim, Lahore: Idādah-'i Taḥqīqāt-i Pākistān, Dānisgāh-i Panjāb, 1970.

Ḥusayn: Imām al-Dīn Ḥusaynī Chishtī, *Ḥusayn Shāhī*, BM.Or.1663.

Aḥmad Shāhī: Maḥmūd al-Ḥusaynī al-Munshī b. Ibrāhīmī al-Jāmī, *Tārīkh-i Aḥmad Shāhī*, ed. and annotation. Ghulām Ḥusayn Zargarīnizhād, Tehran, 1384Kh/2005.

Jahāngushā: Mīrzā Mahdī Khān Astarābādī, *Jahāngushā-yi Nādirī*, ed. 'Abd Allāh Anvār, Tehran, 1341Kh/1962–1963.

SB-Persian: Mīrzā Muḥammad Nabī Khān, *Suvāl-o-Javāb-i Daulatī va Band-o-Bast-i Sulṭanatī*, Kabul, 1303 A.H./1885–1886.

'Ālam-Ārā: Muḥammad Kāżim Marvī, *'Ālam-Ārā-yi Nādirī*, ed. Muḥammad Amīn Riyāhī, Tehran, 1369Kh/1990–1991.

史料と参考文献

1　未公刊史料

Provincial Archive Peshawar, Peshawar, Pakistan:

PA/Political Department. (List of inventories): Bundle No.16, File 325.

PA/Political Department. (List of inventories): Bundle No.19, File 333.

PA/Foreign Frontier Dep. (List of Inventories), Bundle No.1, File No. 4.

PA/Foreign Frontier Dep. (List of Inventories), Bundle No.1, File No. 5.

PA/Foreign Frontier Dep. (List of Inventories), Bundle No.1, File No. 6.

PA/Foreign Frontier Dep. (List of Inventories), Bundle No.1, File No. 7.

PA/Foreign Frontier Dep. (List of Inventories), Bundle No.1, File No. 9.

PA/Foreign Frontier Dep. (List of Inventories), Bundle No.6, File No. 54.

PA/Freign Frontier Dep. (List of Inventories), Bundle No.9, File No. 55.

PA/Political Inventories Urdu, Persian (List of inventories): Bundle No.1, No. 8.

PA/Political Inventories Urdu, Persian (List of inventories): Bundle No.1, File No. 16.

British Library (Indian Office and Library), London:

IOR/L/PS/18/A38

IOR/L/PS/Memo 5

IOR/L/PS/Memo 8

IOR/R/2/1075/21-4, Item 2.

2　公刊史料

①　主要史料と略号

ペルシア語・パシュトー語

Bukhārī: ‘Abd al-Karīm Bukhārī, *Histoire de l'Asie centrale par Abdoul Kerim Boukhary: Afghanistan, Boukhara, Khiva, Khoqand depuis les dernières*

ひ

ふ

へ

ち

て

と

な

い

う

え

お

か

索　引

あ

著者略歴

登利谷 正人（とりや まさと）

上智大学アジア文化研究所客員所員
2003年　大阪外国語大学外国語学部卒業
2006年　慶應義塾大学大学院文学研究科修士課程修了
2007年10月～2010年3月　パキスタン国立ペシャーワル大学地域研究センター博士課程留学
2013年3月　上智大学大学院グローバル・スタディーズ研究科地域研究専攻博士後期課程単位取得満期退学。博士（地域研究）
専攻：アフガニスタン・パキスタン地域研究、パシュトゥーンの言語・文化
主な著書・論文：
"Afghanistan as a Buffer State between Regional Powers in the Late Nineteenth Century: An Analysis of Internal Politics Focusing on the Local Actors and the British Policy," *Comparative Studies on Regional Powers,* No.14, Sapporo: The Slavic Research Center, Hokkaido University, pp. 49-61, 2014.
「アフガニスタンにおけるパシュトー文学史形成の一側面―パシュトー詩人伝『隠された秘宝』の分析を中心に―」高岡豊、白谷望、溝渕正季編著『中東・イスラーム世界の歴史・宗教・政治―多様なアプローチが織りなす地域研究の現在―』明石書店、105～120頁、2018年。
「ターリバーンによる攻勢拡大と「南アジア新戦略」の発表」『アジア動向年報2018』アジア経済研究所、589～610頁、2018年。

世界歴史叢書
近代アフガニスタンの国家形成
――歴史叙述と第二次アフガン戦争前後の政治動向

2019年 8 月31日　初版第1刷発行

著　者　登利谷　正人
発行者　大江　道雅
発行所　株式会社 明石書店

〒101-0021 東京都千代田区外神田6-9-5
電　話 03(5818)1171
FAX 03(5818)1174
振　替 00100-7-24505
http://www.akashi.co.jp

装　丁　明石書店デザイン室
組　版　株式会社エムス
印刷・製本　モリモト印刷株式会社

ISBN978-4-7503-4830-8
Printed in Japan
（定価はカバーに表示してあります）

●世界歴史叢書●

ユダヤ人の歴史
アブラム・レオン・ザハル 著　滝川義人 訳　◎6800円

ネパール全史
佐伯和彦 著　◎8800円

現代朝鮮の歴史 世界のなかの朝鮮
ブルース・カミングス 著　横田安司、小林知子 訳　◎6800円

メキシコ系米国人・移民の歴史
M・G・ゴンサレス 著　中川正紀 訳　◎6800円

イラクの歴史
チャールズ・トリップ 著　大野元裕 監修　◎4800円

資本主義と奴隷制 経済史から見た黒人奴隷制の発生と崩壊
エリック・ウィリアムズ 著　山本伸 監訳　◎4800円

イスラエル現代史
ウリ・ラーナン 他著　滝川義人 訳　◎4800円

征服と文化の世界史
トマス・ソーウェル 著　内藤嘉昭 訳　◎8000円

民衆のアメリカ史【上巻】 1492年から現代まで
ハワード・ジン 著　猿谷要 監修
富田虎男、平野孝、油井大三郎 訳　◎8000円

民衆のアメリカ史【下巻】 1492年から現代まで
ハワード・ジン 著　猿谷要 監修
富田虎男、平野孝、油井大三郎 訳　◎8000円

アフガニスタンの歴史と文化
ヴィレム・フォーヘルサング 著
前田耕作、山内和也 監訳　◎7800円

アメリカの女性の歴史【第2版】 自由のために生まれて
サラ・M・エヴァンズ 著
小檜山ルイ、竹俣初美、矢口祐人、宇野知佐子 訳　◎6800円

レバノンの歴史 フェニキア人の時代からハリーリ暗殺まで
堀口松城 著　◎3800円

朝鮮史 その発展
梶村秀樹 著　◎3800円

世界史の中の現代朝鮮 大国の影響と朝鮮の伝統の狭間で
エイドリアン・ブゾー 著　李娜兀 監訳　柳沢圭子 訳　◎4200円

ブラジル史
ボリス・ファウスト 著　鈴木茂 訳　◎5800円

フィンランドの歴史
デイヴィッド・カービー 著　百瀬宏、石野裕子 監訳
東眞理子、小林洋子、西川美樹 訳　◎4800円

バングラデシュの歴史 二千年の歩みと明日への模索
堀口松城 著　◎6500円

スペイン内戦 包囲された共和国1936-1939
ポール・プレストン 著　宮下嶺夫 訳　◎5000円

女性の目からみたアメリカ史
エレン・キャロル・デュボイス、リン・デュメニル 著
石井紀子、小川真和子、北美幸、倉林直子、栗原涼子、
小檜山ルイ、篠田靖子、芝原妙子、高橋裕子、
寺田由美、安武留美 訳　◎9800円

〈価格は本体価格です〉

●世界歴史叢書●

国連開発計画（UNDP）の歴史
国連は世界の不平等にどう立ち向かってきたか
クレイグ・N・マーフィー 著　峯陽一、小山田英治 監訳
内山智絵、石髙真吾、福田州平、坂田有弥、
岡野英之、山田佳代 訳
◎8800円

大河が伝えたベンガルの歴史
「物語」から読む南アジア交易圏
鈴木喜久子 著
◎3800円

パキスタン政治史
民主国家への苦難の道
中野勝一 著
◎4800円

バングラデシュ建国の父
シェーク・ムジブル・ロホマン回想録
シェーク・ムジブル・ロホマン 著　渡辺一弘 訳
◎7200円

ガンディー
現代インド社会との対話
同時代人に見るその思想・運動の衝撃
内藤雅雄 著
◎4300円

黒海の歴史
ユーラシア地政学の要諦における文明世界
チャールズ・キング 著　前田弘毅 監訳
居阪僚子、仲田公輔、浜田華練、岩永尚子、
保苅俊行、三上陽一 訳
◎4800円

米墨戦争前夜のアラモ砦事件とテキサス分離独立
アメリカ膨張主義の序幕とメキシコ
牛島万 著
◎3800円

テュルクの歴史
古代から近現代まで
カーター・V・フィンドリー 著
小松久男 監訳　佐々木紳 訳
◎5500円

バスク地方の歴史
先史時代から現代まで
マヌエル・モンテロ 著　萩尾生 訳
◎4200円

リトアニアの歴史
アルフォンサス・エイディンタス、アルフレダス・ブンブラウスカス、
アンタナス・クラカウスカス、ミンダウガス・タモシャイティス 著
梶さやか、重松尚 訳
◎4800円

カナダ人権史
多文化共生社会はこうして築かれた
ドミニク・クレマン 著　細川道久 訳
◎3600円

ロシア正教古儀式派の歴史と文化
阪本秀昭・中澤敦夫 編著
◎5500円

ヘンリー五世
万人に愛された王か、冷酷な侵略者か
石原孝哉 著
◎3800円

近代アフガニスタンの国家形成
歴史叙述と第二次アフガン戦争前後の政治動向
登利谷正人 著
◎4800円

◆以下続刊

〈価格は本体価格です〉